妄想鉄道ガイドブック

ダーリンハニー
吉川正洋

KANZEN

はじめに

鉄道という趣味が市民権を得たのはここ20年ほどではないでしょうか。それまで鉄道趣味といえば、「暗い」「オタク」などのネガティブなイメージばかりでした。しかし最近はテレビやYouTubeなどで鉄道番組が多く制作され、多くのファンが楽しみにする一大エンタメへと「昇格」したようです。

鉄道ファンを公言する方も増え、私も鉄道関連のお仕事もたくさんいただいています。「鉄道タレント」という名称が当たり前になり、小さいお子さんから親御さんまで親しんでいただけるようになったことは感慨深いものがあります。

ひと口に鉄道ファンと言っても、その好みは実に多岐にわたります。鉄道に乗るのが好きな「乗り鉄」、撮影を楽しむ「撮り鉄」などが一般的に有名ですが、その中で最近ぐんぐんと注目されているのが私が幼い頃から親しんできた「妄想鉄」です。

僕が妄想鉄道に出会ったのは小学生の頃でした。父親が買ってきた時刻表をあきもせず毎日朝から晩まで眺めていた吉川少年は、頭の中でまだ見ぬ鉄道に思いを膨らませていました。僕にとって時刻表は絵本がわりだったのでしょう。

そんなある日、僕はとあることに気がついてしまいます。「ここの駅とここの駅、線路はないけど結んだら便利だ」と。これが妄想鉄道「吉川急行」誕生の瞬間だったのです。

「妄想鉄」（架空鉄と呼ぶこともあります）とは文字通り、鉄道を妄想することです。誰しも、時刻表や路線図を見ながら、ここからここまで行くにはどうしたらいいのだろうと頭の中で旅をしたことがあるはずで、その延長だと思っていただけたら、わかりやすいかもしれません。もちろん、まったく架空の場所に鉄道を作るのもありです。

点と点を結ぶと線路になり、やがて鉄道になる。吉川急行は私の頭の中から生まれた鉄道会社で、もちろん実際には存在しません。ただ、僕の頭の中で吉川急行の構想はどんどんふくらんでいきました。

その根本には、便利な世の中にしたいという思いがずっとあったのだと思います。

「この路線があったらみんな便利だよね」

それが吉川急行の始まりでした、

そして、世の中を走っている実際の鉄道も、僕と同じような思いから始まったに違いありません。そう考えると、これは小さな一歩ですが、大きな一歩なのかもしれないと思うのです。

もしもボックスではありませんが、「もしもここに鉄道を走らせることができたらどんな世界になるのでしょう」。そんな子どものような思いつきから、この本が生まれました。

皆さま準備はよろしいですか？　最後まで妄想鉄道「吉川急行」の旅にお付き合いください。

それでは参りましょう。

吉急、出発進行！

Profile

著者

吉川正洋

（よしかわ・まさひろ）

お笑い芸人
1977年12月23日生まれ、東京都出身。
2000年2月、長嶋トモヒコとお笑いコンビ「ダーリンハニー」でデビュー。
大の鉄道ファンとして知られており、
『タモリ倶楽部』『アメトーーク！』（テレビ朝日）の鉄道企画に
たびたび登場。『鉄オタ選手権』（NHK）レギュラー。
『笑神様は突然に……』（日本テレビ）の鉄道BIG4の一人。
人気番組『新・鉄道ひとり旅』では長年にわたり旅人を担当。
熱狂的な横浜DeNAベイスターズファンでもある。

妄想鉄道ガイドブック 目次

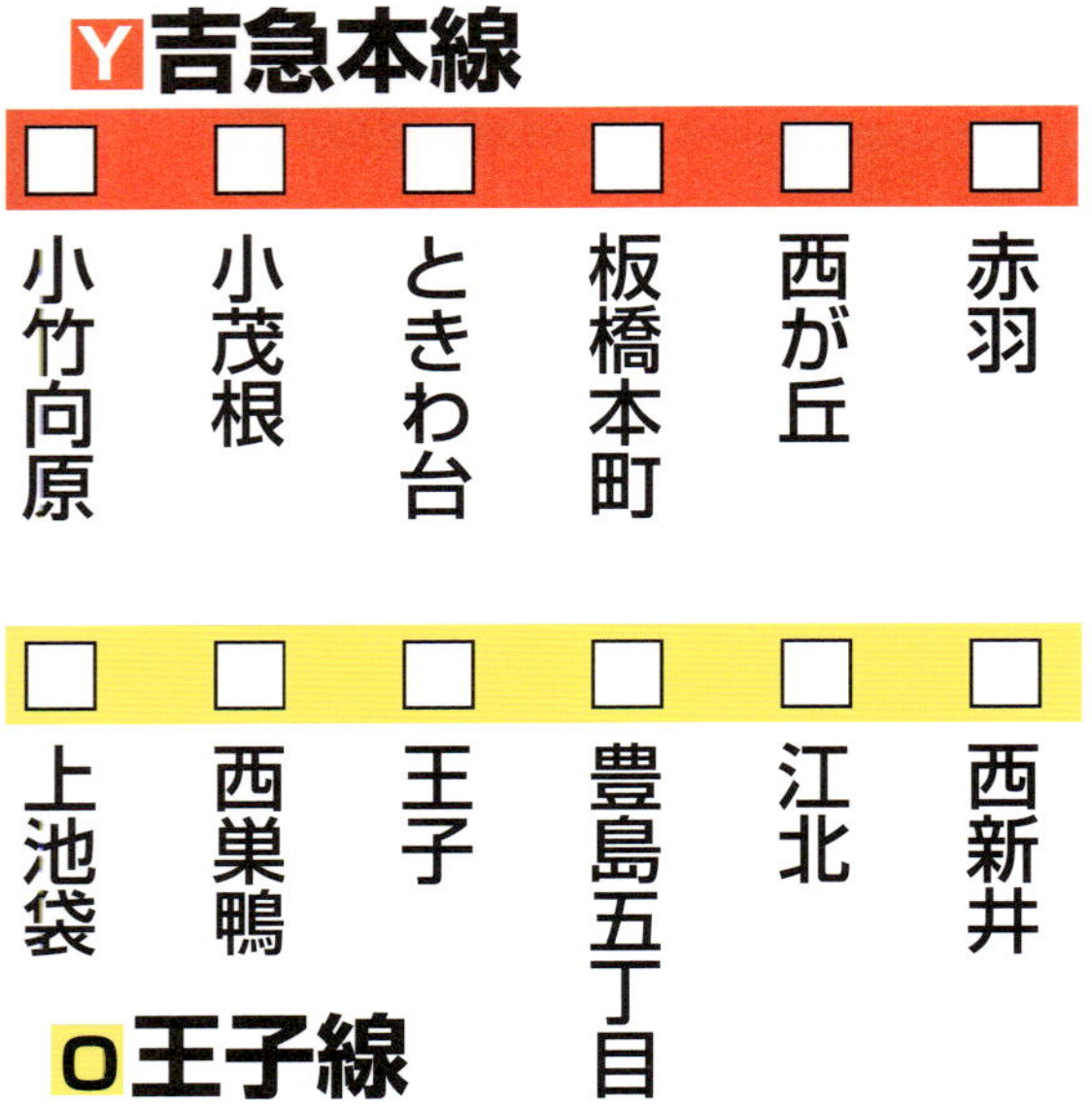

吉川急行

吉川急行電鉄

関東エリア

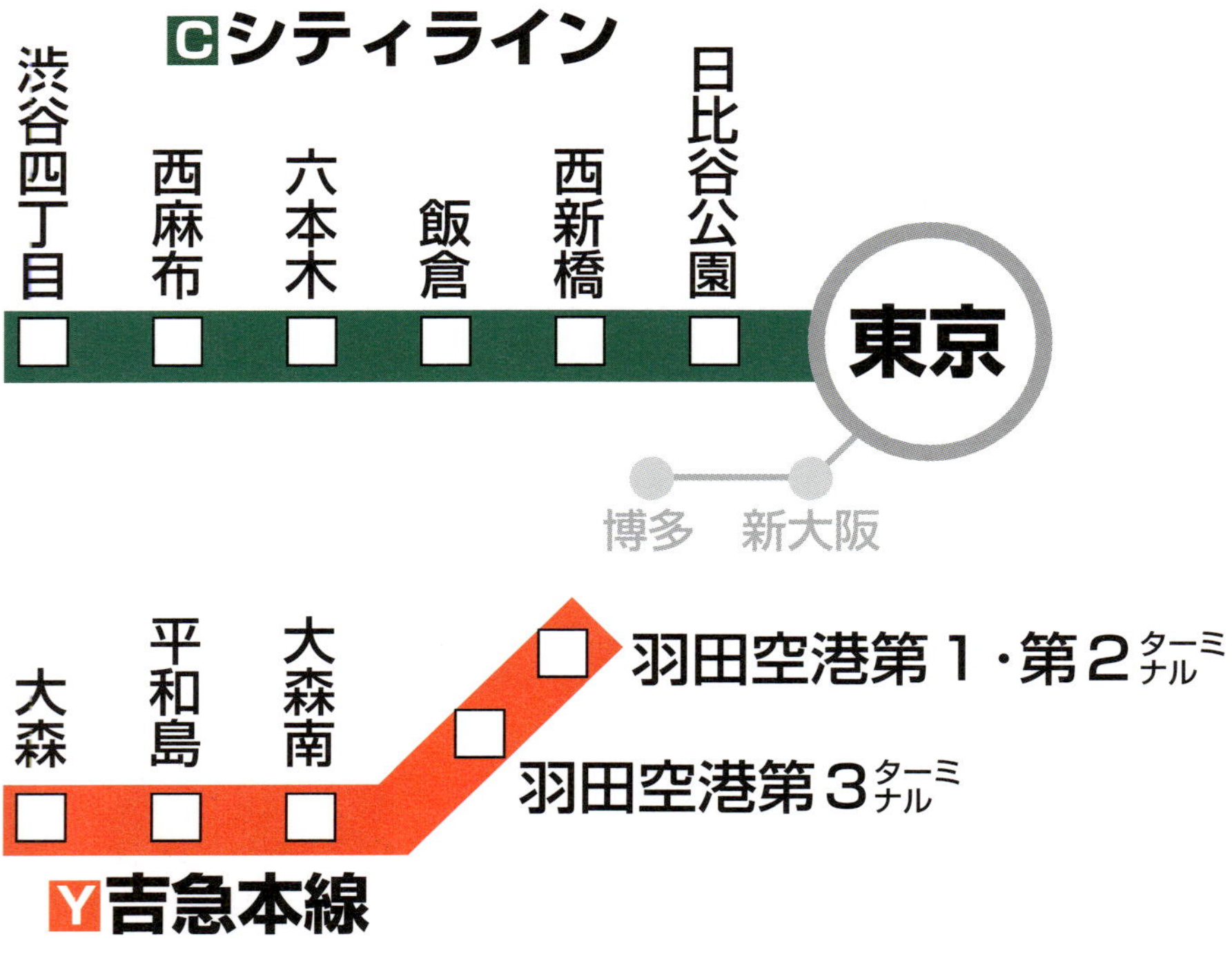

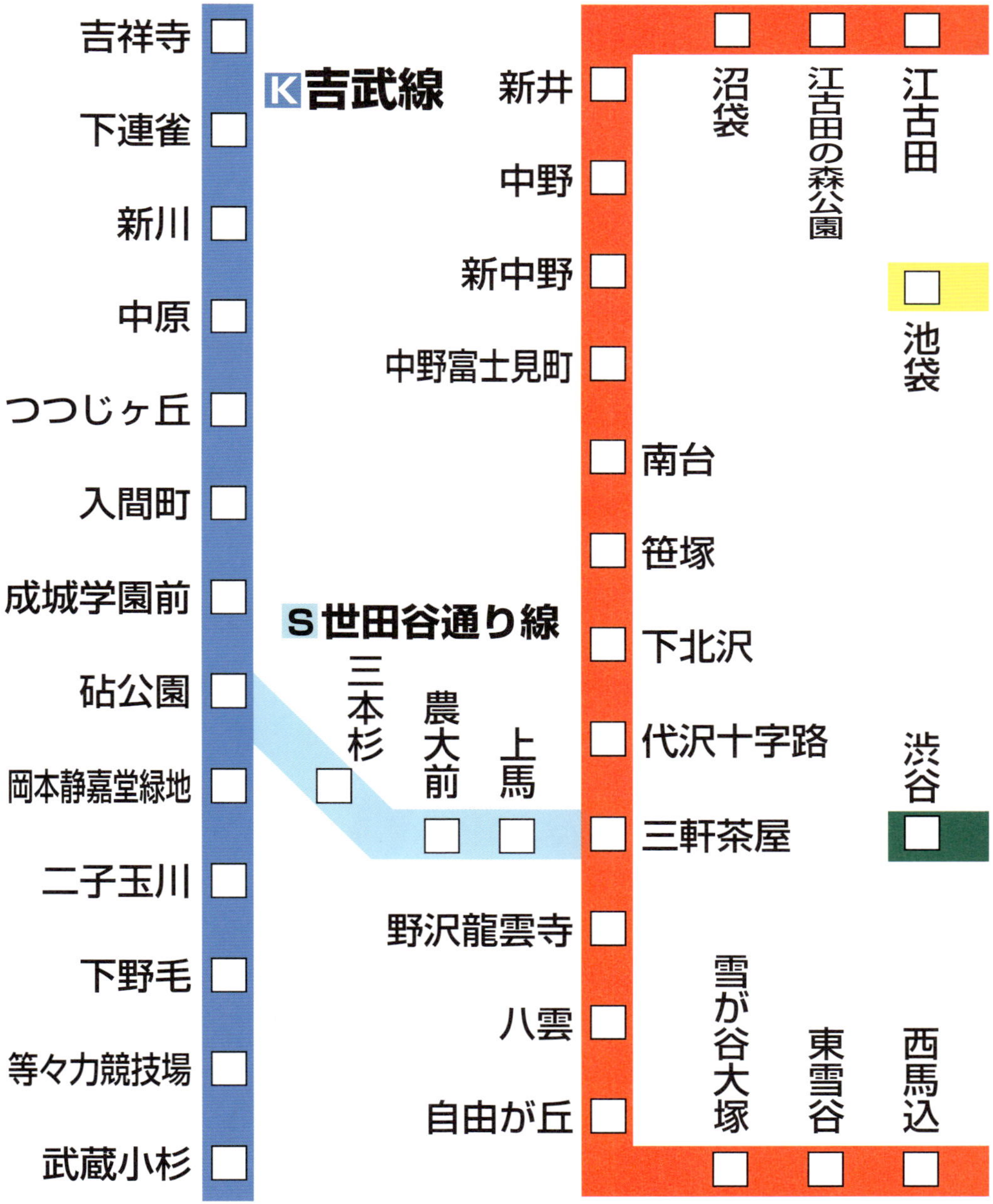
K 吉武線
吉祥寺
下連雀
新川
中原
つつじヶ丘
入間町
成城学園前
砧公園
岡本静嘉堂緑地
二子玉川
下野毛
等々力競技場
武蔵小杉
S 世田谷通り線
三本杉
農大前
上馬
新井
中野
新中野
中野富士見町
南台
笹塚
下北沢
代沢十字路
三軒茶屋
野沢龍雲寺
八雲
自由が丘
沼袋
江古田の森公園
江古田
池袋
渋谷
雪が谷大塚
東雪谷
西馬込

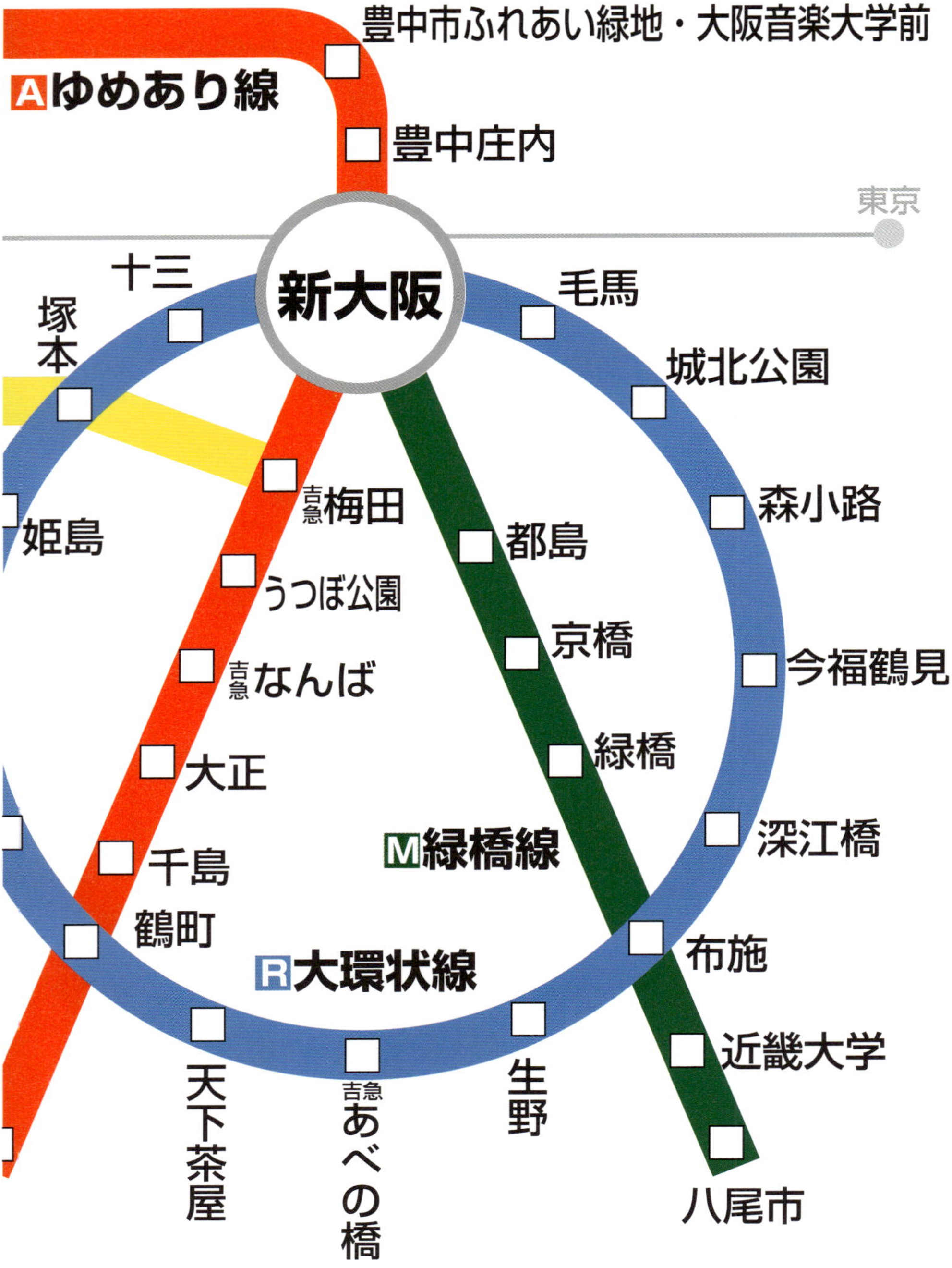

豊中市ふれあい緑地・大阪音楽大学前
Aゆめあり線
豊中庄内
東京
新大阪
十三
塚本
毛馬
城北公園
吉急
梅田
姫島
森小路
都島
うつぼ公園
京橋
吉急
なんば
今福鶴見
緑橋
大正
深江橋
M緑橋線
千島
鶴町
布施
R大環状線
天下茶屋
吉急
あべの橋
生野
近畿大学
八尾市

吉川急行

吉川急行電鉄

関西エリア

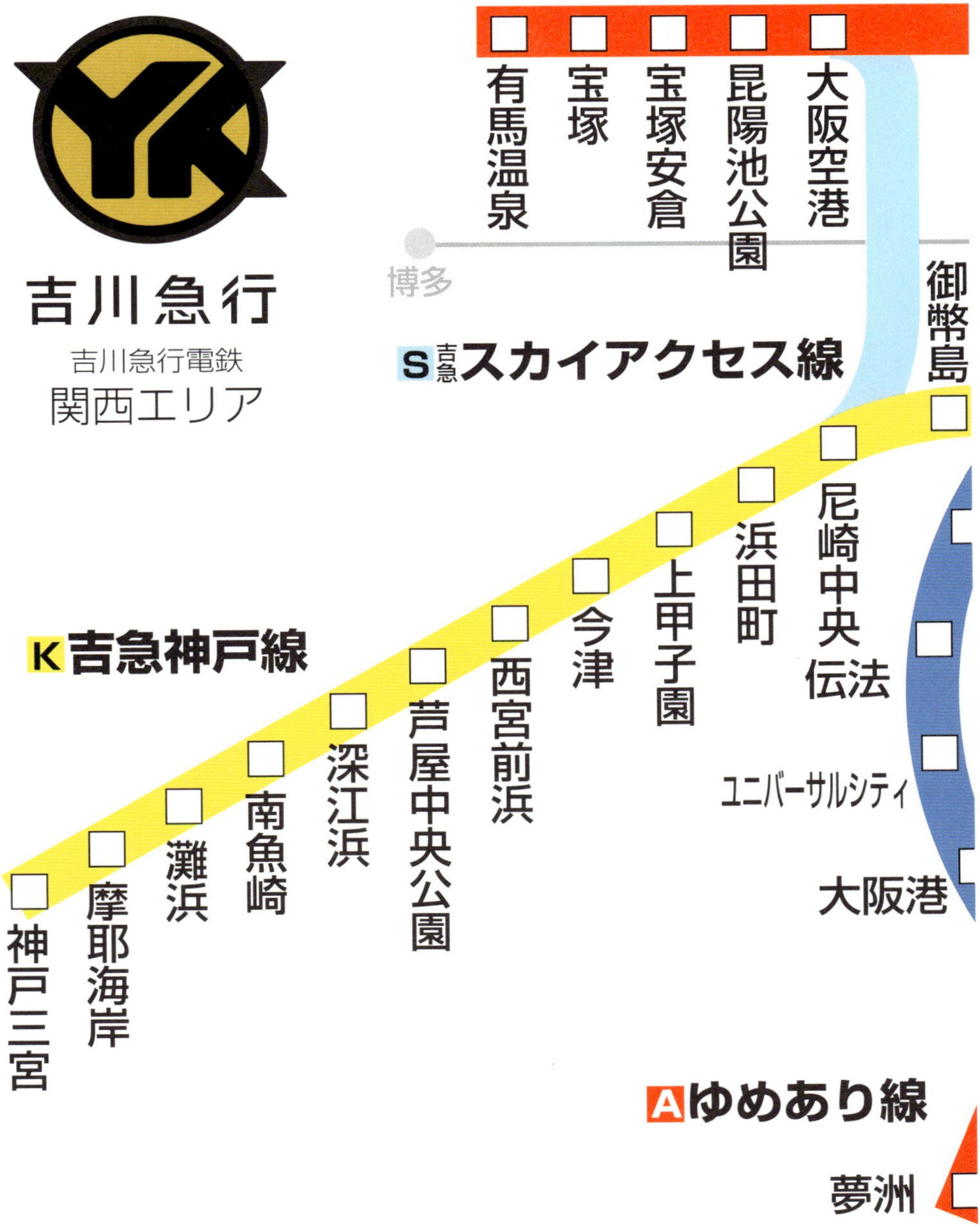

吉川急行

吉川急行電鉄
福岡エリア

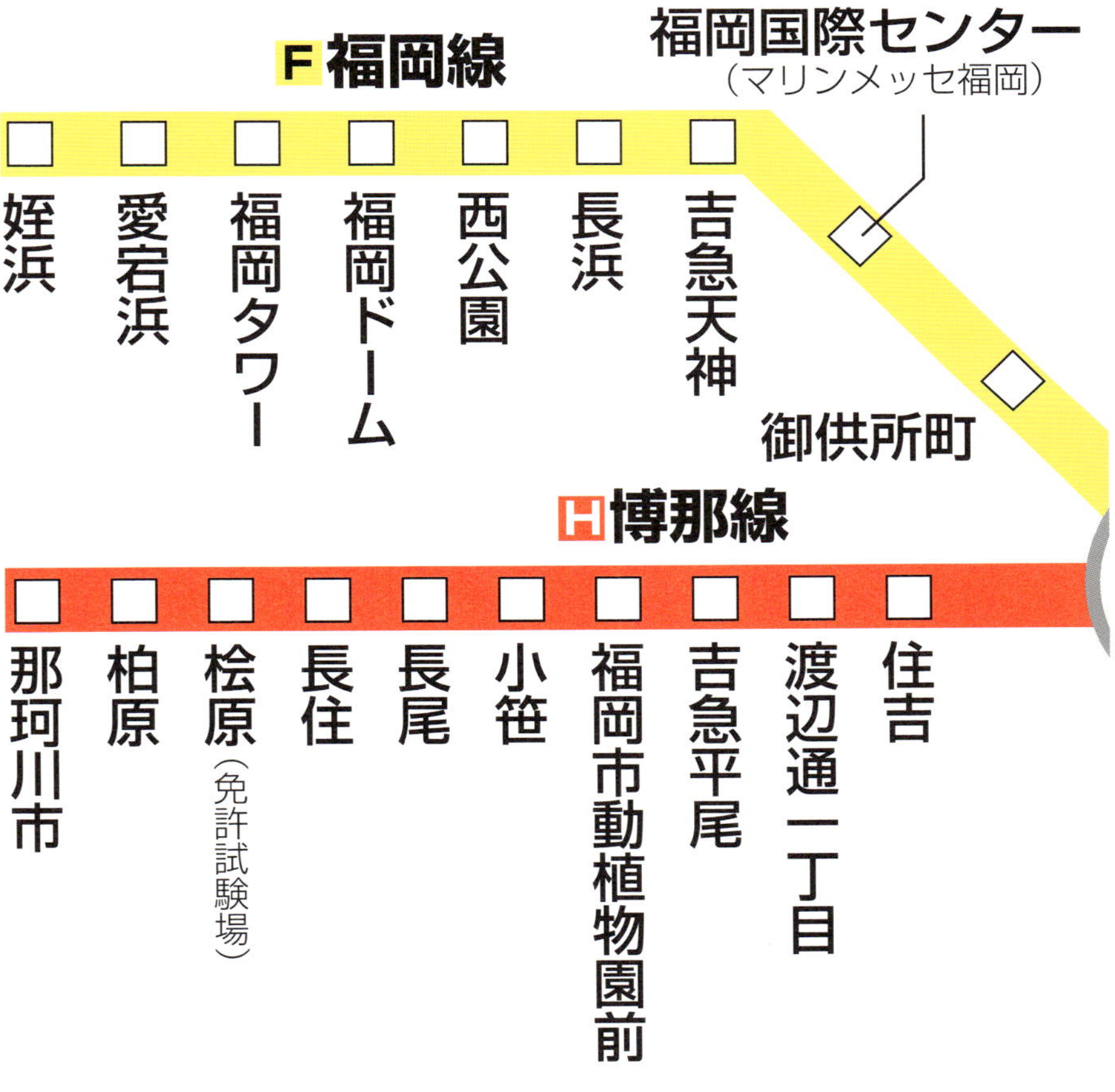

F 福岡線

D 大宰府線

H 博那線

吉川急行電鉄
社是

一、実直

実直に安全と向き合い、
お客様に安心を
ご提供いたします。

一、創造

創造力と新たな発想で、
お客様に快適なサービスを
ご提案いたします。

一、感動

心が躍る鉄道会社を目指し、
お客様に感動を
お届けいたします。

スローガン

「あなたの笑顔と
想い出を運びたい」

第1章

吉川急行電鉄の全容と発展計画

“吉《ヨシ》急《キュウ》”設立までの道

2002年　会社をスリム化し鉄道計画に専念

2006年　タモリ電車クラブにおいて広報活動に成功

2010年　東京近郊における路線図がほぼ完成

2023年　吉川急行関西線・九州線も完成

2024年　東急電鉄と乗り入れ協議開始

2025年　全線開業予定

吉川急行電鉄

社長 吉川正洋が語る

妄想鉄道をこよなく愛する吉川社長が、
吉川急行の成り立ちと現在、
未来のビジョンを熱く語ります。

吉川急行社史

1979年	**会社設立　鉄道に夢中になる**
1982年	**路線図原案完成（吉武線の一部完成）**
1983年	**模型を使ったプラン構築開始**
1985年	**自転車での試験走行開始**
1996年	**東京縦貫高速鉄道（吉川急行の前身）設立**
1997年	**他事業に注力するあまり路線計画が暗礁に乗り上げかける**

吉川急行のはじまり

「吉川急行の始まりは自宅での一人遊びでした」

2歳の頃から鉄道が好きで、絵本代わりに時刻表を眺めていたという吉川にとって、中でもお気に入りだったのが路線図のページだった。

国鉄のみならず私鉄までも網羅してすこしデフォルメされ配置された地図はまるで星座のようで、眺めているだけで時間が経つのを忘れたという。

やがて路線図に書かれた駅と駅を、自らの手で結ぶようになった。

「こことここの駅をつないだらとても便利だぞ」

世紀の大発見をした吉川少年は興奮を覚えた。

小学校に入ると鉄道模型を買ってもらった。Nゲージを手にした吉川は自宅に小さな鉄道を構築。「リビング前」「トイレ中央」「南寝室」などの駅を設置し、家中に線路を敷く。

「線路を敷いて模型を走らせるだけでなく、時刻表も作っていましたね」

駅に掲示されたものと同じように、左右で上りと下りに分かれた時刻表を模したという。始発は5時25分で、通勤ラッシュがピークを迎える8時台には1時間20本程度走らせるなど乗客の目線に立った

写真提供：吉川正洋

ダイヤを心がけたとか。

まず始発駅である「リビング前」の時刻表を作ると、駅間の所要時間を計算し、吉川家にあるすべての駅の時刻表を完成させた。

学校から帰ってくると、線路にNゲージを乗せて、駅から駅へと走らせるのが日課だった。のんびり走らせても1駅間は30秒くらい。到着した駅では電車を待たせて、ダイヤ通りに走らせることにもこだわった。当時を吉川はこう振り返る。

「一番多くて20近い駅がありました。さらに各部屋に行く支線もあったりして、運行を管理するのは大変でしたよ」

ちなみに当時の吉川急行を走っていたのはEF66（電気機関車）とブルートレインだ。運行中に愛犬がくわえてもっていってしまうたび、「お詫びの車内アナウンスもした」とか。

自転車での試験走行開始

自宅に鉄道模型で走らせると同時に、実際に街にも出るようになった。

「街中に路線を作って、それを自転車で走ることを始めたんです」

実際に街を歩いて、ここに駅があったらいいなと思う箇所には漏れなく駅を建設した。

最初の試験路線は、自宅から祖師ケ谷大蔵駅までを結んだものだ。

主な途中駅は「馬事公苑」「交差点」「三越エレガンス前」「ロイヤルホスト」。

急行も設定した。吉川が乗る自転車が急行で、弟が各駅停車を担当。「ロイヤルホスト駅」で接続をとるダイヤであったので、弟を駅で待たせていたという。

「きっと違う遊びがしたかったろうに、鉄道実現のため弟にはたくさん助けてもらいました」

電車の乗り心地も重視した。出発する際はだんだんと加速し、駅に停車する際も丁寧なブレーキ操作を心がけた。試験走行ではあるが、あくまで乗客が乗っていることを想定していたのだ。

駅に着くと、足漕ぎペダルから乗客が降りていく様子をイメージしていたという。

「自分自身がまるで電車になったような感覚でしたね。吉川急行と僕が一体であるという思いはこのからありました」

自宅と同じように、ダイヤ乱れが発生するたび丁寧なお詫びのアナウンスを繰り返した。お客様第一であるという企業理念はこの頃から息づいていたのだ。

会社設立も多角化経営で前途多難に

中学生の頃、吉川は二子玉川と成城学園前に路線を引くことを決意した。

「成城は2歳の時に鉄道を近くで見て好きになった場所。二子玉は家族で遊びに行った場所。どちらもお馴染みの街だったけど移動が不便。あそこに鉄道があった方がいいなって思ったんです」

ふとした思いつきではあったが調べれば調べるほど鉄道の需要を感じた。同時に東京には中心地から放射状に伸びる路線ばかりで縦に串刺しにする路線がないことにも気がつく。

西武、小田急、京王、東急、東武、京急などの路線は都心のターミナル駅から郊外に向かって伸びていく。ここに勝機があるはずだと。

大学時代に立ち上げたのが東京縦貫高速鉄道だ。今でいうベンチャー企業である。資金は無尽蔵にあったため、現在の吉急本線、吉武線の計画はこの頃にほぼ完成をみた。

しかし、ここで会社経営に最大の危機が訪れる。現在もコンビを組む同級生の長嶋とお笑いを始めたこともあり、生活のすべてをお笑いに注ぐ暮らしが始まったのだ。

会社概要	
社名	吉川急行電鉄株式会社　YOSHIKYU RAILWAYS
所在地	神奈川県川崎市中原区小杉町
設立	2000年2月14日
資本金	1000億円
社員数	7080人
線区数	12線区
営業キロ	245.1km
駅数	138駅
車両数	1305両
検車区	砧検車区　江古田検車区　日比谷検車区　江北検車区など
車両基地	砧車両基地　西が丘車両基地　日比谷車両基地　江北車両基地など
輸送人員	約210.5万人（1日あたり）

「高校の頃から毎日大喜利をやったり、大学でも月1でライブをやってました。鉄道が趣味って大きな声で言い出せなかった時代でもありましたよね」

お笑いに割くリソースが大きく、妄想鉄道の業務に手をかける時間がなくなっていった。会社存続の危機に瀕したともいえる。

ただ、お笑いに人生を捧げると決めた吉川だったが、なかなか芽が出なかった。それゆえ、とにかく暇な時間が豊富にあったことが幸いする。

「大学時代は家に帰ってからはよなよな一人で路線図を考えていましたね。昼夜逆転した生活でしたけど、あの時間が吉川急行にとって一番大切で濃密な時間だったのかもしれません」

大学生となり行動範囲が広がったことで、吉川急行電鉄の構想は都内全体に視野が広がった。実際に建設予定地に足を運んだところ、どの列車も朝夕の混雑が尋常ではなく、縦貫鉄道で客を縦に逃すことで大きな需要が生まれると確信したのだ。

最初に1号線（現在の吉武線）、次に2号線（現在の吉急本線）の路線案が完成したのち、吉川の頭の中では大吉急計画が広がっていった。

2002年 会社をスリム化し鉄道計画に注力

大学を中退して太田プロに所属しながら吉川急行の業務も並行しながら行なっていた吉川に、「タモリ倶楽部」から声がかかったのは2006年2月17日のことだ。タモリを中心とした「タモリ電車クラブ」への入会を認められたことで、吉川の名は一気に全国区となり、吉急完成への大きな後押しとなった。

やがて鉄道芸人として、社長業と並行してテレビなどの芸能活動にも従事することに。芸能活動の収益が吉川急行建設の大きな資金源となった。

吉川急行で最も多くの旅客を輸送するのは赤羽と空港を結ぶ吉急本線である。だが会社の主軸は吉武線にあるという思いは全社員に共通している。吉川急行の本社が武蔵小杉駅前にあるのは、ここが自分たちの原点であるという変わらぬ思いがあるからだ。

吉武線が構想から完成までにかかった時間は実に40年あまり。多摩川周辺の地下工事、砧公園駅周辺の地下車庫建設は難航を極めた。

なぜそんなに時間がかかったかといえば交渉が難航したからだ。鉄道を敷く際には土地買収が必要となるが、地権者との折衝にとにかく時間がかかった。首を縦に振らない地権者との交渉の最後の決め手となったのは吉川の副業であった。

「お笑いのトーク術が交渉に役立ったんです」

最終的に地権者たちは笑顔で吉川の夢を後押ししてくれた。みんなを笑顔にしたい。吉急の哲学はこの頃に確立したといえる。

吉武線と同時に進めた吉急本線では、羽田空港乗り入れが最大の関門となった。現在は京急と東京モノレールが乗り入れているが、近い将来、東急の蒲蒲線が構想されている。羽田はドル箱路線であり、各社が乗り入れを画策しており、吉急も遅ればせながら手を挙げ認可された。

「羽田空港への乗り入れは会社としての悲願でした」

乗り入れが決まった瞬間、７０００人の社員は大喜びしたという。吉川一人で始めた会社は気がつけばどんどん大きくなり、資本金は１０００億円を超えて、２０２４年３月期の売上高は単体で５０００億円を記録。悲願の黒字転換を果たした。東京駅と渋谷駅を結ぶシティラインの構想が発表されたときは、鉄道ファンのみならず都心部で働くサラリーマンから感嘆の声が漏れた。

「この沿線の方たちが鉄道を待ち焦がれていたことがわかり、うれしくなりましたね」

シティラインで採用されたＬＲＴは宇都宮よりはるか前から計画が進んでいたという。低床型バリアフリーで環境にやさしい路面電車の導入を最初に提案したのは吉川だった。

当初、社内からは大きな反発があった。輸送力を重視してきた吉武線、吉急本線の系譜を継いで地下化すべきという意見は社内の大勢を占めた。だが吉川がこだわった。

「みんなが気軽に乗り降りしてくれる路面電車が理想でした」

ＬＵＵＰのようにみんなが気軽に乗り降りできる列車は、新たな鉄道のビジネスモデルを提唱し、テレビ番組でも特集されたことは記憶に新しい。

王子線は吉川が独自の実地調査を行った上でルートを決定した、大きな決め手となったのは豊島５丁目団地だった。

「隅田川の堤防沿いに建てられたマンモス団地で、住民の皆さんはバスが主な移動手段だったんです」

朝夜は都心方面に向かう住民で大混雑しているが、いずれ東武線と相互直通する計画もある。

２０２４年には吉川急行の全体図が完成した。東京、大阪、福岡の３都市（厳密には東京・神奈川・大阪・兵庫・福岡の５都府県）で運行開始が決定したのだ。

吉川の掲げるモットーは「お客様の不便を解消す

る」。新路線開通にあたり、競合するバス会社との折衝もあったが吉川の人徳ですべて円満解決。競合する会社すべてとの折衝を社長の吉川自身が現地に赴いた行ったことで話題になった。

「他からお客様を奪っても幸せになれない。新しいお客様を生み出すのが吉急の使命です」

ちなみに、吉急の駅選定だが、「発展の可能性を感じる街を吉川自身が選ぶ」という厳格なルールがある。駅前はどこも商店街が広がり、暮らしやすそうな街が多いのが印象的だ。

「私たちは人の動きを作ってさらに町を元気にしたいんです」

吉川が求める「笑顔」。奇しくも副業の芸人と通じるものがある。きっと吉川は人の笑顔を見るのが好きなのだろう。吉川急行電鉄はこれからも人の笑顔を繋ぐ電車でありたい。そう強く思っている。

（エピソードはほぼ架空です）

吉川社長が明かす今後の吉急発展計画

・メインの車両基地は砧公園駅周辺に設置予定。千代田線の代々木公園地下車庫を参考にしている。

・吉急本線は空港輸送も兼ねているため、現在は10両だが15両に増車の可能性あり。

・沿線開発も視野に入れており、百貨店、スーパー、保育園を設置予定。20年以内に吉川学園を設立予定。ライバルは岩倉高校と昭和鉄道高校。

・吉川高校では校歌を鋭意準備中。野球部に力を入れる予定で、甲子園で1勝し全国に校歌が流れることを目指す。

・「駅そば」を準備中。吉川のそばやで「吉そば」が有力候補であったが同名のチェーン店が存在するため現在店名を検討中。看板メニューは春菊天そば。

・初乗りは170円予定。周囲からの猛反対にあうが吉川社長の鶴の一声で決定。「赤字は覚悟の上」とのこと。

・沿線に観光地がないという問題点をかねてから指摘されており、昨年準備委員が発足。オーナーの吉川の趣味を反映し、野球専用スタジアムを沿線に建設予定。最有力候補地は赤羽から延伸した先の埼玉県南部。

・バスと鉄道との共存を目指すため、バス会社も新規路線を鋭意開拓中。「吉急バスはどこにでも走ります」（吉川社長）。

・シティラインの狙いは都心のちょっとした移動。渋谷—東京間を最短15分で結び、LUUPユーザーを取り込む。

・かつて東武スカイツリーライン「西新井駅」と東武東上線「上板橋駅」を結ぶ延伸計画があったが頓挫した。吉急の王子線はその計画を事実上アレンジした路線といえる。

・王子線は建設費が比較的抑えられる新都市交通システムを採用する可能性がある。

町にはＮＴＴの研修センターがあります。そして下野毛は工場が多い。小さな不便を解消するのがこの路線の目的。いろいろな意味でこの路線が吉急の原点です。ちなみに武蔵小杉からは東急線への乗り入れを検討しており、現在東急さんと協議中です。

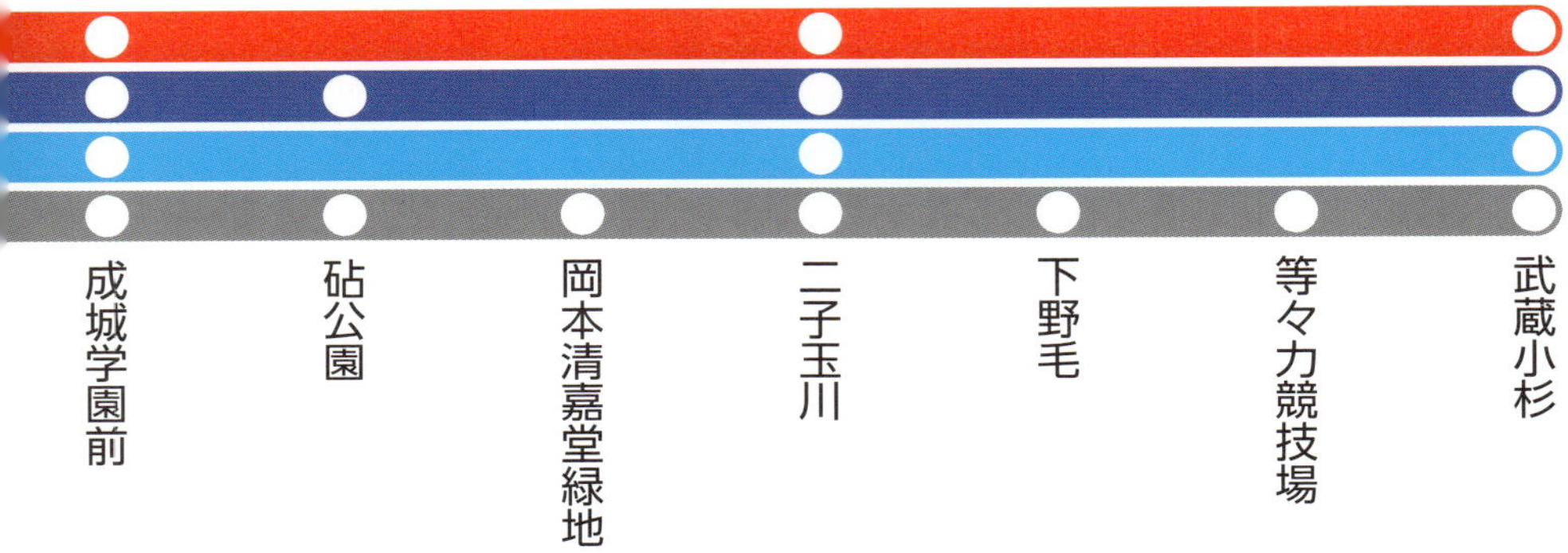

スを重視したからです。赤羽・中野・笹塚・三軒茶屋など有名な町を通るのでもっとも多くの乗客を見込んでおり、ドル箱路線となるのは間違いありません。

ドル箱路線を目指す！

吉急各路線紹介

吉武《きちぶ》線《せん》（1号線）

始発から終点まで乗り通す人はあまり想定しておらず、近距離移動の目的利用をメインにしています。成城学園前―二子玉川、吉祥寺―つつじヶ丘、武蔵小杉―等々力競技場などの利用客を特に見込んでいます。吉祥寺のつぎに下連雀を作ったのは、近隣に駅がなかったから。入間

小さな不便を解消したい！

吉急本線（2号線）

大学時代に、よく訪れた下北沢を中心に路線図を描きました。南北移動しづらい笹塚を結んだことからこの路線が始まりました。吉武線ではなくこちらを本線としたのは、空港へのアクセ

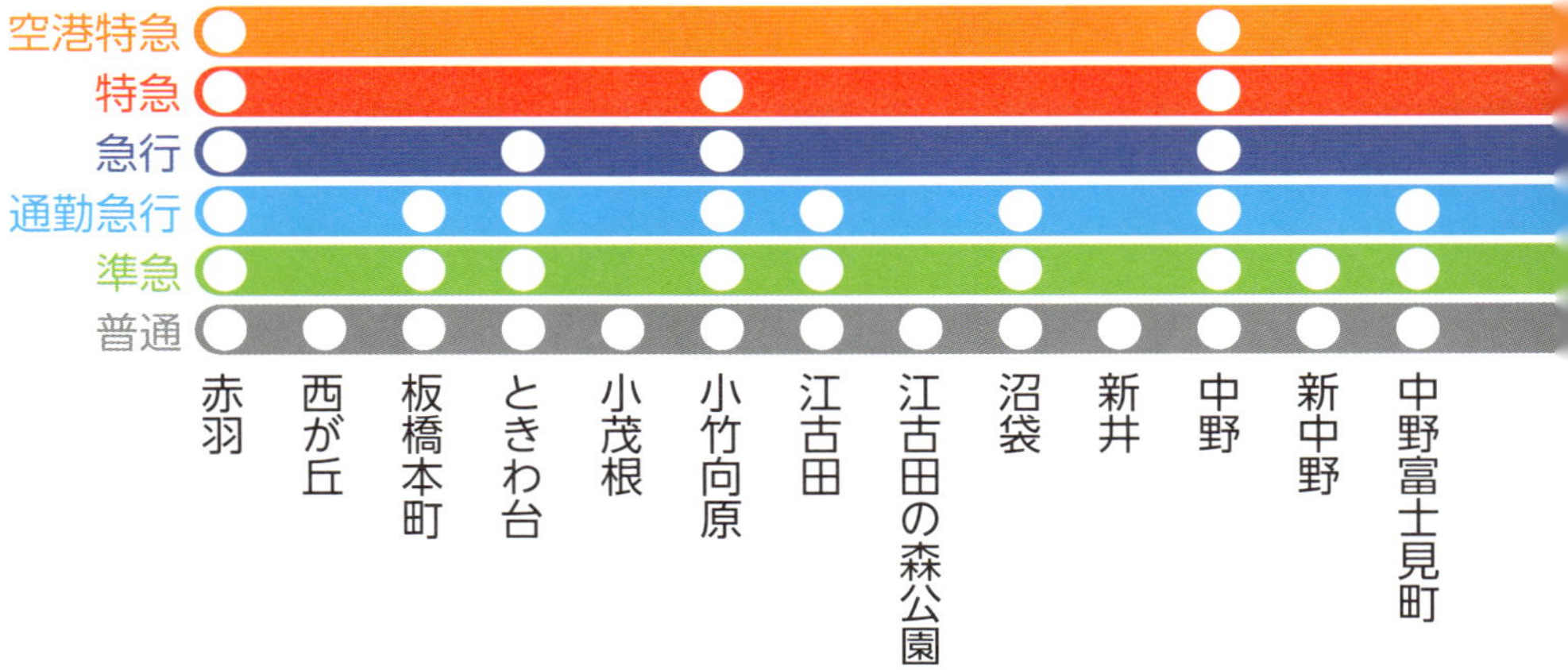

けました。山手線の内側を走る初の LRT として注目を浴びており、インバウンド需要も取り込みたいと思っています。

日比谷公園
東京

豊島５丁目団地付近は多くの住民がおり、この路線ができることで、新たなシナジーが期待できるはずです。

豊島五丁目
江北
西新井

吉急悲願の池袋乗り入れ！

シティライン（3号線）

近年話題のＬＲＴを導入しています。渋谷―六本木を移動する際に、まっすぐ結ぶ鉄道があったらと思ったことがあるでしょう。むかしは路面電車が走っていたのですが、現在はバスやタクシー以外の手段はありませんから大きな需要が見込めます。ここを「シティライン」と名付

近年話題のＬＲＴを導入！

王子線（4号線）

乗降客の多い池袋乗り入れは吉急の悲願でした。西新井から鉄道で都心に出るには北千住方面しかなく、池袋方面へのアクセスが課題でした。この区間は現在バスが運行しているものの、

世田谷通り線（5号線）

吉急の車庫は砧公園の地下にあるため、吉急本線が車庫に入る際の渡し線の役割も果たします。またこの路線を介して吉武線と吉急本線が接続され、吉祥寺方面から羽田空港に行く際は、わざわざ新宿や渋谷に出る必要がなくなります。

普通　砧公園 ― 三本杉 ― 農大前 ― 上馬 ― 三軒茶屋

車庫は砧公園の地下にある！

このあとは、さまざまな視点から吉急の可能性を探ってみます！

吉川急行電鉄のこだわりを紹介します！

吉川急行

吉急のシンボル［制服］

「吉急といえばこの制服！」と一目でわかるものにしたかったので、私が好きな明るい青にしました。プロのデザイナーさんと相談し、青も二色で濃淡がついています。金色の差し色もアクセントになっており、かつ遠くから見た際の視認性も確保されています。私は吉急のプロモーションも兼ねてテレビ番組にも出演しますが、その際も青い制服はとても印象に残るとお客様から好意的なご意見をいただいております。ただ、クイズ番組に出て脱落した際なども非常に目立つため、その瞬間だけは「地味な制服にすればよかった…」と思ったりもします（笑）

ネクタイも吉急ロゴをあしらったおしゃれなデザインに

制帽

帽子には金の二本線。社長の証です。鉄道会社に社長の帽子はあまりないと思いますが、吉急には社長帽が存在します。ちなみに駅長は銀の二本線です。マークの部分に特にこだわっていて、YK マークを中心として、その横には私が愛する横浜 DeNA ベイスターズの象徴、星。さらによく見ると私の顔が描かれていたり、たくさんのメガネが散りばめられたりしています。イベントではお子さんに帽子をお貸しして、「隠れ吉川」を探してもらっています。「いつも心にユーモアを」という私のポリシーが詰まっているマークです。

名札

名前の部分が太いフォントになっています。「会社よりも名前を分かりやすく」とオーダーしました。鉄道会社よりも人を覚えてもらいたいからです。そして肩書きは小さく。お客様には肩書きや社名より、社員の人柄を知っていただきたい。そんな願いを込めました。この名札は触るとわかるのですが、シールを貼ったりしているわけではなく、ちゃんと掘ってあります。かなりお値段が張りますが、やはりこういった細部にもこだわりたいですね。

社長の思いがこもった愛されイメージキャラクター

ヨシッチ™

吉川急行電鉄のイメージキャラクターです。私が大好きなドアの開け閉めをする機器「ドアスイッチ」をモチーフに誕生しました。吉川＋ドアスイッチ＝ヨシッチです。一応他社と被っていないか確認しましたが大丈夫でした。かなりマニアックな機器のため、目だけはとことん可愛くしています。今後は「吉急でんしゃ祭り」で登場する予定で、トークも得意です。車掌さんの口調で話します。声の主は…秘密です（笑）

日常生活に吉急を！充実のラインナップ

吉川急行公式グッズ

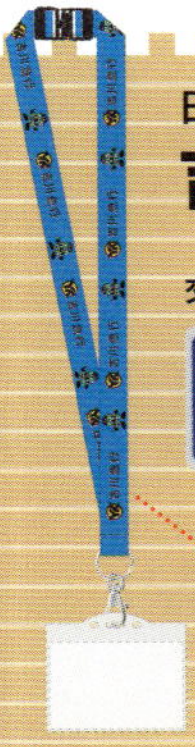

交通系ICカード風「YOSHIKA」

表

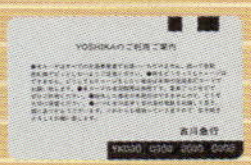

裏

ストラップ絵柄拡大

ネックストラップ

ラバーキーホルダー

タオル

表

裏

RAILWAY Tシャツ　● ピンク　● 白

吉急Tシャツ

ヨシッチTシャツ

フォトTシャツ

プリント部分拡大

ダイヤは？

車両は？

広報戦略は？

相直の手続きは？

駅の運営は？

まちづくりは？

吉川社長へ実際の鉄道会社で働くプロのみなさんからアドバイス

東急さん、と相互直通運転をいできませんか！

須藤《すとう》 晋介《しんすけ》
東急電鉄株式会社
工務部施設保全課
課長補佐

田中《たなか》 秀憲《ひでのり》
東急電鉄株式会社
電気部プロジェクト推進課
課長補佐

狩野《かりの》 洋一《よういち》
東急電鉄株式会社
運輸部運輸計画課
主事

増田《ますだ》 尚大《なおひろ》
東急電鉄株式会社
工務部設備プロジェクト課
主事

大和《やまと》 永世《えいせい》
東急電鉄株式会社
車両部車両計画課
課長補佐

内藤《ないとう》 遥《よう》
東急電鉄株式会社
広報マーケティング部
広報 CS 課
主事

渡邉《わたなべ》 徳久《のりひさ》
東急電鉄株式会社
電気部プロジェクト推進課
課長補佐

佐藤《さとう》 宏至《ひろし》
東急電鉄株式会社
運輸部運輸計画課
主事

吉村《よしむら》 俊彦《としひこ》
東急電鉄株式会社
広報マーケティング部
広報 CS 課
課長補佐

吉急
お願

日本において鉄道会社間の相互乗り入れが始まったのが1960年代のこと。都営地下鉄1号線（現在の浅草線）が押上ー浅草橋間で開業すると同時に、京成線との相互乗り入れが開始。やがて、営団地下鉄日比谷線が東武伊勢崎線、東急東横線との相互直通運転を開始し、私鉄や国鉄問わず、路線の利便性を目的とした各路線の相互乗り入れはさらなる広がりを見せた。

都心近郊を走っていた各路線がなぜ相互直通運転を始めたかといえば、ひとえに都心へのアクセス向上を狙ったからだ。それゆえ、都心部を走る地下鉄が相互直通運転のターゲットとなった。

さて、吉川が率いる吉川急行電鉄も都心部へのアクセスは喉から手が出るほどほしい。ということで、吉川急行が乗り入れを密かに狙う東急電鉄に訪れ、実際その「計画を進めるにあたりどのような手続きを踏まえればいいのか教えを乞うことになった。

今回の吉急ー東急相互直通運転構想会に集まった東急各部門のエキスパートたちは総勢11名。吉川社長は何を学ぶのだろうか。

取材に協力してくださった皆様

三渕卓《みぶちたく》
東急株式会社・フューチャー・デザイン・ラボ統括部長

古田博之《ふるたひろゆき》
東急電鉄株式会社
工務部工事事務所
課長補佐

吉急の社名は東急リスペクトから！

吉川　この度はこんな素敵な場を設けていただき、ただただ感謝を申し上げます。吉川急行電鉄（以下吉急）社長の吉川と申します。

今回書籍を作るにあたり、出来ることなら「東急さんと乗り入れしたい」と編集の方に伝えたところ、こうして東急さんが企画に賛同してくださり、今回の座談会が実現する運びとなりました。本当に感謝しかありません。

小さい頃に沿線で暮らしていたこともあり、東急さんには格別の思い入れがあるんです。それは「吉川急行電鉄」という東急リスペクト社名からもわかっていただけると思います。そして、実際に吉急が走っている路線は東急さんとも近しいエリアです。今日はもし相互直通運転をするなら、というテーマを中心に、そこから関連してまちづくりのことや会社のイメージ戦略についてもお話を伺いたいです。どんな意見でも構いませんので、プロの皆さんにご教示いただければ。では最初に手を挙げていらっしゃる大和さんからお願いします。

幼き日にスタンプラリーで手に入れたメダルを手に東急愛を熱く語る吉川社長。

写真提供：東急電鉄（株）

東急さんに聞いてみた　その1

「相互直通運転」ってどうすれば実現できるの？

相互直通運転実現の一歩は契約から

大和　吉川社長、いきなりですが相互直通運転を実現させるために、まず何から始めると思いますか？

吉川　え、、、なんでしょう？？

大和　最初に行われるのは契約です。鉄道会社同士で、相互直通運転に関する契約を結ぶ必要があるんです。その上で相互乗り入れする場合の大枠を決めていきます。例えば、線路幅は当社と同じ1067㎜にするとか架線の電圧は1500Vなどを決めていきます。

吉川　規格が違うと乗り入れできないわけですね。

大和　車両の仕様や保安装置など細々としたところまで決めていきます。それらは工務・電気・車両などの各部門で多くの調整を経て、すり合わせが終わったら最終的にダイヤの調整をする。これが簡単な流れです。

渡邉　では、はじめに電気についてお話しします。電車は文字通り電気で動いているわけですが、これも各社で規格が違います。たとえば架線から電車に電力を供給するための設備や、その電力を供給する電線など高電圧を扱うものを強電と称します。架線電圧は先ほどもお話が出たように1500Vが標準です。ちなみにヨーロッパ諸国だと3000Vを採用している鉄道もあります。

吉川 車両が直流か交流かどうかも大事ですね。吉急はもちろん直流です。

渡邊 そして乗り入れが決まったら「どこで架線を擦りあわせるか」を打ち合わせします。たとえば、地上から地下にはいるときは、そのまま架線を地下まで引っ張れませんから、どこかで交差させる必要があります。ちなみに地上ですと、架線のすりあわせは簡単にできるんですが……。

吉川 線路は基本的に地下が多いですね。

渡邊 そうするとレールを逆さにしたような形の剛体架線を用いることが一般的です。実際に東急新横浜線はその方式を採用しています。

須藤 地下ということで当社線と直通する場合、接続箇所におけるトンネル工事の施工ステップ等の検討も土木担当としてやりがいがありそうですね。

未開通区間のホームドアはどうやって運ぶ？

田中 信号システムを動かす弱電は、だいたい100V以下で規格が統一されています。これは家庭にあるコンセントと同じ強さの電気です。ただ、すり合わせはほとんどしません。

吉川 それはなぜでしょうか？

田中 鉄道の機器を作っているメーカーは限られるので、各社似たような規格だからです。ちなみに相互直通を実施する場合、他社の信号システムを考慮した設計が求められます。かつて東横線と副都心線の相互直通運転が始まったとき、代官山から地下に入る大工事を行ったのですが、私は渋谷～代官山区間を担当していました。発車メロディというのはご存知だと思いますが、実は信号と連動しているんです。ですから、その調整のために終列車後に信号システムを切り替えて発車メロディを流して調整を行いました。「渋谷駅の発車メロディをホーム上で一番先に聞いたのは自分だと思います。

吉川 まるでプロジェクトXみたいな世界ですね。

田中 プロジェクトXで思い出したんですが、当時ホームドアも私が担当していたんですね。さて突然ですが、ここで問題です。渋谷駅に新しく作られるホームドアは、どうやって運んだのでしょう？

写真提供：東急電鉄（株）

写真提供：東急電鉄（株）

吉川　ええ、とんちですか？　たしかに東横線は新しくできるホームにまだつながっていませんよね。逆から運んだとか？

田中　さすが、その通りです。渋谷駅は副都心線が先行開業していましたから、ホームドアを新木場から有楽町線に乗せて小竹向原で折り返し、渋谷駅まで運んできたんです。東京メトロさんにご協力をお願いして実現しました。

吉川　それは知らなかったです。吉急もホームドアを作るつもりでしたが、こうした気が遠くなる作業が待っているということですね。運搬に関しては、今後おいおい相談させてください（笑）。

駅長が2人いるのは新横浜駅だけ

古田　ここからはさらに細かく決め事についてお話しさせていただきます。相互直通運転する場合、両社間の大事な調整の一つが、「車両の大きさを揃える」です。近年乗り入れが実現した相鉄・東急新横浜線ですが、そもそも当社と相鉄さんでは車両の大きさが違ったんです。

吉川　ということは、車両限界や建築限界も異なりますよね。

古田　相鉄さんの20000系と21000系の2形式だけが、東横線と目黒線、東急新横浜線に乗り入れることができますが、それ以外の車両は乗り入れることができません。新横浜駅はホームが2面、線路が3線ありますが、車両規格によって入れない番線があります。ですから相鉄区間のみ使用する車両向けに設計されている2・3番線と4番線のホームにちゃんとその車両が入るようにダイヤも綿密に決められているんです。

吉川　そのすり合わせは大変そうですね。まず吉急も相互直通運転をするなら車両の規格を合わせる必要があると。

古田　そうですね。また施設面に関して言うと武蔵小杉で乗り入れると仮定した場合、武蔵小杉駅をどちらの会社が運営管理するのかという課題もあります。

吉川　駅長が二人いる駅もありましたよね？

佐藤　新横浜駅は2社それぞれの駅長がいますが、どちらかの会社から出すケースが一般的です。乗り入れということは同じホームを使うわけですから、武蔵小杉駅を吉急さん、あるいは当社のどちらが管理していくのかを決めます。たとえば渋谷駅、中目黒駅は東京メトロさんから当社が受託して、すべての駅業務を行っています。

吉川　そういえば、それらの駅の係員さんはみんな御社の方ですね。

相互直通にかける両社の強い思いの結果と言えるかもしれませんね

佐藤　こういう駅に関してはなにかしらの費用が発生したら、その都度2社で負担します。

古田　保守にかかる費用も吉急さんと細かく決める必要がありますね。

佐藤　（駅周りの設備など）当社と同じシステムを使っていただけるのでしたら、こちらとしてはありがたいですね。

古田　ちなみに先ほど話した新横浜駅は改札口が相鉄さん側と当社側で2つあり、コンコースのデザインも異なっているんです。

吉川　なるほど～。これは相互直通にかける両社の強い思いの結果と言えるかもしれませんね。

佐藤　そこで吉川社長にお願いがあります。駅の管理はどうか当社にお任せください。ここで決断をお願いしてもいいでしょうか。

吉川　わかりました！　駅業務は東急さんにおまかせします！

写真提供：東急（株）

新駅は地下にするのか、あるいは地上にするか

吉村　さて今ある武蔵小杉駅に乗り入れとなると、地下にホームを新しく作るのか。それとも線路でつなげてしまうのか。ここからは工務部と相談してください。

古田　私が気になったのは武蔵小杉駅における吉急カラーが希薄なことでしょうか。いくら当社が好きとはいえ、少しは自社のカラーを出してもよろしいのではないかと思います。

吉川　みなさんが勧め上手だからまるまる乗っかれば一気に進みそうな気がしたんですが、たしかに自社カラーがなくなるのは寂しいですね（笑）。

古田　地上駅を想定されていますか？

吉川　実は武蔵小杉は地下駅がないので、地下にできたらいいなと思っていましたが……。

古田　そうなると駅が分かれることになりますね。1つの方が、お客さまにも分かりやすく便利かなと。地上駅にしてはどうですか？

吉川　うーん、では地上駅にするにはどこで線路をつなげたらいいのでしょう。

須藤　その場合、土地や空間の課題がありますが、吉武線が地下から当社の武蔵小杉駅に向け徐々に登ってきて、現在の駅に新しい高架橋を「腹付け」すればいいかなと。

吉川　「腹付け」というんですね。

須藤　現在武蔵小杉駅は2面4線ですが、吉急さんとの乗り入れに際して思い切って3面6線にしてしまえば、吉祥寺方面への始発の設定もできます。

吉川　いいですねぇ、始発は作りたいですね。日吉方面にも行きたい。自治体との相談ですけれど、等々力競技場から南武線を越えていけばいい感じで合流できるかもしれません。

古田　線路をつなげても車庫は吉急さんで用意してくださいね。

吉川　大丈夫です、砧公園の地下につくります！

駅に乗り入れしている全社でダイヤすり合わせ

狩野　そうして乗り入れの方式が決まったら私たちダイヤ担当の出番です。吉急さんと当社のスジを1本ずつつなげてダイヤを作っていきます。

吉川　それは両社で話し合うんですよね？

狩野　まず吉急さんが当社に渡したい時刻、こちらが受けたい時刻を提示しあって、1本ずつ調整していきます。相鉄線との相互直通運転の際は朝から晩まで頭を悩ませて、丸1日かけても1本もつながらないこともありました。

吉川　えええ！　どの時間帯が大変なんでしょう。やはり朝でしょうか。

狩野　そうですね。相鉄さんは横浜方面へ行く路線もありますし、JRさんともつながっています。さらにこちらも副都心線や南北線や三田線、さらにその先の会社もあります。この時刻に設定したい、という互いの思いを擦り合わせていくんです。

吉川　現在、武蔵小杉を走っているのは相直先の車両もありますよね。

狩野　8社局（三田線は東京都交通局）ですね。吉急さんで9社目になります。正直なところ、武蔵小杉はダイヤ的には飽和している現状ですが（苦笑）。

吉川　これは8社局みなさんで話し合うんですか？

狩野　そうです。路線ごとに相互直通運転をしている社局と話し合います。「うちは聞いてない！」なんてことにならないよう、各社局のダイヤ担当全員の出席が暗黙のルールです。各社局の担当とは何日も顔を突き合わせて打ち合わせしますから、その時期は自分の家族よりも一緒にいる時間が長いです。ちなみに吉急さんのダイヤ担当はどなたですか？

吉川　私か伊藤壮吾くんです。参考までに地下駅で直接乗り入れしない場合はどうなりますか？

吉祥寺にそのまま行けることを魅力に感じてほしい

写真提供：東急電鉄(株)

狩野　線路がつながってないのでしたら、乗り換え時間だけ考慮すればいいかと。

吉川　でも、やはり相互直通したいですね。吉祥寺にそのまま行けることを魅力に感じてほしい。

狩野　それによって当社のスジをいためることになりますよね。キツイなぁ。

増田　そもそも吉急さんの新路線を単に妄想と笑い飛ばすことはできないですよね。国土交通省の交通政策審議会では東京圏における今後の都市鉄道のあり方について検討され、答申を行っています。このような検討を経て、まるで妄想のような計画が実現することもありますから。

吉川　それは力強いお言葉です。

増田　前回は2016年（追加検討が行われ2021年に再答申）で目標年次は概ね15年後の2030年頃としています。次回の審議会で検討のテーブルに上がるように妄想路線の社会的必要性等を高めていけるとよいですね。

吉川　大学の先生からもお墨付きをもらっていますが、社内でさらに突き詰めて考えていきたいと思います！（詳しくは58ページへ）

乗り入れには保安装置の統一が必須

大和　乗り入れを行う際には、車両を新造・改造する必要があります。当社への乗り入れの際の車両は全長20メートルの4ドアでお間違いありませんか？

吉川　はい。その予定です。

大和　ちなみに、ドアとドアの間隔が各社によって違いますと、ホームドアと車両のドアの位置が合わなくなるので、それも揃えてもらいたいです。当社が開発した2020系は東京メトロさんや東武さんへの乗り入れを想定して、ドアの中心から隣のドアの中心まで4820㎜に統一しています、そちらでお願いできたら幸いです。

吉川　そこも統一しましょう！

大和　吉急さんの保安装置はどうしていますか？当社はCS-ATCを導入していますが、その先の東武鉄道さんは「東武ATS」や「東武デジタルATC」、西武鉄道さんは「西武ATS」を採用しています。相互直通をするときは、すべての路線を走れる車両に改造する必要があるんです。

吉川　弊社は吉急ATS（ATS-Y）を導入する予定なんですが、他社の保安装置に対応するように車両を改造する必要があるということですね。

吉村　吉急さんも大変かと思いますが、どうぞご検討をよろしくお願いいたします。当社の車両も改造しますから。

大和　ちなみにマスコン（編集部注：マスターコントローラー。運転台に設置される主幹制御器のこと）はT字型ワンハンドルですよね？

吉川　あ、まだ2ハンドルもあります……。

大和　あら！　当社にはもう2ハンドルはないんです。昔は日比谷線だけ2ハンドルもOKという取り決めもあったんですが、今はT字型1ハンドルのみ。そうだとすると現状では乗り入れは厳しいです。

吉川　すぐにT字型1ハンドルに改造します。でも2ハンドルも好きなんですよねえ。

大和　吉急さん全車両が対象ではなく、あくまでも乗り入れする車両を改造すればいいんです。

大和　相互直通運転用の車両を開発する上で大事なポイントは2つあると思っています。1つは仕様を共通化すること。各社乗務員の使いやすさの重視ですね。そして2つ目。これがとても大事なのですが、自社らしさです。2020系はJR山手線と足回りはほとんど一緒。だけど車内デザインも雰囲気も違います。われわれからすると都会的な山手線と比べて、田園都市線ならではの沿線の街や駅と調和するイメージを前面に出したつもりです。

吉川　まちを走る車両は沿線のイメージを決定するわけですね。忘れないようにします。

「まちづくり」はどうやって進めていくの？

地下駅の多い吉急は、地上部分を有効活用できる

吉村　さて各社には車両作りのマインドがあることもわかっていただけたと思うのですが、次に大事になってくるのが沿線のデザイン、つまりまちづくりです。

三渕　今回吉川社長のお話を聞いていて不安になったのは、今後の経営状況ですね。建設にいくらかかっているんですか？

吉川　……○兆円です。

三渕　それらをどうやって資金回収していくのが、その視点がないのが気になりました。基本的に利用者が多ければ多いほど初期費用は回収しやすくなります。そのためには、まちのブランド力を高めて人を集める必要があります。

吉川　御社の沿線は確かに魅力的ですし、人気も高いですね。

三渕　吉急さんは地下駅が多い。つまり地上部分が活用できます。当社でも渋谷を地下化したあとに渋谷ヒカリエや渋谷スクランブルスクエアを建設したことで、不動産活用の大チャンスが生まれました。駅ビルと広場を作って、そこを中心としてまちづくりを計画するのがとても大事なんです。

三渕　さらに路線自体の魅力をどう作るのか。ブランディングという視点でまずポイントです。私は吉急さんが走っている赤羽にもよく飲みにいきます。個人的には世界初の酔っ払い専用車両がほしいです。夜10時以降は車内で寝てもいいけど、乗りすごしたらきっちり運賃はとる。「世界初」というのはやはり魅力的ですから。たとえばこんな発想です。

吉川　たしかにそうなったら世界初でしょうね（笑）。

三渕　あわせて赤羽駅前に吉急系列のホテルを作るのはどうでしょう。吉急さんで赤羽までお客様を運んで、さらに酔ったお客様にそのまま宿泊いただき、ここで収益を上げる。

　もう一つ欠かせないのはインバウンド需要からの視点。たとえば近年、伊豆急は中国からの観光客に多く利用されています。理由が二つあります。一つは観光名所の大室山を見に行きたい。次に伊豆急の赤い車両がめでたいと感じるのだそうです。江ノ電さんの鎌倉高校前も観光客でつねににぎわっていますが、このように吉急さんの沿線に「映える」スポットを意図的に作って観光需要を喚起する。これ

Shibuya Hikarie

が運賃の支えを作ることになります。

吉川 インバウンドはまちづくりの視点に欠かせない要素なんですね。

三渕 成城や二子玉川エリアはペットを飼っているご家庭が多いと思うので、ペットフレンドリーな電車にするのもありかもしれないですね。「子どもにやさしい」はあるけど、きたるべき超高齢化社会に向けてペット需要を見込んでもいいでしょう。

吉川 わかりました。駅にはドッグランを作ります！

東急さんに聞いてみた　その3

「企業イメージ」をどう発信していけばいい？

そして吉急を全国区へ

内藤 相互直通運転が決定した暁には、吉急さんのブランディングを発信する必要があります。最近では私は相鉄・東急新横浜線のPRを担当したのですが、一番前面に出したのは新横浜で新幹線に直通し西日本との窓口ができたことです。そのため、私たちはJR東海さん圏内でたくさん広告を展開しまし

た。

吉川　その広告、僕も何度も目にしました。

内藤　例えば今回ですと当社との相互直通は吉武線になりますが、そこから吉急本線経由で私たち当社が持っていない強み、つまり羽田空港につながることが一つのアピールポイントになるのではと思いました。もしかしたらＪＡＬやＡＮＡなど鉄道以外の会社とも組んで宣伝を展開できます。あとは鉄道会社のオリジナルキャラクターの宣伝効果も計り知れません。ちなみに吉急さんにはマスコットキャラクターはいらっしゃいますか。

吉川　車掌のドアスイッチをイメージした「ヨシッチ」がいます。車掌さんのドアの開け閉めが大好きだったので、ドアスイッチと吉川が合体してこのデザインになりました。

内藤　いいですね！　これまで吉急さんに縁がなかった方にも、キャラクターを通して親しみを感じていただけるはずです。

吉川　ヨシッチの責任は重大ですね。

内藤　そして相互直通することでどんなシナジーが生まれるのかを端的に表したキャッチコピーも必要ですね。東横線・副都心線のときは「広がる」。相鉄線・東急新横浜線のときは「つながる」。今回の相互直通で強く訴えたいこと

があればそれを前面に出すべきだと思います。

吉川　東京って南北に走る鉄道が少ないよなという素朴な感情から始まった鉄道ですから。移動の不便を解消して、めぐりをよくしたいんです。

内藤　それいいじゃないですか！「東京の血行を良くしたい」

一同　拍手

内藤　その素敵なコピーを活用して、積極的にPRしていただけたら当社としてもこんなにうれしいことはありません。

吉村　さて、相互直通運転に向けてのお話をしてきましたが、実現した後には電車や駅の保守・保全も重要になります。

田中　相互直通を機に誕生した目黒線は、開業から20年以上経って徐々に信号システムの老朽化が進んでいます。まったく新しいシステムを作るのと同じくらい、メンテナンスも大事なんです。

増田　田園都市線の地下区間が開業したのが1977年。吉急さんがずっと愛される鉄道であるためには、メンテナンスに加えて、折を見てリニューアルも必要でしょう。

吉川　私は新玉川線と同じ生まれなんですが、人間ドックに行くのと同じですね。

吉村 施設の寿命は、エスカレーターやエレベータが30年。駅舎が40~50年と言われています。相互直通運転のパートナーとなる吉急さんがしっかりとやっていけるよう、これからも心から応援させていただきます。

吉川 素敵な言葉をいただき本当に勇気が出ました！ 本日は本当にありがとうございました！

資料提供：東急電鉄（株）

東急電鉄が実際に展開した広告

編集後記

＜吉川社長、勉強会を終えて＞

座談会に参加された方々からは、それぞれの職種に対する強いプライドを感じました。そうプロフェッショナルな人材が集まっている、これぞ東急さんの強みなのでしょう。素晴らしいアイデアもたくさんいただき、非常に勉強になりました。今度、このメンバーで赤羽で飲み明かしましょう！

※この座談会はすべて妄想鉄道の設定をもとにしたファンタジーです

吉川急行電鉄の車両紹介

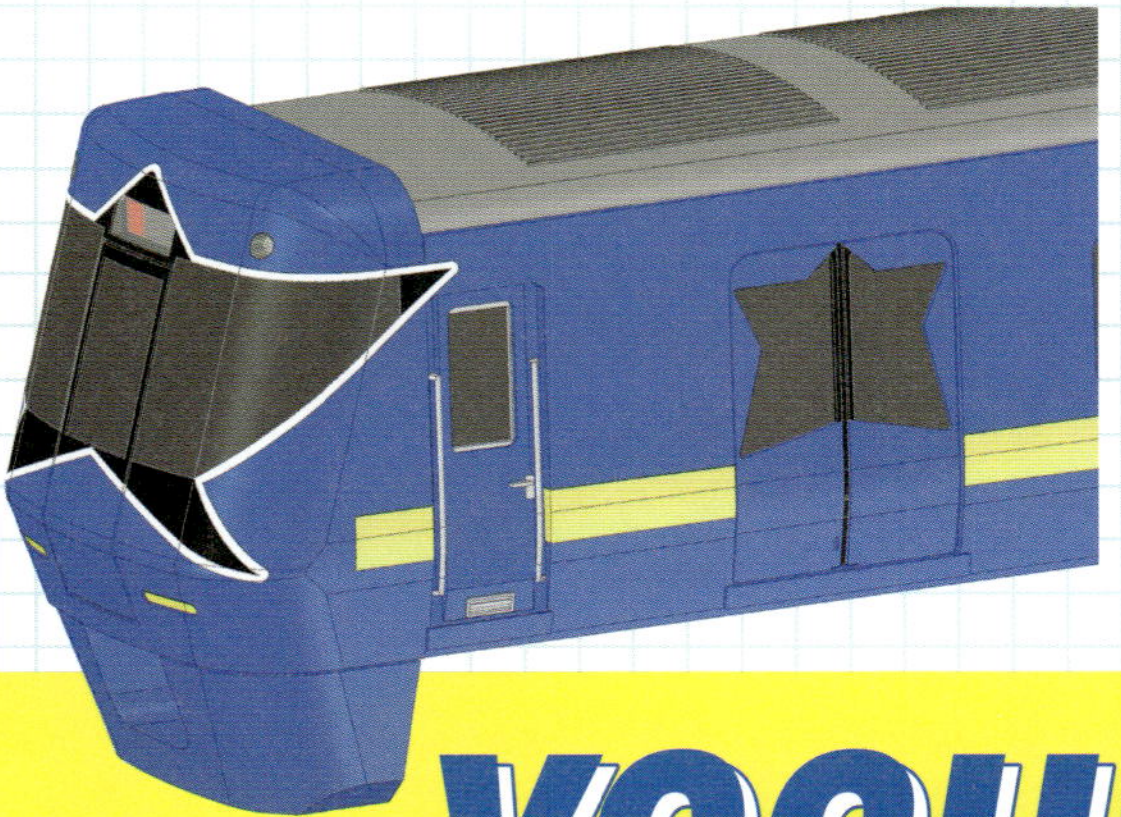

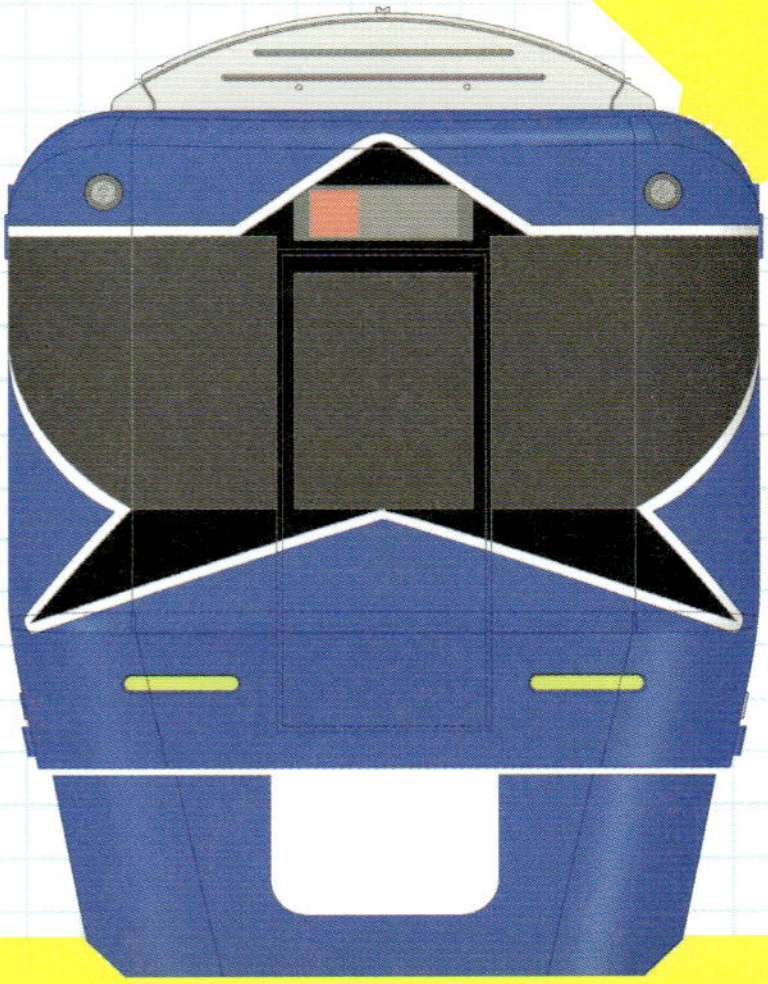

これがYOSHIKAWA STAR TRAINだ!

鉄道ファンならずとも注目を集める吉川急行の車両。新車両導入にあたり吉川が訪ねたのは鉄道車両デザインのプロフェッショナルだ。模型界のトップランナー矢幅貴至氏に車両デザインをお願いしてみた。

車両のこだわり

その1 色

ペイントは大胆にしています。現代の車両は素材がステンレスやアルミなので銀色が多いですが、阪急のマルーン色や相鉄のYOKOHAMA NAVYBLUEのような「この会社といえばこの色」というイメージカラーを押し出したかったからです。

私は昔から横浜DeNAベイスターズのファンで、青が大好き。ご存知のように制服の色も青。青は吉川急行のコーポレートカラーです。

車両カラーは「ベイスターズのような青」で、帯は星をイメージした黄色です。あくまでモチーフにしただけですので、他球団のファンの方も気軽に乗っていただいて大丈夫です（笑）

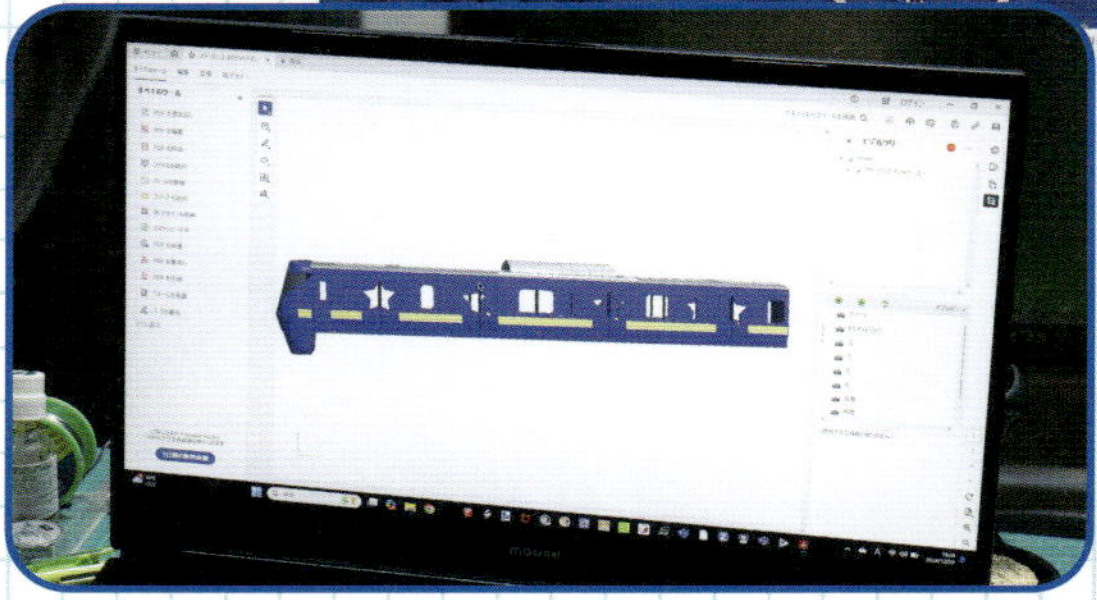

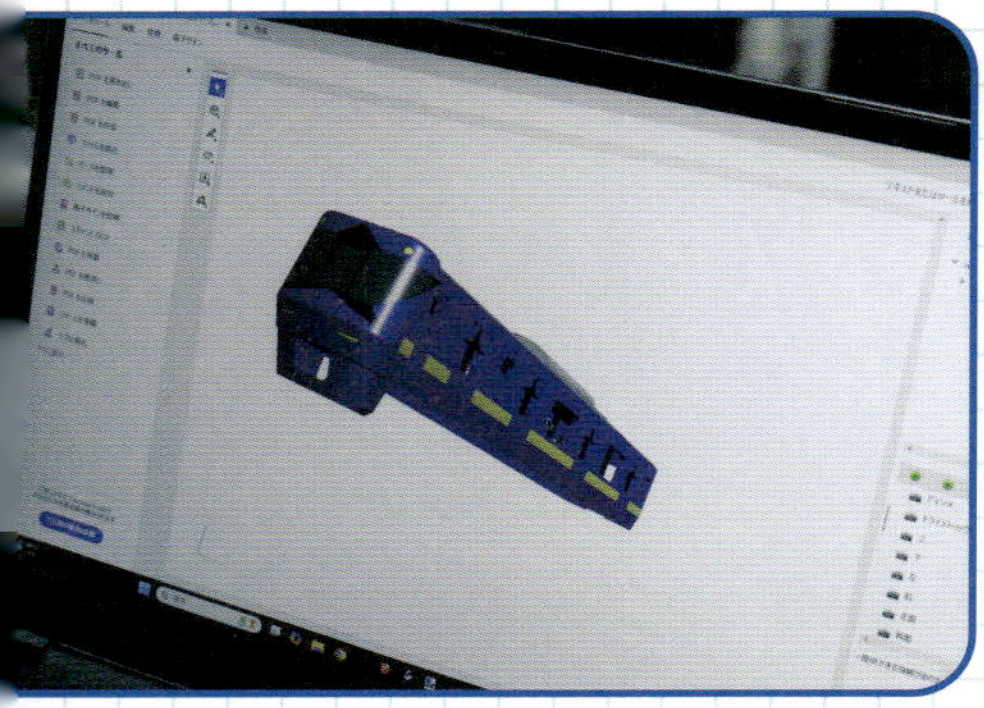

その2 車両デザイン

私が好きな車両、東急6000系や、小田急5000形、東京メトロ16000形などを参考にしています。ともすれば「どこかにありそう」で終わってしまったり、模倣感が出てしまうのですが、一方で突飛なデザインにすると「ありえない」という反対意見が挙がります。現実と理想の狭間で悩むのも好きなんですが（笑）、何度も検討を重ねた結果、このようなデザインに落ち着きました。

車両デザイン・設計担当者

矢幅《やはば》 貴至《たかし》

株式会社工房なかろく
代表取締役

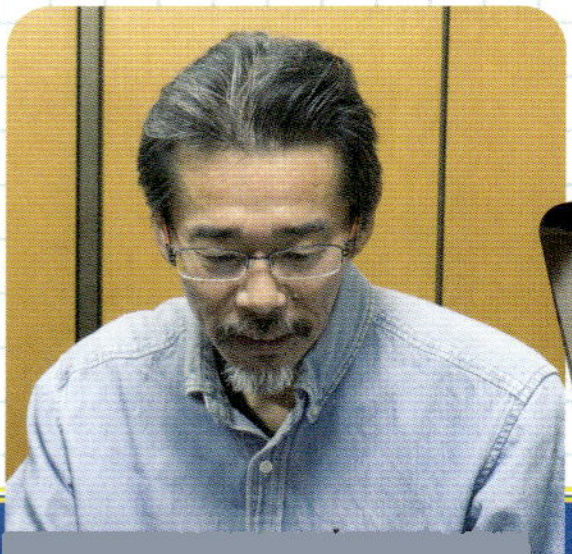

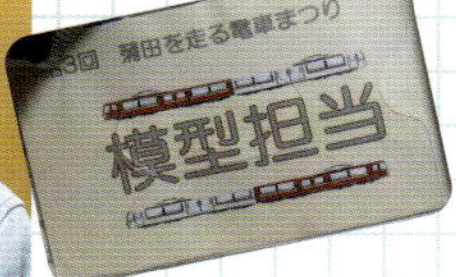

ジオラマ製作、模型製品開発のスペシャリスト。鉄道会社からオーダーを受けて特注ジオラマを製作することも。横浜にある京急ミュージアムのジオラマも矢幅氏が手がけた（前職時代）。吉川がレギュラー出演する「蒲田を走る電車まつり」の運営も行う。京急への憧れが強く沿線へ転居し、究極の京急グッズとして、同社株も保有している。

その3 前面デザイン

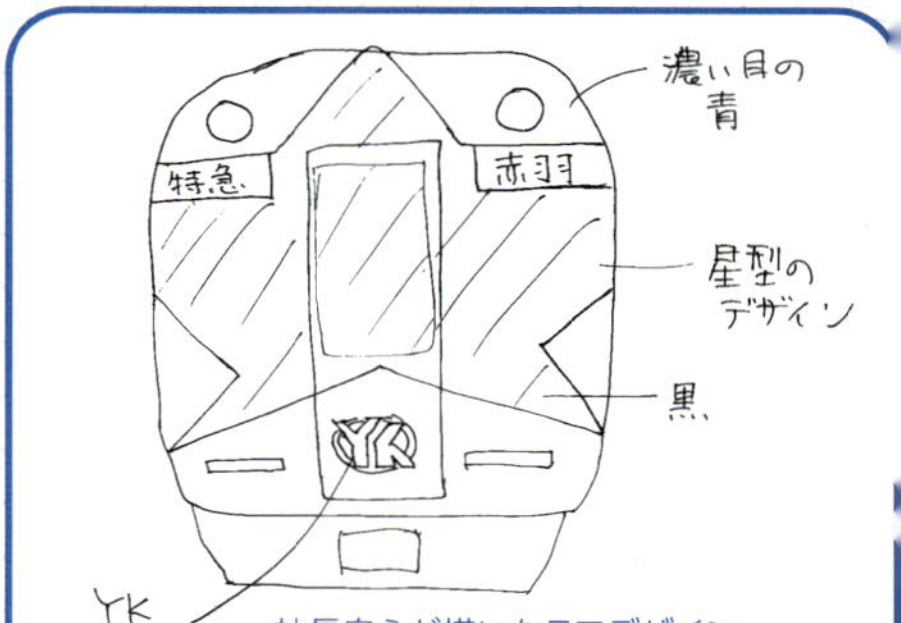

社長自らが描いたラフデザイン

ベイスターズカラーに着想を得て、思い切って「星」をモチーフにしました。ご覧のように前面窓には大胆に星形があしらわれています。細かいところでは、星のデザインにも注目してください。鋭角だと運転士の視野が狭くなってしまいますし、丸っこいと何だか可愛すぎる。何度もデザインコンペを重ねこの形になりました。

あとは個人的な好みで、前面窓が車体側面まで回り込む「パノラミックウインドウ」を導入しました。白の縁取りもこだわりです。

その4 運転席・ドアデザイン

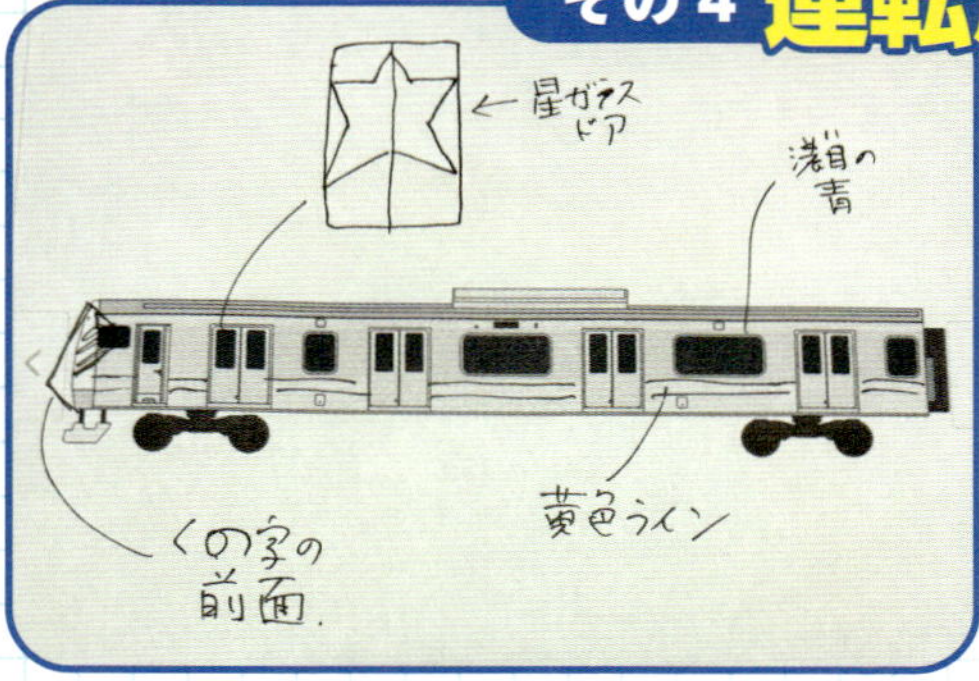

運転席を横から見ると先頭が「くの字」になっています。これまた個人的嗜好で「くの字デザイン」を取り入れました。電気機関車のEF 66や昔の京成スカイライナーや西武のニューレッドアローとか。くの字好きなんです。ここは完全に社長の好みです。

ドア窓も星形です。これはかなり加工費がかかると思いますが、やってしまいましょう。これは相互乗り入れの際に、お客様から吉川急行の車両であると認知されることを第一にしています。また「外が見づらい」と言われないよう、なるべく大きな星にしました。

新車両完成の喜びと今後のビジョンについて

最初にデザインを見たときは「さすが矢幅さん!」と思いました。私がこだわった部分を丁寧に汲んでいただき、その上で「現実味」があるんですよね。実際に車両を作っても大丈夫なように考えて設計してくださったそうで、さすが大きな博物館でジオラマを作っている方は違うなと思いました。矢幅さんはお酒が大好きなので、行きつけのお店でビールをご馳走しなければいけません(笑)。

次回の車両構想ですが、ホームドアにも対応したデザインにしたいと思っています。ホームドアがあると、せっかくの黄色いラインが隠れてしまうので、上に持っていくか、流れ星のようにするか、悩ましいところです。

そして特急専用車も作りたいと思います。先頭は2階建てで、なんと1階にも2階にも前面展望席が付いているんです。運転台はちょっと狭くなるかもしれませんが、かなり画期的な車両になると思います。「ウルトラトレイン」「スペクタクルトレイン」「ネオブルートレイン」など、車両の愛称も募集中です。

これからも吉川急行の車両もどんどん発表していきますので、ぜひご期待ください!!

吉川急行電鉄の建設予定地を実地調査してみた

鉄道がない街に線路を敷くには地形にあわせた路線選定や需要予測など綿密な調査が必要である。吉川急行が走るのはどんな街か実際に歩いてみよう。

当日コース概要

時刻	駅	区間
13:00	成城学園前駅 発	① 徒歩
14:00	砧公園駅	② 徒歩
14:25	岡本静嘉堂緑地駅	③ 徒歩
14:50	二子玉川駅 着	休憩
15:15	二子玉川駅 発	④ 徒歩
16:00	下野毛駅	⑤ バス
16:30	等々力球技場駅	⑥ 徒歩
17:00	武蔵小杉駅 着	

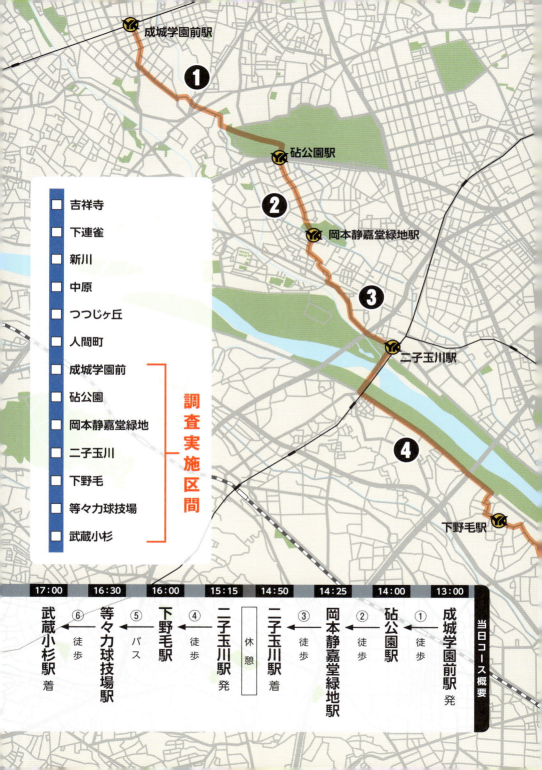

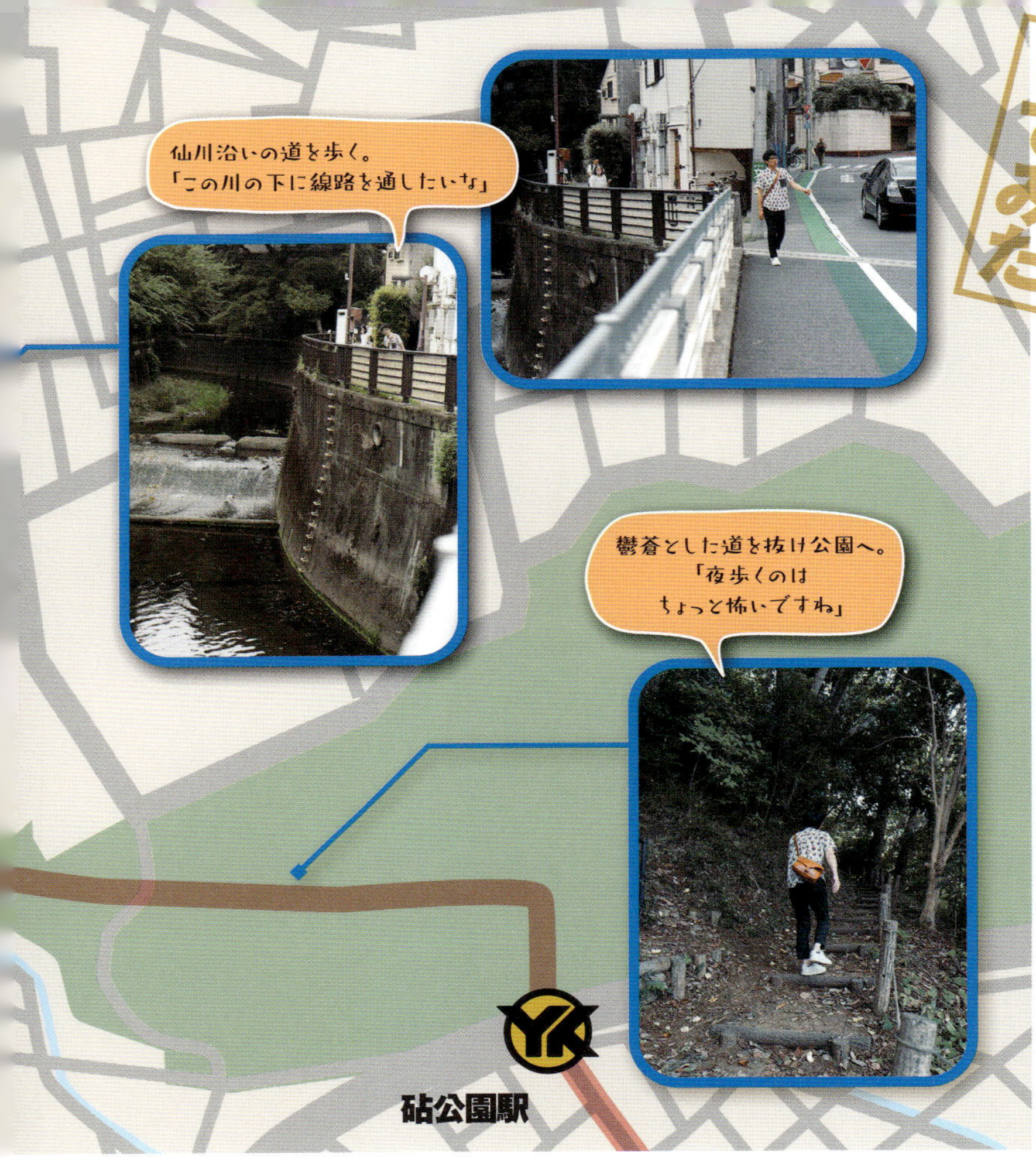
仙川沿いの道を歩く。
「この川の下に線路を通したいな」
鬱蒼とした道を抜け公園へ。
「夜歩くのは
ちょっと怖いですね」
YK
砧公園駅

❶ 成城学園前駅～砧公園駅

13時、小田急線成城学園前。ここは幼少期の吉川が最初に鉄道を好きになった思い出の駅である。吉川急行敷設にあたり実施する実地調査は、妄想鉄道の原点ともいえるこの地から始まる。

本日は二子玉川駅を経て、終点武蔵小杉駅へと向かうルートを歩く。今にも雨が降り出しそうなあいにくの空模様だが、いざスタート。

駅を出てしばらくすると、片側1車線の道路に出る。広い道ではないがひっきりなしにバスが走っている。二子玉川行きのバスが目につく。朝の通勤時間帯には1時間に11本のダイヤで運行されており、バスが地域住民の大事な足となっていることがわかる。

「このあたりはアップダウンが激しいので移動にバスを利用する方が多いですね」

駅がある成城学園一帯の標高は約44メートル。目指す二子玉川駅は13・2

メートル。道は緩やかな下り坂だ。

成城は東京を代表する高級住宅街であり、大通りから一歩入れば手入れされた庭を持つ美しい住宅が立ち並ぶ。

「歩いてる方もセレブ感がありますね。用地買収をするとなるとすごいお金がかかりそうです（笑）」

道の途中にある私立中学校では学園祭が行われていた。多くの乗客がバスから吐き出され、後ろが軽く渋滞する。

「ここは道が狭いのでめっちゃくちゃ渋滞するんです。そしてバスも混んでいる。これを解消したいんです」

ゴジラが描かれた東宝スタジオの前を通り、川沿いの道を行く。この川は東京都下を水源とする「仙川」。一級河川である。

「くねくね曲がった道は暗渠でしょうね。線路は川の下を通そうと思っています。道がないところにも線路は引けます。お金はかかりますけど」

川沿いを歩くと「砧公園方面」への道がある。「公園の地下に車庫を作りたい。大規模工事になるが景観は守りたいですね」と盛り上がる。

吉川急行電鉄の建設予定地を実地調査してみた

❷ 砧公園駅〜岡本静嘉堂緑地駅

川沿いでは大きなマンション建設予定地の文字が、これは集客を見込めるとホクホク顔の吉川。茂った森が左手に見えたら、子どもならずとも大人でも夜は躊躇するような鬱蒼とした坂道を抜ける。気分は川口浩探検隊である（古い）。

「未開の地に線路を引いてるような感慨を覚えますね」そこは大蔵総合運動場。遠くに大きな病院が見える。あそこは吉川が生まれた病院だという。つまりここが吉急のまさに生誕の地ということになる。

敷地内には古いSLが展示されている。

「このC57は僕が生まれたころからあります。スカートがついてるから雪国仕様でしょうね。よく運転席に入って遊びました」

砧公園の敷地内を歩く。

「砧公園はもともとゴルフ場だったそうですね」

吉川のうんちくを聞きながら公園内を歩く。家族連れが多く賑わっている。近隣住民の憩いの場となっていることがよくわかる。公園を分断するように道路が走り、二子玉川行きのバスが行き来している。ここが駅建設予定地だ。学生や子どもを連れた親がバスを待っている。ここに電車が走ると言ったら彼らはどんなリアクションをするのだろう。

砧公園に展示されている機関車で童心を取り戻す。
C5757

岡本静嘉堂緑地駅
YK

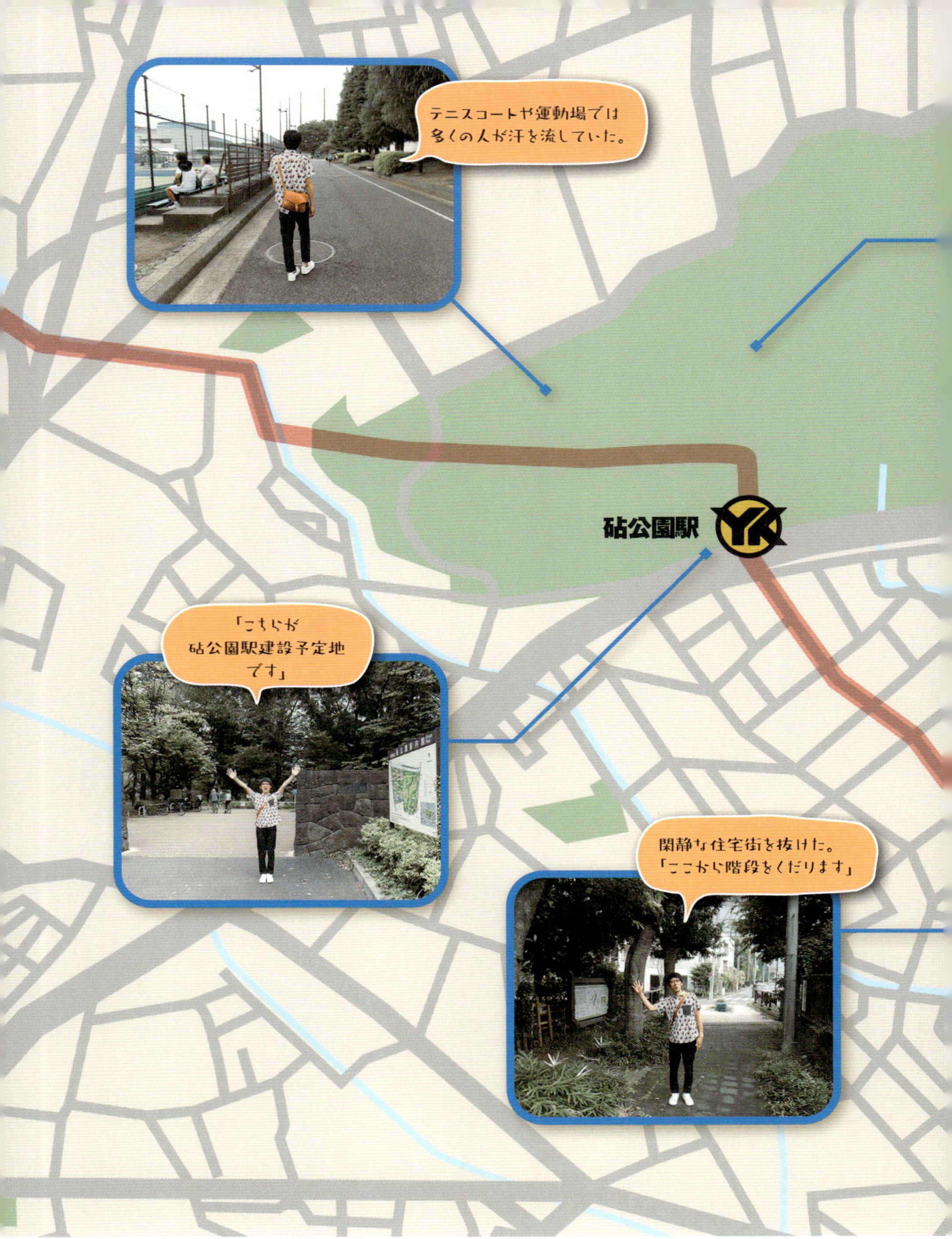
テニスコートや運動場では
多くの人が汗を流していた。
砧公園駅
「こちらが
砧公園駅建設予定地
です」
閑静な住宅街を抜けた。
「ここから階段をくだります」

❸岡本静嘉堂緑地駅〜二子玉川駅

砧公園を出てまっすぐ南下する。細い道を歩く。吉川の横をバスが通り過ぎる。閑静な住宅街と呼ぶにふさわしいこの一帯では、各戸の駐車場にはもれなく立派な車が停まっている。街を歩く人の姿はほとんどない。

「平日で人があまりいませんが、鉄道が開通したら街がどう変わるのか興味があります」

しばらく行くと突き当たりかと思った道の横に小さな階段があった。神社横の狭い階段を降りる。

ここを下っていくともう少し庶民的な街並みに変わるというから、ここら辺はまさに山の手と呼ぶにふさわしい地域なのだ。

「地形が複雑なのでこの地下を掘るとしたら大変そうです」

民家園と書かれたバス停がある。ここに駅ができる予定だ。記念写真を撮影した後、二子玉川駅を目指す。

狭い通りをバス同士が通り過ぎる。やがてすこし大きな通りに出たが、そこは多くの車が行き交い、昼間だというのに渋滞している。バスも同じようにノロノロと次のバス停を目指す。近くを多摩川が流れているため、道路を拡張できないのかもしれない。

「ここは道が狭くて昔からずっと混んでるんですよね。僕がここに鉄道を敷きたいと思った原点かもしれません」

吉川が免許を取得したという自動車教習所を横目に見ながら、二子玉川駅を目指す。次第に雨が強くなってきた。

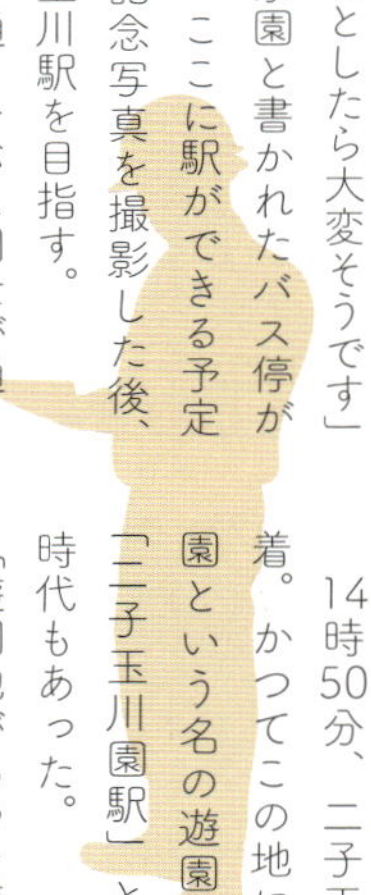

❹二子玉川駅〜下野毛駅

14時50分、二子玉川駅に到着。かつてこの地に二子玉川園という名の遊園地があり、「二子玉川園駅」と表記した時代もあった。

「遊園地があった頃を知っているから、今でもつい二子玉川園って言ってしまう方は多いと思いますよ」

駅と道路を挟んだデパートは地下通路で結ばれている。ここに地下駅をつくればとても便利だろう。二子玉川駅前にある商業施設で少し遅めのランチをとったのち、次の駅を目指す。

多摩川にかかる橋からは、遠くに田園都市線の二子新地駅が見える。

「花火大会の日は電車から花火が見えるんですよね」

わずか700メートルほどの短い駅間ではあるが、多摩川を渡り神奈川県に入ると街の様子は一気に変わる。河原ではバーベキューをやっている若者たち。どこか牧歌的なのだ。「バーベキュー需要を取り込み、花火の日は臨時列車を走らせたい」と夢は膨らむ。

二子新地駅の手前で左に曲がり、川沿いの道を行く。多摩川沿線道路は市内の重要な通りで通行量は多い。土手の上からは河原ではスポーツにいそしむ親子たちが見える。土手に作られたサイクリングロードではジョギングする中高年の姿がやけに目立つ。遠くに大きな倉庫群が見える。

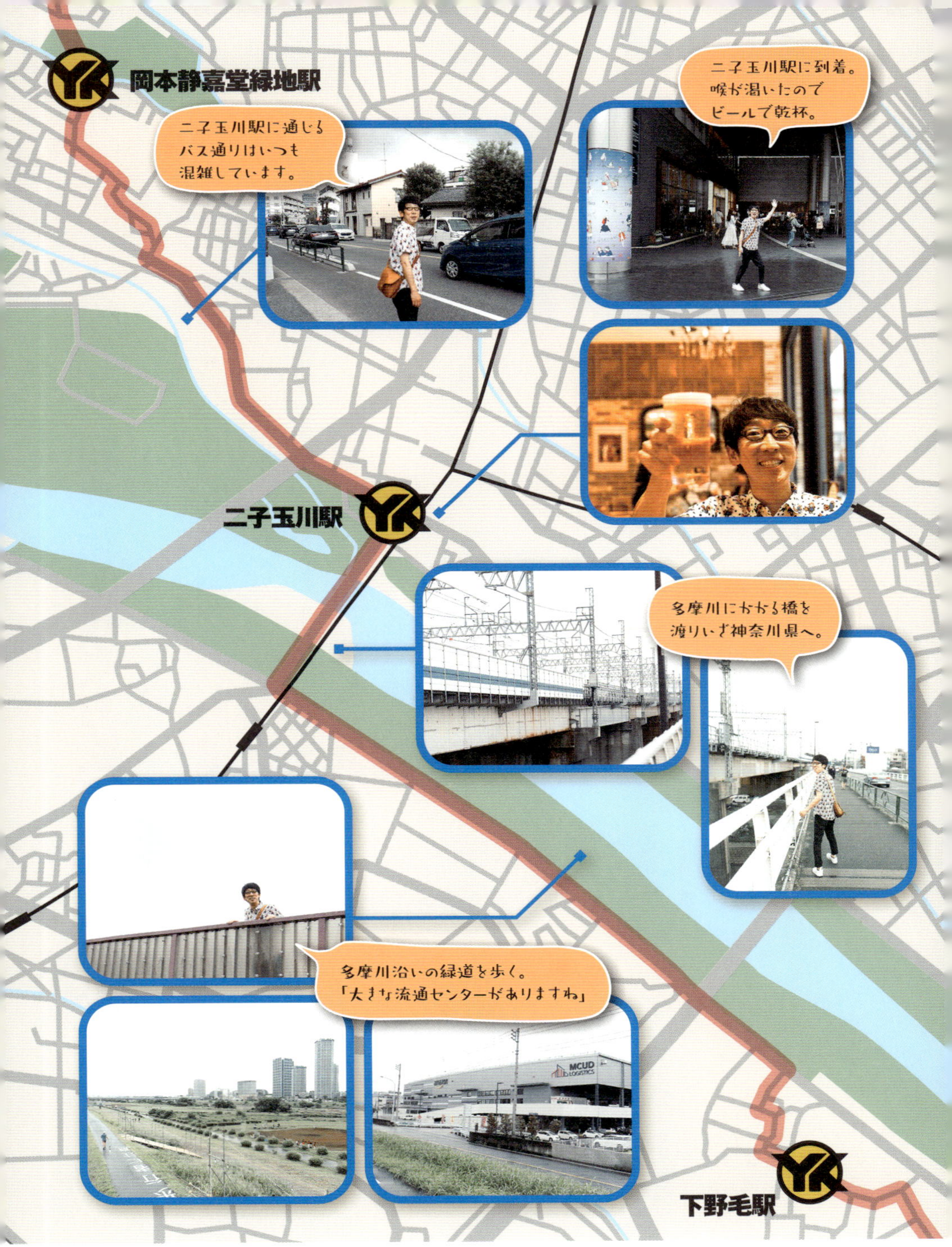
岡本静嘉堂緑地駅
二子玉川駅に通じる
バス通りはいつも
混雑しています。
二子玉川駅に到着。
喉が渇いたので
ビールで乾杯。
二子玉川駅
多摩川にかかる橋を
渡りいざ神奈川県へ。
多摩川沿いの緑道を歩く。
「大きな流通センターがありますね」
下野毛駅

⑤⑥ 下野毛駅〜等々力競技場駅〜武蔵小杉駅

小杉神社を横目に歩くと、
遠くに武蔵小杉のタワマン群が
見えてきます。
目的地の
武蔵小杉駅に到着。
「お疲れ様でした！」

東急大井町線の上野毛駅は世田谷区にある。一方の下野毛駅は川崎市高津区に建設予定だ。「下野毛」という土地の知名度は都内ではほとんどないと言っていい。

「吉急の単独駅となる場所ですが、実際に来てみると、下町感があってやっぱりいいところですね」

国内最大手通販サイトの名が書かれた倉庫が見える。大きな倉庫がある地域は一般的に地価は安い。用地買収等もしやすいかもしれない。さらに工場で働く人員の輸送の足としても吉急は活躍することだろう。

「下野毛駅はこの公園に建設するんですが、周りに目立った建物はありませんね。ただ可能性をひしひしと感じています」

付近には古墳時代の遺跡や鎌倉時代の史跡も多く残っている。水利があることで遥か昔から人が住み着いていた地だが、大きな発展はしなかった。ただ、吉急の開通でこの一帯が一気に栄えることは間違いないだろう。

下野毛駅から徒歩でバス通りを歩く。雨は降ったり止んだりを繰り返している。不動産物件の内見をする時は天気が悪い日だと物件の問題がよくわかっていいという話があるが、この日の実地見聞も雨ゆえ、吉川急行の必要性を強く感じることができた。

遠くに競技場が見える。ここはサッカースタジアムの他、球技場やアリーナなどが建つ。川崎のみならず神奈川でも有数のスポーツ複合型公園である。

平日昼間に見るサッカースタジアムはその大きさが際立つ。試合開催日は数万人の客が声援を送る。試合後には武蔵小杉駅まで観客の行列が続く。駅が建設されるのは、まさに競技場の目の前。試合後に家路を急ぐサッカーファンはとてもうれしいことだろう。

「試合日は最大2万6千人のファンが訪れますから、臨時列車を出してもいいかもしれ

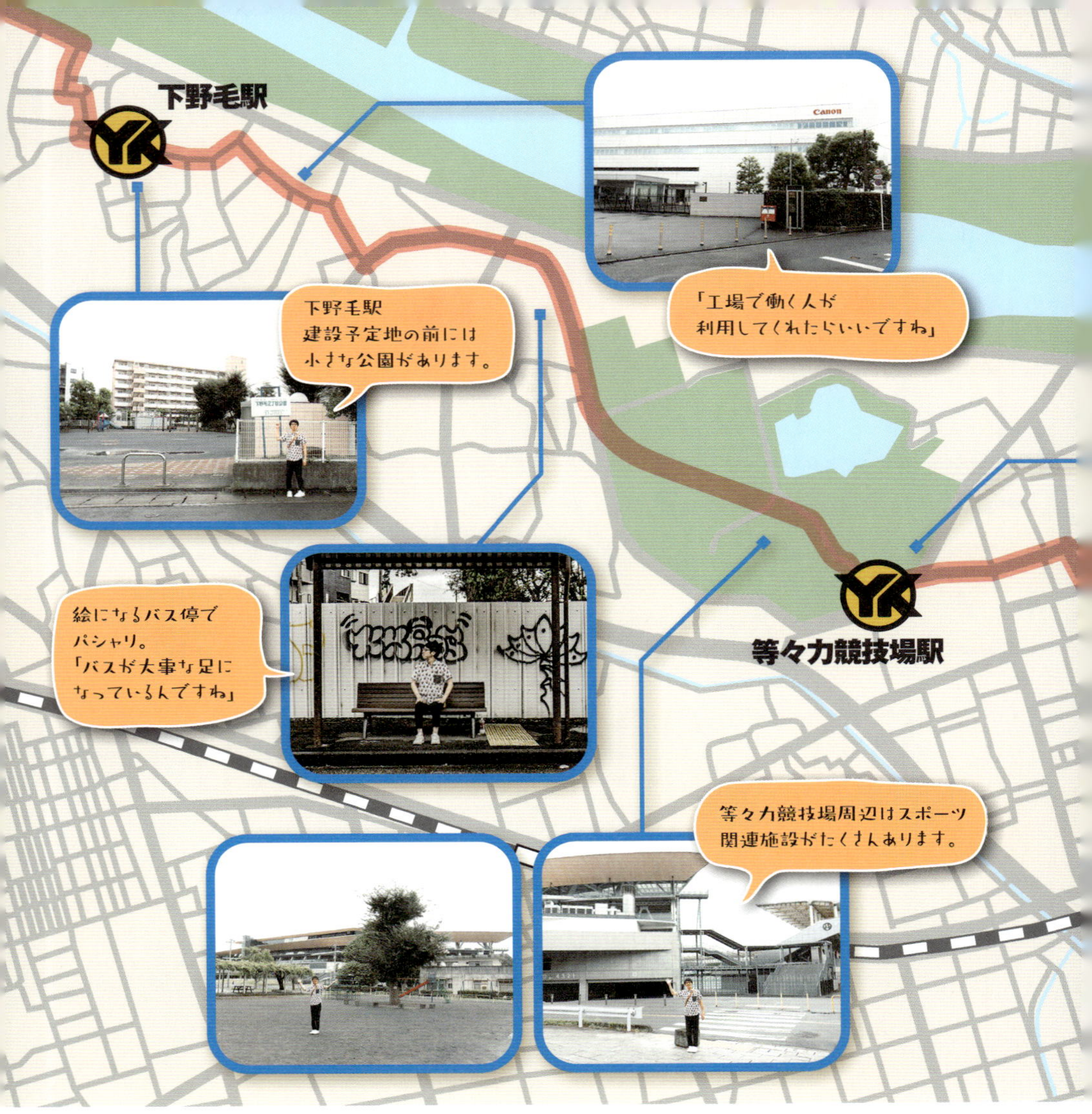

ませんね」

等々力競技場から武蔵小杉駅までは徒歩20分ほど。武蔵小杉駅周辺には背の高いタワーマンションが多く建つので遠くからでもどちらに進めばいいかわかりやすい。

次第に街は賑わいを増して、旅の終わりを感じさせる。武蔵小杉は吉川急行が本社を構える、まさにお膝元だ。武蔵小杉駅は地下に建設予定だ。

「武蔵小杉ってタワマンのハイソな感じと、庶民的な感じが混在している。アクセスもいいし人気の理由がわかりますね」

1日をかけて実際に建設予定地を歩き、改めて開発への手応えを実感したようだ。

「地元の方は吉川急行を待っているんじゃないでしょうか。皆様の夢は私の夢。いつの日かここに鉄道を通したいと思います」

交通経済学の専門家に直撃！

新規参入の吉急が、ある路線になる可能性はあるか？

交通経済学とは交通に関する諸現象の解明と、それに基づく政策評価や政策提言を行う応用経済学の一分野（難しそう）。わかりやすくいうと、交通サービスの供給に必要な費用と、もたらされる利益をてんびんにかけて社会にとって最適の交通を考える学問である。吉川急行の路線の評価、地域にもたらすメリット、そして改善点、果ては会社の行く末も交通経済学の専門家に聞いてみた。

青木亮さん

東京経済大学 経営学部教授
主な研究分野は交通政策。日本交通学会理事・編集委員、公益事業学会評議員も務める。要するに日本における交通経済学の第一人者である。

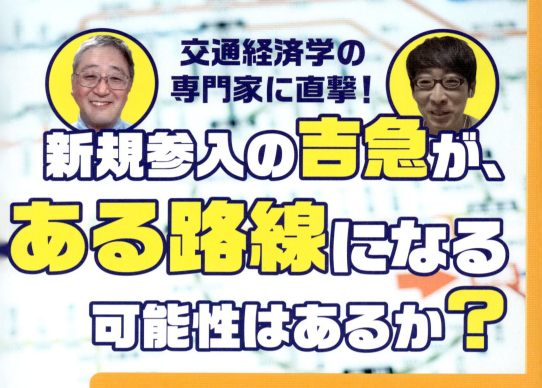

首都圏で価値

stock.adobe.com

鉄道は社会にどんな影響を与えるのか

吉川　そもそも交通経済学とはどんな学問なのでしょうか？

青木　交通インフラを経済的な視点で捉える学問ですね。みなさんにとって身近な例では、「鉄道の運賃をどうやって決めるか」もそれにあたります。「鉄道会社が儲かる」「儲からない」ではなく、どういう決め方をすれば社会にとって最も良くなるかとかいう視点で議論をします。

　どんな路線を敷いたらいいかもそうですね。社会にとってその投資を行うのが適切か。最近ですと新幹線を作ることが社会にとっていいことなのかもそうです。そして鉄道を作ったらどういう効果が出るのか。そんなことを主に研究しています。

吉川　鉄道を作るにあたって必要な計算をする学問ということですね。

青木　そうですね。ただ鉄道ができた後にこのくらいの効果がありましたという計算も行いますし、同様にバス路線をなくしたらどうなってしまうかという予想をしたり、逆にどうしたら維持できるか、なども考えます。

　インフラというのは自治体や国から補助金もらうのが大前提なので、その事業に補助を出してでも実施すべきか、議論する際に基準となる評価を算出します。

吉川　数学的要素が多い学問なんですね。

青木　運賃は総括原価方式（鉄道経営に必要な費用に適正な利潤を加えたもの総括原価＝営業費等＋事業報酬）で決まるんですが、基本的に鉄道は独占事業なので、会社に任せてしまうと、非常に高い料金設定ができてしまう。どんな制度設計をしてあげればいいかということも話し合います。

吉川　営利企業とインフラとしての落としどころを探るということですね。吉川急行はこういう路線があったらいいなとかねてから思っていたところにレールを敷いたんですが、これは投資に値するでしょうか。

青木　率直に申し上げて面白いですよ。どの路線もよく考えられているし、路線をどこに敷くかとても熟考されたんだろうなと思いました。個人的には大学が国分寺にありますから、こっちまできてくれるともっとうれしいんですけど（笑）。

吉川　そうですよね。皆さん吉川急行の路線図を見ると、「もう少しこっち寄りで」「こっちまで伸ばして」というご意見いただくんです。それで話が盛り上がるのがとてもうれしい。妄想鉄道を作って良かったなと思う瞬間です。

鉄道は需要があるところに敷け

吉川　吉川急行の成り立ちもそうなんですが、不便なところに敷くというコンセプトはどう思いますか？

青木　いいと思います。ただ、それよりも需要の方が大事かなと。阪急や東急に代表されるように、鉄道が街を作るという観点もあるんですが、基本的には人の足として、利便性を満たすものとしてあるのが理想です。

正直なところ、需要がないところに敷いても結局誰も使いません。せっかく作ったのに廃線になってしまった路線が全国にはたくさんありますよね。東京の場合は比較的放射状に路線ができてますから、それをつなぐ吉急さんの吉急本線と吉武線は非常に便利だし、あるといいですよね。

吉川　東京の鉄道が中心から放射状に伸びている理由はなんでしょうか。ターミナルとなる駅が都心部に集中しているからですかね。

青木　一番大きいのは、やはり都心に需要があることです。オフィスや商業施設がある都心部と郊外をつなぎましょうという発想。有名な田園調布などはまさにそれですね。20世紀初頭に東京の中心部で人口が増加し、家を持とうにもなかなか土地が買えませんでした。そこで郊外に広い住宅地を作りました。そうすれば庭付きの大きなおうちに住める。そして渋谷と電車で結ばれているので、通勤も楽にできる。そうやって都心部からどんどん放射状に伸びていったと考えられます。

吉川　なるほど。少し遠くても電車で都心に通勤できますし、広い家に住めますね。

青木　東急の場合ですと渋谷にデパートを作りました。当時は休みの日に電車に乗ってデパートに行くのは最高の娯楽でした。会社としても儲かるしデパートも儲かる。何より沿線の人はとても便利です。今はなくなってしまいましたが、東急沿線には多摩川園、二子玉川園という遊園地も作りました。これも沿線で満足してもらうためのものです。

吉川　子どもの頃に行きました。吉急もデパートや遊園地を作らないといけませんね。

青木　話は戻りますが、放射状に伸びた路線同士をつなぐ路線が昔はありませんでした。今は武蔵野線がありますが、あれは元々貨物線です。非常に便利ですしいつも混んでいますよね。

ただあの路線ができた当時、私は小学生でしたが、運行が始まった当初は1時間に1本程度のダイヤでそれもガラガラでした。吉急も最初は苦戦するかもしれません。

吉川　今考えたら信じられないです。昔と比べて今は、郊外がさらに成熟しています。南北を串刺しにする路線というのは可能性がありませんか。

青木　たしかに、山手線と武蔵野線の間には環状線がありませんから便利でしょう。そういう地域はバスの幹線ルートがあったりしますが、バスというのはどうしても道路事情に左右されてしまう。渋滞に巻き込まれてダイヤが正確ではないことが不便ですよね。そう考えると鉄道の方が有利ですね。

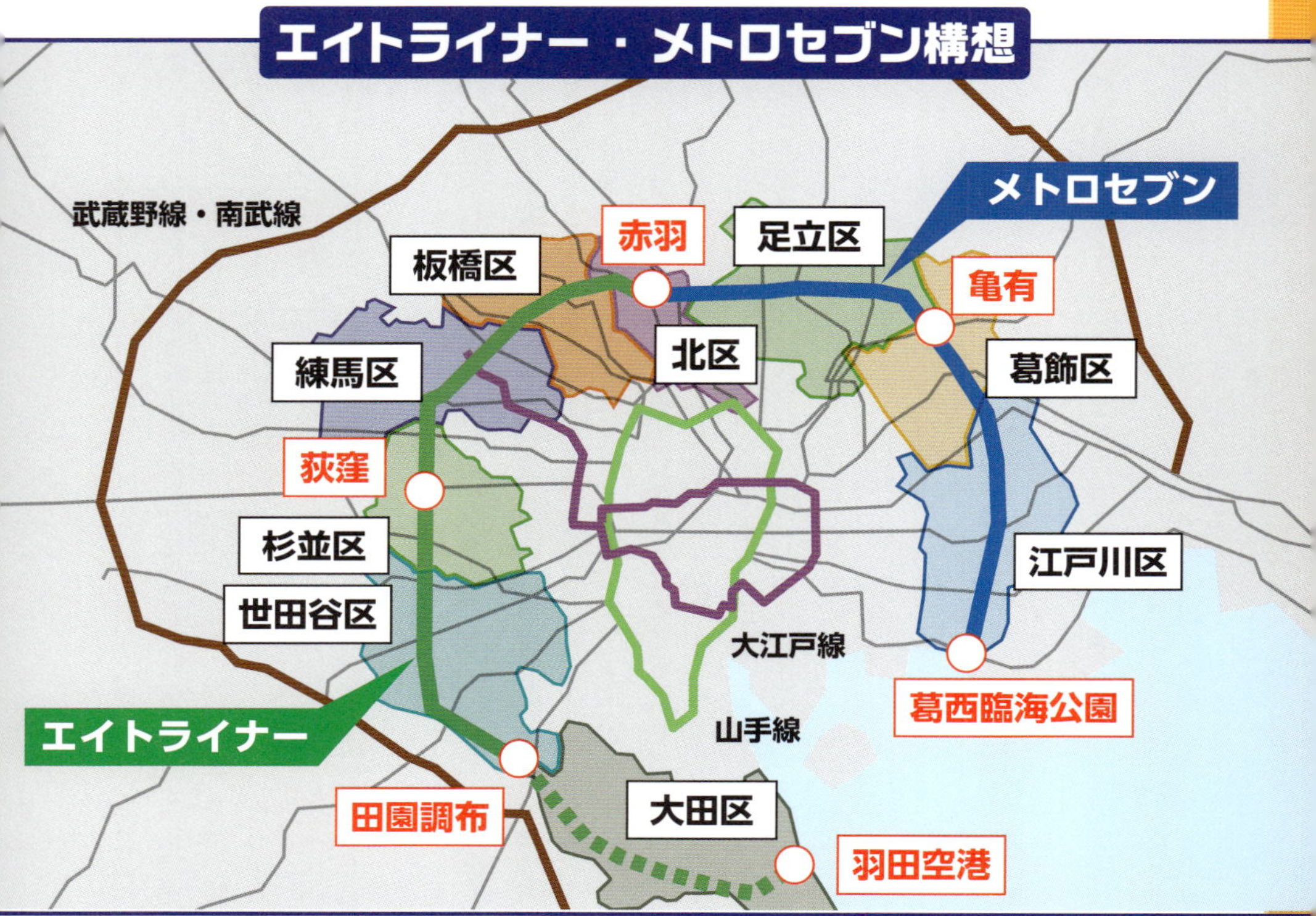

鉄道参入においては地元バス会社との調整が必要となる。

J_News_photo - stock.adobe.com

バスと鉄道の違い

吉川　そもそも、バスと鉄道のそれぞれの良さはなんでしょうか？

青木　鉄道の最大の利点はやはり大量輸送です。大勢のお客さんを運べるということはそれだけ収入が見込めます。さらに渋滞に巻き込まれません。

　バスは道路の混雑状況もありダイヤの正確性を期しづらい一方、道路があればどこでも走れるので小回りが利きます。鉄道のように莫大な初期コストがかかりませんが、1台の輸送量に限界があるため、お客さんが多すぎると運びきれなくなります。

　昔なら放射状の鉄道間を結ぶ路線はそこまでお客さんはいなかったのでバスで良かったんでしょうけど、東京がますます発展してくると、吉急さんへのニーズは高まってきそうですね。コストが膨大にかかるのと、用地買収が大変でしょう（苦笑）。

吉川　予算はまだあるので大丈夫です（笑）。新規参入がなかなかないというのは、参入に障壁があるんでしょうか。

青木　法律上は規制緩和されたので、やろうと思えばできるんです。ただ、東京でやろうとしたら繰り返しになりますが非常にお金がかかります。それに見合った投資にならないとみんな考えているのかもしれませんね。

吉川　ちなみに先生が路線を敷くとしたらどこにしますか？

青木　東京〜八王子を結ぶ東八道路のあたりにバーと敷いてしまおうかな。お客さんが絶対にいるんだろうなと思いますよね。あとは甲州街道の少し北側の中央線と京王線の間。もともと京王が路線を作る計画があったんですが、みんな住宅地になってしまいました。鉄道が完成したら喜ばれるでしょうね。

吉川　新規路線ができるとやっぱり町も発展していくんでしょうね。

青木　当然発展していきます。ただ、吉急でいうと武蔵小杉などはもともと発展して、ある種その地域の限界までたどり着いているような気もするんですよね。そう考えると、新しく鉄道が走ったからといってさらに急激な発展をするとは考えづらい。

　移動の需要というのは仕事場にしても学校にしても、都心に向かうほうが多い。多少は南北方向の動きもあるんでしょうけど、そちらよりは、都心もしくは横浜方面へ行きたい人の方が需要は多いかなと思います。

吉川　そう考えると、やはり乗り入れして都内や横浜へ相互直通するのが大事と。

青木　吉急本線と吉武線をつなげて1本にしちゃうと、すごく綺麗にまとまりそうなんですよね。エイトライナー・メトロセブン構想（環状8号線、環状7号線の下を通す環状鉄道構想のこと）が昔からあるように、環八の真下を通すというのは現実的にもいける気がするんです。最初に吉急の路線図を見たとき、あえて吉急本線と吉武線を分けた理由があるのだろうかなと。

吉川　おっしゃるとおり、妄想鉄道ファンとして好きな街に鉄道を通して幅を広げたかったんです。さすが先生すべてお見通しでございます。

気になる初乗り運賃は?

吉川　ちなみに初乗り運賃なんですが、１７０円前後と想定しているんですがいかがでしょう。なるべく安くしたいけど、建設費もかかるので……新しい鉄道会社はみなさん最初は運賃高いですよね。

青木　うーん。おそらく初乗り料金は１０００円でも赤字でしょう。どこの鉄道会社も補助金をもらっていますから、そこを頼りにする必要がありますね。

吉川　補助金は自治体からもらうんですか?

青木　国と東京都から出ます。最近の新しい路線ですと埼玉高速鉄道やつくばエクスプレスもみんな自治体がお金を出しています。ですから自治体の補助金ありきで計画を進めないと厳しいでしょう。

　細かい話をすると、国土交通審議会、運輸政策審議会を経て、通常は第3セクターという自治体が出資した会社を設立して、そこが受け皿になります。さらに民間企業などからも借金して第3セクターを作った後に、運賃収入で長期にわたって返済していくスキームなんです。

吉川　まず第3セクターの会社を作るんですね。

青木　例えば東京都、中野区、世田谷区などにお金を出してもらいます。お金をもらうからにはそこらのエリアを厚めに網羅するのも必要ですね。さらに地元のバス会社さんとの調整も入るでしょうから大変ですよ。

吉川　それがずっと悩みなんです。なんとか仲良くやっていきたいんですけど、鉄道を建設するとなると、バス会社からの反発は想定されるんでしょうか。

青木　鉄道を走らせたい地域はバス会社にとっても基幹路線であることが多いですからね。実際に都営大江戸線が完成するまでにはずいぶんルートが変わりました。宇都宮のLRTも苦労されたようです。バスを利用するお客さんが減ってバス会社の経営が傾いては困りますからね。まあ元々吉川バスが走っている地域ならば問題ないと思います（笑）。

吉川　わかりました。まずはバス会社を作ります。バスも新規参入はできるのでしょうか。

青木　地ならしをして勢力圏を作るのは大変でしょうけれど、鉄道よりは参入しやすいと思います。

吉川　そういう調整は、鉄道路線計画が通った後に行うのでしょうか。それとも調整後に企画が通るのでしょうか。

青木　調整を先にするのが一般的でしょう。計画が通ってからできませんでしたとは言えませんから。この調整が大

宇都宮芳賀ライトレール線を運行する宇都宮ライトレール株式会社も、やはり第三セクター方式の軌道事業者だ。

stock.adobe.com

変なんです。10年20年たっても全く進んでない路線がたくさんあります。

吉川　たしかに、東急の蒲田駅と京急蒲田駅を結ぶ蒲蒲線計画もずっと昔からありますよね。

青木　京急からしたら羽田空港から品川に向かう流れが一気に都心に流れてしまいますからね。吉急も各社間や地元との調整が必要になるので、吉川社長には地道に頑張ってくださいとしか言いようがないです。

深さはどうなる？

吉川　吉急は地下鉄を想定しているのですが、その場合の深さのお話も聞きたいです。

青木　土地というのは基本的に地下もその地主のものという考えです。ですから鉄道のトンネルを作りますと言っても、勝手に作ってはいけなかった。それゆえ、道路の下を通すことが多かったんです。結局駅の出入口を設ける際に用地を買収する必要が必ず生まれますが。

吉川　用地買収は大変なんでしょうね。

青木　鉄道というのは「俺だけは絶対に売らない」という方が1人でもいると、たとえ100メートルの部分であったとしても開通しませんから。

　現在は大深度地下を有効に活用してもいいと法律が変わ

日暮里舎人ライナーは道路の上を走る新交通。鉄道に比べると輸送力に劣る。

stock.adobe.com

りました。もちろん、鉄道だけでなくて道路、排水管、電気などが自由に作れるようになりました。

吉川　深く掘りさえすればどこでも通せるということですね。

青木　ただ問題が一つあります。駅出口は作らなければいけないわけであまり深い部分に鉄道を走らせると大江戸線の駅みたいに、電車に乗っている時間より、駅の上り下りに時間がかかるようになってしまうんです。

吉川　なるほど、道路の上を通すモノレールも大深度地下と同じ考え方ですか？

青木　はい。モノレールや新交通がだいたい道路の上を走っているのは同じ理屈です。特に新交通は国の補助の関係もあるんですが、道路の一部という法解釈なんです。

ただ建設費は抑えられても、やはり輸送力が限られているのが改善点。鉄道とバスの中間といったところでしょうか。

吉川　日暮里舎人ライナーはいつも混んでいますよね。

青木　車両も小さいうえの車両数も短いですからね。多摩都市モノレールも沿線に学校があるので、通学時間帯では混みすぎて乗れない状態が起きてしまうことも。東京モノレールでもインバウンドなどでお客さんが増えていますから、今後の課題です。

吉川　吉武線は10両編成でいきたいと思っているのそうなると新交通システムでは無理ですね。

役には立つが金がかかる

吉川　人の不便を解消したいと思って作った吉急ですが、地域経済にはどう貢献すると思われますか?

青木　利便性は明らかに上がりますね。特に東京の周辺部から周辺部、さらに都心への移動は格段に良くなります。ただ、東京という都市がさらに発展するかというと疑問ではあります。

吉川　発展してないところに敷いて町をどんどん成長させていく発想も鉄道新設の意義なんでしょうか。

青木　先ほども触れましたが、郊外にある放射状の路線をつないであげたとしても、正直なところ需要が少ないかなと。秩父鉄道は西武線、さらに東武東上線や高崎線ともつながっていますけど、その地域がこの先ますます発展を遂げていくのかと言われるとわからない。元々の人口が少ないからです。

吉川　プラスアルファの何かの価値を創出するのはどうでしょうか?

青木　この路線の売りの一つは渋滞緩和なんですよね。さっきお伝えしたように吉急本線と吉武線をくっつけて、さらに王子線もつなげて、赤羽から西新井まで引っ張ってしまうのはどうでしょうか。池袋から西新井まで行く都営バスがありますけれど、吉急が線路でつないでしまえば、周辺で使ってくれる方は多くいると思います。鉄道が便利だとわかっていただけたら渋滞は緩和しますし、事故も減ります。良いことずくめですが、いかんせん建設費が天文学的な数字になってしまう……(笑)。

吉川　お金さえあればなあ……。さきほど予算はあると言ってしまいましたが(笑)。

青木　吉急本線と吉武線は利用するお客さんはいると思いますよ。シティラインもお客さんは間違いなくいるでしょうけれど、代替経路がたくさんあることが気になります。大きい通りの下にはすでにみんな地下鉄が走っていますから。

需要があるところに投下するしかない

青木　ただ、理想を抱きながらも、需要をしっかりと見据えていることは評価したいですね。吉祥寺の次がつつじが丘となっていますが、仙川の方が通しやすくないですか? 下北沢も無理やり走らせている感がある。これは駅利用者数などを勘案して、それを優先して敷いたのかなと推察します。

吉川　ご名答です。乗降客数などはしっかり調べました。

青木　どれだけ鉄道会社の魅力をアピールしたとしても、やはり大事なのは需要です。変な話ですが、需要があればお客さんはどんな電車でも乗っちゃう。逆に需要がないと

yu_photo - stock.adobe.com

なかなか乗ってくれない。だから地方鉄道は観光列車などで頑張っているんですが、そういう面で吉急はしっかり経営者的視点で捉えていると感心しました。

吉川　ありがとうございます。結論、混みそうなところに投入すればいいということですね。

青木　ところが、そう簡単な話でもなくて（笑）。人が多いとなると、逆の需要を狙う必要もあるんです。お客さんが増えすぎてしまうと運べなくなってしまい積み残しが出てしまう、あるいは無理やり乗ろうとして事故が起きる危険性がある。それを防ぐためにわざと不便にすることもあるんですよね。

　丸ノ内線の※銀座駅は銀座線や日比谷線と離れて少し不便に感じませんか？　便利にはできるけど日比谷線、銀座線と丸ノ内線との乗り換え客で混雑したら危ない。だから乗り換えたいならば赤坂見附駅でやってくださいと暗に誘導しているんです。急行停車駅をずらしたりする狙いもそこにあるんですよね。需要を満たすだけでダメ。そこまで考えなくてはいけません。

吉川　なるほど！　ここまでためになるお話をたくさん聞かせていただきましたが、改めて吉急が生き残るためには何が必要でしょう。

青木　包括的にお客さんを囲い込むことでしょう。大手の私鉄はデパートやホテルなど施設、バスやタクシーといろんなことをされておられますよね。そのときに鉄道のブランド力が効いてくるはずなんです。

　日本一短いローカル私鉄としてお馴染みの紀州鉄道の経営のメインは、実は不動産販売です。リゾートマンションの販売を行うにあたり、鉄道会社の不動産部という肩書を有効に活用しました。

吉川　たしかに僕は鉄道会社の肩書に弱いです。

青木　沿線の土地を売るのもいいですね。吉川ホームズを作って沿線を売っていきましょう。本当は土地のある地方だと一番いいんですけど、需要との兼ね合いもありますから。

吉川　そのジレンマを乗り越えていきたいと思います。

青木　今回妄想鉄道について考える機会を初めていただいたのですが、とても面白いですね。学生と一緒に授業をやったらみんなが考えるきっかけになりそうな気がしました。なにより、人の不便を解消したいという素直な気持ちが根っこにあるのがいいですね。こちらも聞いていて楽しかったですし、何より私も勉強になりました。吉急のますます発展を心から期待しております。

吉川　授業に行きますので、いつでも呼んでくださいね。今日はありがとうございました。

取材後記

気軽な思いから始まった妄想鉄道ですが、実際に鉄道を走らせるには多くのハードルがあることを知りました。前途は多難すぎますが、私たちが普段使っている鉄道も、そんな困難を乗り越えてきたのだと気がつき、改めて感謝の念を抱きました。いつか吉急も先輩鉄道会社と肩を並べられるよう、頑張ります！

※丸ノ内線は元々「西銀座駅」で、1964年の日比谷線全通時に両駅を結ぶ形でホームが造られ、現在の銀座駅が誕生した

一流のおもてなし

元近鉄名物広報マン・福原BOSSに聞く

吉急が愛される鉄道になるために吉川社長が徹底取材！

吉川急行が目指すのはお客様に愛される鉄道会社だ。鉄道は人を運ぶだけの乗り物ではない。遠くから人を呼ぶ装置でもある。愛される鉄道会社にはかならず理由がある。元名物広報マンに吉急人気獲得の道筋を聞いた。

福原BOSS流 おもてなしの流儀

1. **口コミ**に勝るものなし！
2. **観光列車**の充実を！
3. **鉄道ファン**の心を掴め！
4. **お客様のニーズ**を読み取れ！
5. 電車を動かすのは**人**である！

元近鉄名物広報マン・福原BOSSに聞く

一流のおもてなし

口コミに勝るものなし

吉川　広報として鉄道業に携わってきた福原さんが考える、鉄道会社のおもてなしとはなんでしょう。

福原　難しい質問ですが、やはり第一はお客様が満足してくれることですよね。一人の意見であってもこのご時世は口コミであっという間に広まる。これまで積み重ねてきたことだって全部駄目になってしまう危険があります。皆さんを満足させたい、その想いを胸に、お客様の意見をしっかりと吸い上げていかないといけない時代になりました。

　例えば、近鉄を代表する特急「しまかぜ」も誕生して10年以上経ちます。最初の目新しさはもうなくなりましたし、徐々にお客様は慣れてきました。その中でもう一度乗りたいと思っていただけるにはサービス、やはり接客で心地よい時間を過ごしていただき「乗ってきたけどすごくよかったわ」と口コミで広げてもらう。

特に関西の方は値段とサービスに関してシビアな方が多いですからね。若者のSNSと同じくらい、年配の方の口コミは力を持っていると私は思います。

吉川　現場の人たちそれぞれ一人ひとりにかかっているということですよね。

福原　正直なところ、「お客様に乗っていただく」という認識が30年前までは非常に希薄でした。私たちが電車をしっかり走らせればお客様は乗る。それが当たり前だと思っている社員がたくさんいた、というよりほとんどだったと記憶しています。近鉄だけでなくどこの鉄道会社もそうでしたが、サービスまで手が回らなかったというのも実情だとは思います。

　お客様が乗って当たり前だと思っている社員のサービスが自然と向上するはずはなく、お客様の不満はど

お客様が乗って当たり前だと思っているうちは、社員サービスが向上するわけがない

車掌時代の福原氏

けいはんな線運転士時代

んどん溜まっていきました。言い訳のようですが昔は、関西の私鉄は本当にどこもそうだったんです。

　ただ、少しずつ利用者も減少していくなかで、お客様を大事にしなければいけないと各社が改めて気がついた。関西の私鉄大手5社は「このままだとあかんぞ！」と思い始めたんです。

観光列車でおもてなし

吉川　お客様にいかに快適に乗っていただくか。それが鉄道会社の未来につながると考えたんですね。

福原　その一例が観光列車の充実ですね。関西であれば伊勢志摩や南紀白浜です。関東の場合、伊豆や箱根、日光といった大きな観光地がありました。私鉄にとって、その地域への輸送は経営上重要な位置付けにあります。

　ただ、観光地への鉄道需要は年々下がっています。どうにか打開したくても、サービスが悪いのではお客様は来ませんよね。「豪華な車両を作りました」だけではお客様は増えません。一度来てくれたとしてもリピートはしてくれない。つまり鉄道のサービスとはハード面だけでは駄目なんです。

　観光列車であればアテンダントや乗務員のサービスも向上させないとトータルの満足にはつながりません。そこで、サービスのグレードを上げることが満足度につながると考えていた私たち乗務員はもちろん、車内販売も含めてサービスの研修を重ねていきました。こうした意識改革がようやく実を結び、お客様が増え始めていったのです。

吉川　近鉄の観光列車は接客にも高級感があります。

福原　「特急しまかぜ」の運行開始にあたり、全体の方向性を決める会議があり、その場で実際に近鉄を利用するお客様にもアイデアを聞きました。観光列車を多く利用し、特に家庭でも大きな決定権を持つ主婦層の方などですね。その中で何度も「近鉄は愛想のない対応だ！」とお叱りを受けました。その頃から、サービスの向上が会社の競争力を高めるということに気づき始めました。

　新しい観光列車はどうしたら満足度が高くなるのか。自分たちでも自問自答しましたし、お客様や社員からの意見をフィードバックしました。

　その結果、列車と駅という固定観念にとらわれること

元近鉄名物広報マン・福原BOSSに聞く

一流のおもてなし

近鉄を代表する観光特急「しまかぜ」

多様化するお客様のニーズに
どう応えていくのか。
吉急のこれからの課題だなぁ

お客様の立場になって、どうおもてなしされたらうれしいのか。それこそが各観光列車のあり方

なく、ホテルのエントランスやラウンジをイメージしたらどうだろうかと。少しでも豪華な方が気分は上がります。

ですから、椅子も革張りにしました。パウダールームも特別仕様にしました。実は男性陣からは「メイクをするのなら洗面所でいいのでは」という声もあったんですが、女性陣から厳しい指摘を受けました。

観光地では時間をたっぷり使いたい。そうなると車内で食事ができたら最高ですよね。さらに現地では食べられないものを車内で食べられたらなおいい。

吉川　たしかに食事の美味しさなどすべてにおいて、おもてなしの心が行き届いていますよね。

福原　私鉄にはグループ会社にホテルがありますから、系列ホテルのレストランからもノウハウを取り入れました。接客に関してもおもてなしのプロといってもいいホテルのスタッフから学んだ成果です。

吉川　まさに私鉄ならではの強みを生かしています。

福原　一つでもサービスに不満を感じたら旅全体の印象が悪くなってしまいます。お客様の立場になって、どうおもてなしされたらうれしいのか。それこそが各観光列車のあり方なのかなと思います。

課題もあります。私は仕事で地方の観光列車に乗ることがあるんですが、完成してから時間が経っている列車はメンテナンスが行き届いてないことがあるんですね。例えばソファの革がはげてしまっていたりとか、塗装が劣化していたり……。

見た目が悪くなっている観光列車というのはとても寂しい気持ちになる。新しく製造するときはいいけど、ハードとソフトの両面において、サービスは永遠に提供されるべきものだという認識が鉄道会社に必要かなと思います。覚悟のいることでもあるんですが。

鉄道ファンはリアルイベントと裏情報に弱い

吉川　福原さんとは番組のロケなどでたくさんご一緒させていただきました。その際、鉄道会社の魅力の見せ方がうまいと感じました。吉急にテレビ番組のロケを呼ぶために、どういう点をアピールしていったらいいでしょうか。

福原　まずはどこを取り上げてほしいかを考えたらいい

かもしれません。そもそも鉄道ファンは、みんなが見たことがない裏側を知りたいもの。普段は入れないバックヤードや引き込み線、そして車庫。あるいは本社ではなくグループ会社など……あとは、鉄道祭りのようなイベントを作ってもいいですね。

吉川　あまり知られていないというのは確かに魅力的です。

現在の生駒トンネル

福原　鉄道開通に関する秘話なんかもいいですね。「この路線を作るときに実はこういう案もあったんだよ」という話は特にみなさん食いついてくれます。

例えば近鉄の生駒トンネルを掘るとき、元々はケーブルカーで山を越える計画があった、という話をすると目の色がみんな輝きます。

吉川　生駒トンネルの成り立ち、めちゃくちゃ面白いですもんね。

福原　そうですね。当時の役員が100年後に鉄道会社として残るためには何が何でもこのトンネルを掘らないといけないと強行したんですが、お金がかかりすぎて会社が潰れかけたんです。切符さえ印刷できなくなって、生駒山にある宝山寺というお寺さんに頼んで賽銭をお借りした、という逸話があります。

そういう苦労話をすると、みなさん大変喜んでくれますね。吉急も開通前に実はこういう路線案があった、開通するまでにこういう困難があったなど、エピソードをたくさん用意しておくといいでしょう。

吉川　鉄道の歴史エピソードですね！

福原　いつものお客様はもちろん、やはり全国の鉄道ファンの方に喜ばれることがしたい、という思いがありましたから。吉急にもそういった広報の努力は必要かなと思っております。

撮影がしやすい下野毛あたりを吉急ロケーションの売りに

ロケを誘致してインバウンドも狙う

吉川　近鉄だとロケーションサービスも有名ですね。

福原　CMや映画の撮影のお力になるサービスのことですね。よそでは撮れないロケ場所を提供できるのは鉄道会社の強み。なにより、ロケを行った映画がヒットしたりすれば、その影響はかなり大きいです。

吉川　たしかに有名なドラマの撮影場所に行くとテンションが上がります。

福原　ロケのときはまず制作会社からロケ代の費用をいただきます。どなたにもお貸しするわけにはいかないですし、私たちも立ち合いなどが必要だからです。

次に撮影クルーにはグループ会社のホテルに泊まっていただきます。

吉川　なるほど。それも収入になるわけですね。

福原　作品がリリースされたあとは、PR目的で車内の吊り革広告やヘッドマークなどをご活用いただく。そういった宣伝費用ももちろんいただきますし、作品がヒットすると、作品の聖地巡礼としてお客様が乗ってきます。

ロケ場所を提供することは、確かに調整などに大きな手間がかかりますが、二次、三次効果が見込めますので、私はどんどんやるべきだと思っています。吉急にもぜひ挑戦していただきたいんです。まずはどの辺りを鉄道会社としての売りにしましょうか。

吉川　撮影がしやすい下野毛あたりですかね。関西の福原さんにはピンときてないと思いますがいいところなんですよ（笑）。

お客様が喜ぶことを柔軟な発想で

吉川　これまでとても喜ばれたおもてなしやサービスはありますか。

吉急のロケ候補地に上がった下野毛付近

元近鉄名物広報マン・福原BOSSに聞く

一流のおもてなし

福原　乗務員時代に、風光明媚なところ、例えば平城京の中をゆっくり走ってそれをアナウンスで細かく説明すると、お客様に喜んでいただきましたね。「車掌さんの説明が楽しかったから帰りも乗りました」と会社宛にお手紙いただいたこともあります。当時はネットもほとんどなくて、お客様の意見を吸い上げる手段があまりなかったからこそ、そうやって反応をいただけるのは嬉しかったです。

吉川　それってマニュアルにはないんですよね。

福原　今はどこの鉄道会社もお客様を大切にしておりますので、観光名所では部分的に徐行していますが、当時はなかったです。鉄道会社にとって何よりも優先すべきはダイヤです。今でも運行の正確性を担保するためにNGにしている会社もあるようです。

ただ、そういう柔軟性というのはいつの時代も大事だと思うんです。

例えば、子どもたちが線路脇から電車に手を振ってって、通過する電車の運転士が「ピッ」とホイッスルを鳴らす光景をよく見ますよね。賛否あるようですが、僕は大賛成です。

鉄道が好きだから子どもは手を振る。それにリアクションがあったらもっと好きになる。

もちろん会社としては「運転士や車掌に手を振れ」なんて指導はできません。ましてや運転士はノッチ（アクセル）から手を離したらデッドマンが作動して電車が止まってしまいます。でもホイッスルくらいはいいのではと思うんです。

吉川　いわゆるサービス警笛ですね。

福原　あれは足で軽く踏むだけですから安全上もそこまで問題はない。あと、駅のホームに止まっている電車を子どもが見ていたら、時間に余裕があるときは車掌が自分の帽子をかぶせてあげることもある。子どもが喜んでくれたら親御さんもうれしいでしょう。

吉川　僕が感動したのは、手作りの鉄道カードを運転士さんが配っていた光景です。お子さんもすごく嬉しそうでした。

福原　特急が描かれたシールを渡すと、子どもたちは全身で飛び上がって喜んでくれます。それが私たちにとっても、ものすごく嬉しい。その子達が未来のお客さんに

なってくれるかもしれませんからね（笑）。

吉川　大阪のおばちゃんは飴ちゃんを、おじちゃんは鉄道シールを渡す文化が定着するといいですね（笑）。

大切なのはニーズを見抜く力

吉川　お客様のニーズが多様化している昨今、鉄道会社はどのようなおもてなしを求められているのでしょうか。

福原　先ほどもお伝えしたように、ハードはもちろんソフトまで充実させることでしょうね。昨年、阪急さんが座席指定列車の運行を始めたときは驚きました。これまでだったら考えられなかった。お金もかかるけどもいいサービスですよね。

いつもなら家を早めに出て朝の通勤ラッシュを避けて会社近くでコーヒーを飲んでいたという方も、これからは電車の中でゆっくりするという選択肢も生まれます。そういう可能性を提示できますよね。

吉川　喫茶店で使う500円を車内に投資するということですね。

福原　カフェも値上げしてますから。電車の座席に座って新聞やスマホを眺めてのん

阪急が導入した座席指定サービス「PRIVACE《プライベース》」

びりするというのも、有意義な時間とお金の使い方だと思うんです。私は奈良在住で、大阪に出るときはあえて特急列車に乗って大阪市内に入るようにしています。こうすると気持ちに余裕が生まれるんですよね。私はその料金は高くないと思っています。

吉川　吉急もY（吉川）シートの導入を検討しないと。

福原　個性的で話題になるようなサービスをお願いしたいですね。しまかぜで導入したエアクッションは腰を起こす機能があるんですけど、医療器具を作っているメーカーさんにお願いして作ってもらいました。発想を変えるとより良いサービスが生まれるんだと思います。

例えばどこかの鉄道会社と共同運行して夜行列車で寝台列車を走らせたり、あるいは三陸鉄道さんみたいに地元の方と一緒にホームに降りて名物を駅で買えたりするなどのおもてなしはどうでしょう。今の時代はのんびりした時間こそが贅沢ですから。お客様みなさんが笑顔になるのが本当の意味でいいサービスです。

吉川　駅のホームで太田プロの若手芸人ライブやるしかないですね。それが吉急の強みなんで（笑）。

お客様を運ぶのは列車ではなく人

福原　吉川社長の人脈は非常に魅力的ですよね。国内のありとあらゆる鉄道会社と交流があるわけですから、それをより一層深めていただいて自社のアピールをするべきでしょう。

相互直通運転を実施するとか、会社同士の資本提携ですね。少子高齢化の中でお客様が減っていく現状下で、上手に会社を運営していただけたらと思いますね。

吉川　線路以外のネットワークですね。

福原　ただ、レール幅や車両の電圧1500Vなどは共通していただくとしても、車両の個性は強く出していただきたい。

車両の個性はお客様の認知向上のみならず、私たち働く社員のプライドにもつながります。各社間で連携してお客様の満足するサービスを横断的に提供していき、と同時に吉急カラーもしっかりアピールすることを忘れないでほしいです。

吉川　昔は関西の私鉄各社はまさにライバルという感じでしたが、今は皆さんで鉄道を盛り上げていく時代になりました。

お客様に喜んでもらえるサービス、おもてなしを柔軟に考えてほしい

写真：共同通信社

車両の個性は強く出してほしい
お客様の認知向上のみならず、働く社員のプライドにつながる

福原　おっしゃる通りです。私が広報に入った当初に比べたら、各社間連携も取れるようになり、よりよいサービスをご提供できる土壌ができたと思います。

吉川　福原さんたち大先輩が新しいレールを敷いてくれたおかげで、私たちも快適に鉄道を利用することができるんですね。おもてなしに広報さんが欠かせないこともよくわかりました。

福原　仕事相手がマスメディアだとしてもその先には必ずお客様がいます。良い車両を作っても、素晴らしいサービスを提供しても、広く発信できなかったら宝のもちぐされじゃないですか。私はそれらの広報を担う仕事だっただけ。鉄道会社が最大に注力すべきは、安全に定刻どおり走ることです。それと同時に、今後も会社を存続するためには、いかにお客様に乗っていただくかです。

　関西を含めて地方の鉄道会社は今後しんどい時代が訪れるでしょう。しかしまだ新しい吉急もしっかりとおもてなしに力を入れていただいたらいいと思います。必要あれば私が入社してお手伝いしますのおっしゃってください（笑）。

吉川　列車がお客さんを運ぶのではなく、人が運んでいるということがよくわかりました。吉川急行はこれから誠心誠意、お客様をおもてなしすることを、ここに誓います。本日はありがとうございました。

PROFILE

福原稔浩（ふくはら　としひろ）

1956年生まれ。1975年に近畿日本鉄道に入社。駅業務、車掌（1977）、運転士（1984）、助役（1991）を担当後、1994年から近鉄広報部に所属（マスコミや社内誌を担当）し、2011年に自らロケーションサービス立ち上げる。鉄道知識に精通しており、NHK「ブラタモリ」や「鉄オタ選手権」、毎日放送「痛快！明石家電視台」などの鉄道番組の出演や、東京・奈良などのFMラジオ番組を担当。名物広報マンとして知られる。また講演活動など多数。2022年3月より「なら歴史芸術文化村」の総括責任者として着任。

第2章

妄想鉄道経営者に会いに行く

Interview

普段街を歩きながら、ここに駅が欲しいなとか日常的に考えています

MOUSOU Line

モデル・タレント

市川紗椰さん

Ichikawa Saya

『タモリ倶楽部』や『アメトーーク!』にたびたび出演、また2020年には『鉄道について話した。』を出版するなど、鉄道や大相撲などさまざまなカルチャーに造詣の深いモデル・タレントの市川紗椰さん。過去には妄想路線図についてお話されていたことがあり、今回は吉川急行電鉄の路線図を見ていただきながら、〝妄想する楽しさと魅力〟を伺いました。

Profile

いちかわ・さや（モデル・タレント）

1987年2月14日生まれ。アメリカ人と日本人のハーフで、4歳から14歳までアメリカで育つ。16歳の時にスカウトされ、モデルとしてデビュー。以降多くのファッション誌で活躍し、ラジオやテレビなどに多数出演。鉄道以外にも音楽、相撲、グルメ、地形、アニメなど、幅広い分野に精通する。

街に溶け込むLRTが好き

――インタビューのご依頼をしておきながら冒頭から大変失礼な質問になることをご容赦ください。そもそも市川さんは〝妄想鉄〟のお方ですか？

市川　そう質問されたら、厳密には違うでしょうね（笑）。もともと私は地図を描くのが好きなんです。路線図よりもイラストの手書きで。最初に方眼紙になんとなく陸地と海の境界線を描いて、街の中心であるメインターミナル（駅）を決める。そこから旧市街地や住宅街を作ったり。なんとなくそこの街の人口数や住んでいる人たちを意識しつつ、駅を配置して鉄道をつなげていく感じです。『ロード・オブ・ザ・リング』や『ストレンジャー・シングス』に出てくる架空の地図みたいなイメージですかね。

――なるほど。地図を描くなかに鉄道という概念が入ってくるんですね。

市川　描くのが好きなだけで目的があったり、完成させたりするわけではないので。そこに関しては本当にお絵描きを楽しんでいるだけですね。まぁ妄想するのは好きですよ。もちろん路線図を起こしたり、ダイヤを密に作るのも楽しいでしょうね。吉川さんや南田（裕介）さんがやられているディテールまで細やかな鉄道の妄想はなかなか（笑）……あの方たちの妄想鉄道はすごいです。

――そう仰いますが、勝手ながら市川さんもいろいろ妄想されているイメージがあります。

市川　あはは。みんな妄想するんじゃないですかねえ。私は大相撲観戦が趣味なので、柏戸（第47代横綱）さんが今もし現役ならどの力士とどんな相撲を取るだろう？　とか、大好きなモーニング娘。さんの所属するハロー！プロジェクトさんで私なりのシャッフルユニットを勝手に作ってみたり、ビートルズがこの時代にもし来日したら、どんなセットリストでライブをするんだろうとか……フフ。

　妄想鉄という意味では普段街を歩いていて、ここに駅が欲しいなとかは日常的に考えていますよ。私はアメリカ育ちなんですけど、鉄道が全然発達していない土地もあるので、ここをつなげる鉄道があればいいとはよく思っていました。それが妄想鉄への第一歩かもしれません。

――まさにそうですね。

市川　吉川さんが運営されている「吉川急行電鉄」の路線図を拝見しました。渋谷駅～東京駅間のシティラインは、私も実はほぼ同じ路線を描いたことがあります。これは妄想鉄を説明するときにすごくわかりやすいんですよね。「渋谷と六本木をつなぐ路線なんだよ」って。みんな納得してくれるんですよ。ちなみに私の場合はLRT（Light Rail Transit

2023 年に開業した芳賀・宇都宮 LRT「ライトライン」。

写真：産経新聞社

＝ライト・レール・トランジットの略称：次世代型路面電車システム）で地上を走る想定です。

――さすがですね！　吉川急行電鉄もシティラインはＬＲＴを想定しています。

市川　やっぱり！　そうでしょうね。私、東京に昔のような路面電車を復活させたいという想いがあるんです。ヨーロッパやアメリカでも路面電車が観光路線になっている場所も多い。東京にもちょっと移動する際にＬＲＴがあれば便利だし、インバウンド需要にも合うと思うんです。

――その吉川さんから市川さんは「どんな車両を走らせたいですか？」という質問を預かってきています。

市川　なるほど。吉川急行電鉄のシティラインの区間は黒っぽいＬＲＴでカッコいいカラーリングで走らせたいですね。富山地方鉄道の路面電車（富山軌道線）のセントラムみたいな黒です。六本木や新橋付近を通るので、ごちゃっとした街の中を黒っぽいシャッとした車両が走っていくといいかな。

――なんとなくかっこいい系ですね。

市川　それこそたとえば1車両だけは昔走っていたレトロ車両にしてもいいですし、夜は光らせてもいいかも。東京タワーとシティラインで素敵な光景が生まれそう。

――いいですねぇ。ちなみに本書の別企画では吉川

渋谷駅〜東京駅間はやっぱりＬＲＴ！
東京に昔のような路面電車を復活させたい。

さんと実際に吉川急行電鉄の吉武線の実地調査を行ってきました。

市川　いかがでした？　吉祥寺から成城学園前、砧公園から二子玉川って……地下鉄にするにせよ土地はあるんですか？

――まさに土地の買収とその費用が大きな課題だという話になりました。

市川　そこでＬＲＴかモノレールですよ！　地下を掘るよりはコスト面でも抑えられるでしょうし、私は地上をおすすめします。路面電車は通学や通勤はもちろん、おじいちゃんおばあちゃんが病院に行くのにも使いやすいし。子育て中でベビーカーを使う方にも便利。ちょい移動で需要はありそうです。環八通りの上がいいと思います。

――いいアイデアですね。社長の吉川さんに伝えてみます。

市川　土地の買収は吉川さんの政治力でなんとかしてもらいましょう（笑）。

――こうお話ししていると、市川さんはＬＲＴ推しなんですね。

市川　地下鉄も好きですけど、もしも自分で作れるならば、高架の路面電車やモノレールなどの新交通系ですね。既存のあるインフラの上に作りたいですね。イメージとしては〝昔の人が思う近未来〟。ビルとビルの間に路面電車があるような……スイスイっ

写真：産経新聞社

富山市の市街地を周回するLRTで、市内電車環状線「CENTRAM（セントラム）」は2009年12月にデビューした。デ9003のカラーリングが黒とモノトーン仕様になっている。

てビルの合間を抜けていく風景を妄想します。

田無スカイタワーから東京スカイツリーへ

――以前、雑誌の企画（『CREA』２０１４年５月号）で市川さんが妄想鉄を語られていたとき、田無から代官山経由、押上行というルートを提案されていて斬新だなと思いました。なぜ田無だったんですか？

市川　やりましたね〜。田無に「スカイタワー西東京」という電波塔があるんですけど、正式名称がスカイタワーであるにもかかわらず、田無タワーと呼ばれているんです。しかもそのあとに「東京スカイツリー」ができてしまったので、誰も「スカイタワー」と呼ばない。「スカイタワー西東京」の名を広めるためにも……。

――〝スカイ〟をつなげる路線だったわけですね。

市川　田無タワーには思うところがあったので……。

――田無から代官山に路線を敷くのもかなり大変な気がします。

市川　私は吉祥寺方面から代官山へつないでいくイメージです。こういう話ができるのって楽しいですよね。緻密に考えてリアリティがあるものを作るのもいいですけど、ああだこうだ、みんなで語るのも妄想する楽しみ方のひとつだなと思うんです。

――ちなみに今、市川さんが妄想するならどんな路線になります？

市川　〝むさこ〟つながりで武蔵小金井―武蔵小杉―武蔵小山の「むさこ線」とかどうでしょうか？あとは競馬場や競輪場といった公営ギャンブルの施設の最寄り駅を通る路線とか。

――東京競馬場―京王閣競輪場―大井競馬場間みたいなところでしょうか。多摩川競艇場や川崎競輪場もありますね。

市川　すごく楽しそう。ギャンブル線ですね。そこに南武線沿線の酒場がある駅と接続できたら最高！

――せんべろツアーできそうですね。指定席車両を作るとギャンブルで勝った人が使ってくれるかもしれません。

市川　むしろ治安の良さを求めたい人が使いそうです。ただギャンブルする人は、むしろお金がなくなってしまって次の駅まで歩くんじゃないかなあ（笑）。

10年前の妄想が現実に!?

市川　そういえば10年以上前に中央線は2階建てにしてグリーン車を導入すればいいのにと思っていたんです。最近になってグリーン車が導入されました

写真：産経新聞社

「日暮里・舎人ライナー」は 2008 年に開業。まさに既存のあるインフラの上に誕生した新交通システムだ。

ギャンブル線、すごく楽しそう
酒場がある駅と接続できたら最高！

よね。私は既存のものにプラスしていくのも好きなので、実現されたときは「ようやく時代が私に追いついたな」と思いました（笑）。

――2階建てを妄想されていたのは、混雑を解消したいという思いからですか？

市川　利便性は考えていないです。単純にJR東日本さんのカラーバリエーションが楽しくて、E233系の2階建てを見たいというくらいのコレクション感です。京王線の5000系2階建てでもいいです。

――そういえば小池百合子都知事は以前、2階建て通勤電車構想を公約に掲げられていました。

市川　それは今でも待っていますよ！　プラットホームに2階建ての車両が入ってくるのを見たいです。都市開発好きと鉄道好きを同時に満喫できる構想ですからね（笑）。

――本日は楽しい話をたくさん聞けました。最後に市川さんが提唱する〝妄想鉄〟の楽しみ方は？

市川　今日のような話ができるのが一番楽しいです。みんなと一緒に地図や路線図を見ながらお互いの考えを披露したり、「1番○○な路線を考える選手権」みたいな遊びをしてもいいかもしれません。飲みながらやるのも楽しいだろうなぁ。個人的には、今まで小さな紙にしか妄想地図を描いたことがなかったので、ちょっと大きな用紙に緻密なことを描きたいと思いました。

――いいですね！　新しい妄想地図ができましたら、またぜひ取材させてください。ありがとうございました。

地図や路線図を見ながら、それぞれの考えを言い合うのが妄想鉄の魅力。

妄想鉄道会社を経営するトップ対談！

吉川急行電鉄株式会社

社長 吉川正洋

9人組ミクスチャーユニット「SUPER★DRAGON」の一員である伊藤壮吾さんは、鉄道ファンとして多くのメディアに出演しています。そして伊藤さんは実は妄想鉄として、「壮都高速鉄道株式会社」を経営する社長でもあります。同じ経営者として喜びやうれしさ、苦労や大変さを共有したい。そんな著者の願いがなんと企画として実現！ "妄想"鉄道会社を経営するトップにはそれぞれの会社がどのように映っているのでしょうか。

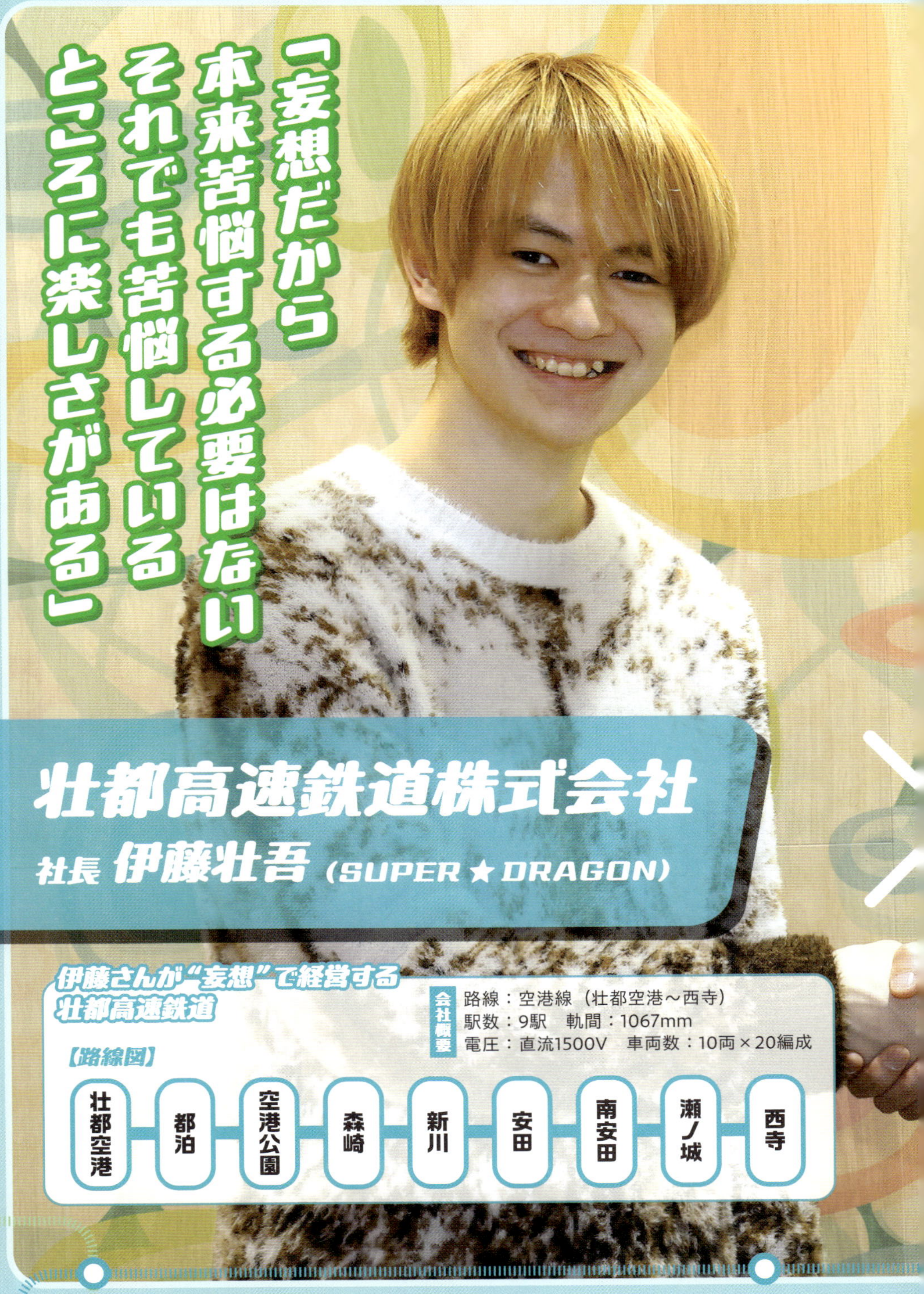

「妄想だから
本来苦悩する必要はない
それでも苦悩している
ところに楽しさがある」

壮都高速鉄道株式会社

社長 伊藤壮吾（SUPER★DRAGON）

伊藤さんが"妄想"で経営する壮都高速鉄道

会社概要

路線：空港線（壮都空港～西寺）
駅数：9駅　軌間：1067mm
電圧：直流1500V　車両数：10両×20編成

【路線図】

壮都空港 ― 都泊 ― 空港公園 ― 森崎 ― 新川 ― 安田 ― 南安田 ― 瀬ノ城 ― 西寺

吉川社長から見た「壮都高速鉄道株式会社」

育った土壌が反映される!? 架空タイプのダイヤ派

――早速ですが、伊藤さんが社長を務める「壮都高速鉄道株式会社」は、ダイヤ含め綿密に運営をやっていらっしゃるように思います。吉川さんの印象はいかがでしょうか？

吉川　いやぁほんとにすごい本気度ですよね。鉄道への愛と妄想への愛がダブルでつまっていて、それがビシビシ伝わってくるんですよ。

――具体的にどの辺りに感じたりしますか。

吉川　まず「壮都高速鉄道株式会社」。とてもいいですよね、会社名が。

伊藤　いいですか！　自分でも結構気に入っています。

吉川　ですよね、会社名を考えるのは実は結構大変で……〝高速鉄道〟というチョイスが、すごく伊藤くんっぽい。割と最近に作られた感じが伝わります。

伊藤　そうですね。「東葉高速鉄道」「埼玉高速鉄道」といったあたりを参考にしました。

吉川　「そこ行くっ！」ていう。鉄道好きでも安易に○△鉄道株式会社にはしないのが、（その選択が）かっこいいんですよ。

伊藤　会社名でこんなに褒められるなんて、うれしいです！（笑）

吉川　壮都高速鉄道の名前からはニュータウン感もあっていいですよね。社名はすぐに決まったんですか？

伊藤　「伊藤壮吾」のなかから、やっぱり「壮」を使いたいというところから考えていきました。「壮吾」ではさすがにそのまますぎるかなと思い、東京都の「都」をつけてみました。

吉川　ちゃんと自分の名前も入れつつ、ありそうな鉄道会社の名前にしてるのがセンスがいいんですよ。そこがすごい！　自分を前に出しすぎず、しっかりお客様目線も考えていらっしゃる。あぁ鉄道が好きなんだなって、ネーミングからにじみ出てますね。

　僕の場合はそれこそ「吉川急行電鉄」ですからね。

どうしても妄想鉄道をやっていると、やっぱり自分の苗字とかつけてしまう……。

伊藤　僕も最初は「壮都鉄道」「壮都電鉄」が候補にありました。基本的に自分がニュータウンの鉄道好きというのがあるのと、子どもの頃に住んでいた沿線の影響があるかもしれないですね。

吉川　なるほど、馴染みがあったわけですね。そう考えると僕も一緒なんですよ。小さいときは東急線に近くに住んでいたので。だから自然と「吉川急行」とつけちゃっていました。

伊藤　知らずのうちに影響されるんですかね（笑）

吉川　そういうことなんですね。やっぱり育った土壌が反映されがちなんだ。

――伊藤さんが、妄想鉄道を始めたきっかけはどういったことだったのでしょうか？

伊藤　そもそも時刻表が好き、ダイヤが好きっていうところからですね。壮都高速鉄道を設立する前から、別の架空鉄道で小学校の休み時間とかに自由帳に時刻表を書いていましたから。自分だけの時刻表を作りたい、書きたいというのが強かったですね。

――時刻表のどのあたりに面白さを感じますか？

伊藤　平日のダイヤが好きで、なかでも「珍しい行き先」や「このダイヤの組み方はすごいな」とかそういうところに目がいきますね。特に日中はパターンでダイヤが決まっていますけど、ラッシュ時の過密ぶりのすごさが見えてくると楽しいですよね。

――改めて壮都高速鉄道は1路線（9駅）の運行のようですが、どういった鉄道会社なのか教えてもらえますか？

伊藤　僕は「南田（裕介）さんタイプの架空派」でして、土地や街などの名前などすべてが架空設定ですね。ここは分かれますよね。吉川さんは実際の街のなかにある現実タイプですよね。

吉川　そう！　現実派なんですよ（笑）。伊藤くんとはタイプが違うんですよね。僕は「ここにこういう路線や駅があったら便利だろうな」から始めていったので。ただ架空派か現実派だと、架空派の方が多い気がしますね。

その中でも伊藤くんは「架空タイプのダイヤ派」。そういう人はあんまりいないんじゃないかな。時刻表から始めるのはすごいですよ！

快速がやっぱり一番好き　リアルにありそうな妄想駅

――ダイヤのこだわりを深く掘り下げていきましょう。駅と駅の距離間も想定して、そこから時間を算出されているわけですよね。

伊藤　はい、しっかり想定して作っています。「壮都県」です（笑）。

吉川 出た！「壮都県」！

伊藤 現実の土地ではなくて、全部自分の好き勝手できますから。一応、太平洋に埋め立てています（笑）。そしてまずは空港からということですね。

吉川 街から空港に行くまでのアクセス線が空港線なんですね。

伊藤 そういうイメージです。

吉川 なんか見えてくるもんね、「安田」とか。おそらく「西寺」が一番都心だ。

伊藤 将来的には「西寺」から山手線みたいな環状線を作っていけたらと思っています。延伸計画はあって別路線も増やしていきたい。

――完全に妄想という自由な設定下では、どういうロジックで時刻表を作成していくのでしょうか。

伊藤 最初に大体空港から都心側の「西寺」までの所要時間を決めました。通勤時間帯の朝は23分で、日中は最速で19分にしました。

あんまり遠い空港だと不便ですし、かといって福岡空港は私のなかでは近すぎる印象で……結局羽田空港に行くぐらいがちょうどいいかな、と。ちなみに京急のエアポート快特が、品川駅からだと約11分なので、そのイメージに近いです。

吉川 駅名は「空港公園」とか。「都泊《みやこどまり》」とか。いいよね。

伊藤 ありがとうございます（笑）。空港線は「壮都空港」「都泊」「空港公園」「森崎」「新川」「安田」「南安田」「瀬ノ城」「西寺」の9駅あります。

吉川 いや―駅名がなんとも欲張っていない！ リアルにありそうな地名ですよね。

――駅の名前は浮かんでくるものですか。

伊藤 なんとなくありそうかなという名前をつけます。

吉川 ここでも欲を出したくなるんですけどね。自分の名前とかつけたくなっちゃったりするからね。

――ニュータウン系だと、それこそ「○△丘」や「ユーカリが丘」といった名前をつけたくなるような感じがしますけど。

吉川 「壮都ニュータウン中央」とかよさそう。

伊藤 空港線は都心から空港まで19分の距離感なので、ニュータウンという遠さではないですけれど、将来都心から3、40キロ離れたところに別路線を敷けば「ニュータウン中央」とか駅名をつけるのもありですね！

吉川 ところで、空港線の種別設定はめちゃくちゃ細かいですね。これはどうして？

伊藤 そもそも快速が好きで、あと通勤系の種別も大好きなので……平日は通勤快速もあります。

吉川 でた～！ 通勤快速好き！ そっち派ですか。

18A	列車参考
:22	そうとくうこう
:27	みやこどまり
:31	
④	**くうこうこうえん**
:32	
通快	もりさき
レ	しんかわ
:38	
④	**やすだ**
:40	
レ	みなみやすだ
レ	せのしろ
:46	にしでら

ちゃんと自分の名前も入れつつ、ありそうな鉄道会社の名前でセンスがいい！（吉川）

伊藤　（笑）。それで接続したりとか……快速、通勤快速、各駅停車の3本立てです。

吉川　もし延伸して距離が伸びていったら、種別はさらに増やしたいね。

伊藤　たくさん作りたいですね。そのときは「新快速」がすでにあるので「S快速」にしようとすでに考えています。壮都の〝S〟ですね。一応モデルがあります。だいぶ前になくなってしまったんですけど（編集部注：2018年3月に廃止）、JR西日本の阪和線に「B快速」という種別があったんです。

吉川　「S快速」すごくいい！　たしかに「B快速」あったなぁ。ちなみに壮都高速鉄道の車庫はどこにあるんですか？

伊藤　空港公園にあります。

吉川　ああ、ほんとだ。「空港公園止まり」も用意してありますね。

高校時代、平日と土休日のダイヤを1年がかりで制作

吉川　終電は何時をイメージしているんですか？

伊藤　今日は原本を持ってきたので、お見せしますね。字がすごい汚いですけど。

（黒の手帳を取り出す伊藤さん。高校時代に書いていた時刻表の原本を見せてくれました）

吉川　本物だ！　手書きだ！　これは、すごい!!

伊藤　高校の休み時間に書いていました。小学校の頃にやってはいたけれど、しばらくやっていなくて……高校生のときに本気で取り組みました。しっかりと作り上げました。

吉川　（興奮気味に）こんなお宝、手袋しなくていいんですか。

伊藤　全然大丈夫です（笑）

——こちらのダイヤを完成させるまでにどれぐらいの時間がかかったんですか？

伊藤　やっていたのは高校1年生のときだったと思います。1年間ぐらいはかかりましたね。ちなみに平日と土休日ダイヤ両方、始発から終発まで組みましたから。

空港線　標準列車時刻表

列車番号		602A	616A	606A	618A	610A		620A	622A	612A		624A	626A	600A		628A	630A	604A	706AX	614A	608A	702A		716A
壮都空港	発	6:00		6:10		6:20				6:30				6:40				6:47		6:54	6:59	7:04		7:09
都泊	ー	6:05		6:15		6:25				6:35				6:45				6:52		6:59	7:04	7:09		7:14
	着	6:09		6:19		6:29				6:39				6:49				6:56		7:03	7:08	7:13		7:18
空港公園	番線	④	③	④	③	④		③	③	④		③	③	④		③	③	④	②	④	④	④		④
	発	6:10	6:11	6:20	6:27	6:30		6:31	6:36	6:40		6:43	6:46	6:50		6:54	6:57	6:59	7:03	7:05	7:10	7:14		7:19
森崎	ー	通快	6:14	6:23	6:30	通快	(接続)	6:34	6:39	通快	(接続)	6:46	6:49	通快	(接続)	6:57	7:00	7:02	通快	7:08	7:13	通快	(接続)	7:22
新川	ー	レ	6:16	6:25	6:32	レ		6:36	6:41	レ		6:48	6:51	レ		6:59	7:02	7:04	レ	7:10	7:15	レ		7:24
	着	6:16	6:19	6:28	6:35	6:36		6:39	6:44	6:46		6:51	6:54	6:56		7:02	7:05	7:07	7:09	7:13	7:18	7:20		7:27
安田	番線	③	④	③	④	③	④	④	④	④	④	③	④	③	④	③	③	④	③	④	④	③	④	③
	発	6:18	6:20	6:29		6:37	6:38	6:40		6:47	6:48	6:52		6:57	6:58	7:03	7:06	7:08	7:12	7:15		7:21	7:22	7:28
南安田	ー	レ	6:22	6:31		レ	6:40	6:42		レ	6:50	6:54		レ	7:00	7:05	7:08	7:10	レ	7:17		レ	7:24	7:30
瀬ノ城	ー	レ	6:24	6:33		レ	6:42	6:44		レ	6:52	6:56		レ	7:02	7:07	7:10	7:12	レ	7:19		レ	7:26	7:32
西寺	着	6:23	6:27	6:36		6:42	6:45	6:49		6:52	6:55	6:59		7:02	7:05	7:10	7:13	7:15	7:12	7:22		7:26	7:29	7:35

一同　すごい!!

吉川　本数見る限り、すごい乗車率ですね！

伊藤　朝出張に行く皆様方が空港へ行きます。

吉川　このダイヤを見てるだけでもめちゃくちゃ楽しい！

――ラッシュ時は通勤快速と快速があるんですね。

伊藤　下りは快速にして工夫しています。各駅停車のみしか止まらない駅でも次の電車まで10分以上開けないようにしているのもこだわりです。あと「珍しい行き先」が好きなので、1日に1本だけ「空港公園行き」の快速があるんです。空港まで行かない。

吉川　ほんとだ!!

伊藤　普通に利用者からしたら、結構うざいと思われる快速なんですけど（笑）。

吉川　空港に行かないもんね（笑）。でも“レア行先”はマニアには熱いヤツじゃないですか。

伊藤　一応、空港公園駅で向かい側に各駅停車の空港行きが停車していて接続できます。

吉川　優しい！

――ご自身のこだわりと、お客様の利便性はしっかり両立されているんですね。

伊藤　はい、頭には入っています。

吉川　この列車はもうね、YouTuberの方に人気の1本だね（笑）。

伊藤　絶対に取り上げてもらえますね！

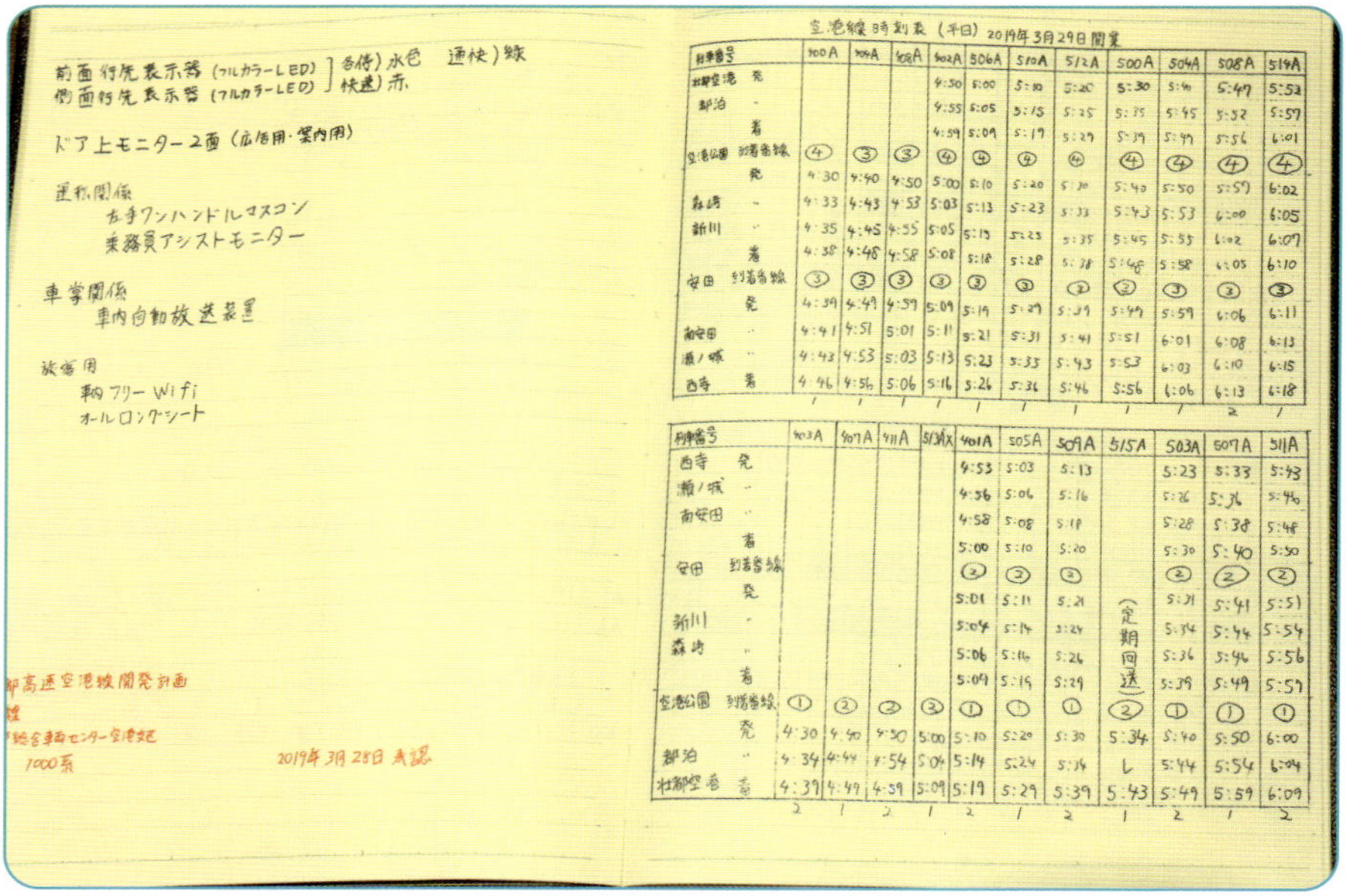

前面行先表示器（フルカラーLED）］各停）水色　通快）緑
側面行先表示器（フルカラーLED）］快速）赤

ドア上モニター2面（広告用・案内用）

運転関係
　左手ワンハンドルマスコン
　乗務員アシストモニター

車掌関係
　車内自動放送装置

旅客用
　車内フリーWifi
　オールロングシート

都高速空港線開発計画
程
総合車両センター空港支所
　1000系

2019年3月28日 承認

空港線時刻表（平日）2019年3月29日開業

列車番号		400A	404A	408A	402A	506A	510A	512A	500A	504A	508A	514A
壮都空港	発				4:50	5:00	5:10	5:20	5:30	5:40	5:47	5:52
都泊	〃				4:55	5:05	5:15	5:25	5:35	5:45	5:52	5:57
	着				4:59	5:09	5:19	5:29	5:39	5:49	5:56	6:01
空港公園	到着番線	④	③	③	④	④	④	④	④	④	④	④
	発	4:30	4:40	4:50	5:00	5:10	5:20	5:30	5:40	5:50	5:57	6:02
森崎	〃	4:33	4:43	4:53	5:03	5:13	5:23	5:33	5:43	5:53	6:00	6:05
新川	〃	4:35	4:45	4:55	5:05	5:15	5:25	5:35	5:45	5:55	6:02	6:07
	着	4:38	4:48	4:58	5:08	5:18	5:28	5:38	5:48	5:58	6:05	6:10
安田	到着番線	③	③	③	③	③	③	②	②	③	③	③
	発	4:39	4:49	4:59	5:09	5:19	5:29	5:39	5:49	5:59	6:06	6:11
南安田	〃	4:41	4:51	5:01	5:11	5:21	5:31	5:41	5:51	6:01	6:08	6:13
瀬ノ城	〃	4:43	4:53	5:03	5:13	5:23	5:33	5:43	5:53	6:03	6:10	6:15
西寺	着	4:46	4:56	5:06	5:16	5:26	5:36	5:46	5:56	6:06	6:13	6:18
		1	1	1	1	1	1	1	1	1	2	1

列車番号		403A	407A	411A	513AX	401A	505A	509A	515A	503A	507A	511A
西寺	発					4:53	5:03	5:13		5:23	5:33	5:43
瀬ノ城	〃					4:56	5:06	5:16		5:26	5:36	5:46
南安田	〃					4:58	5:08	5:18		5:28	5:38	5:48
	着					5:00	5:10	5:20		5:30	5:40	5:50
安田	到着番線					②	②	②		②	②	②
	発					5:01	5:11	5:21	（定期回送）	5:31	5:41	5:51
新川	〃					5:04	5:14	5:24		5:34	5:44	5:54
森崎	〃					5:06	5:16	5:26		5:36	5:46	5:56
	着					5:09	5:19	5:29		5:39	5:49	5:57
空港公園	到着番線	①	②	②	②	①	①	①	②	①	①	①
	発	4:30	4:40	4:50	5:00	5:10	5:20	5:30	5:34	5:40	5:50	6:00
都泊	〃	4:34	4:44	4:54	5:04	5:14	5:24	5:34	レ	5:44	5:54	6:04
壮都空港	着	4:39	4:49	4:59	5:09	5:19	5:29	5:39	5:43	5:49	5:59	6:09
		2	1	2	1	2	1	2	1	2	1	2

黒の手帳にはダイヤのみならず、車両をはじめ壮都高速鉄道のあらゆる情報が書き込まれている

好きな鉄道のエッセンスがミックス 路線は増やしていきたい

吉川　列車番号はどういう設定ですか？

伊藤　aからスタートで、始発駅の発車した時間を百の位、下2桁を運用番号で上りと下りで組んでいます。列車番号つけ方は、東京メトロと同じ方式です。

吉川　あー東京メトロも好きだもんね。話が逸れてしまいますが、メトロで好きな行き先とかはありますか？　レア行き先とかでも。

伊藤　九段下駅行きですね。1日1本です。東西線は昔から馴染みがあるので。

吉川　ああ！　やっぱり1日1本！　ちなみに他社とのそれこそもう「壮吾（相互）」直通は考えてはないんですか？

伊藤　「壮都県」の鉄道運営を全部弊社で行う前提にしていますから、現時点では相互直通はないかなと思っているんですけど……でも、あった方が面白いですよね。

吉川　好きでしょ、相互直通。

伊藤　大好きなんで！　空港線は「西寺」から地下鉄に直通させたい考えはあるので、地下鉄を別会社として作るしかないですね。

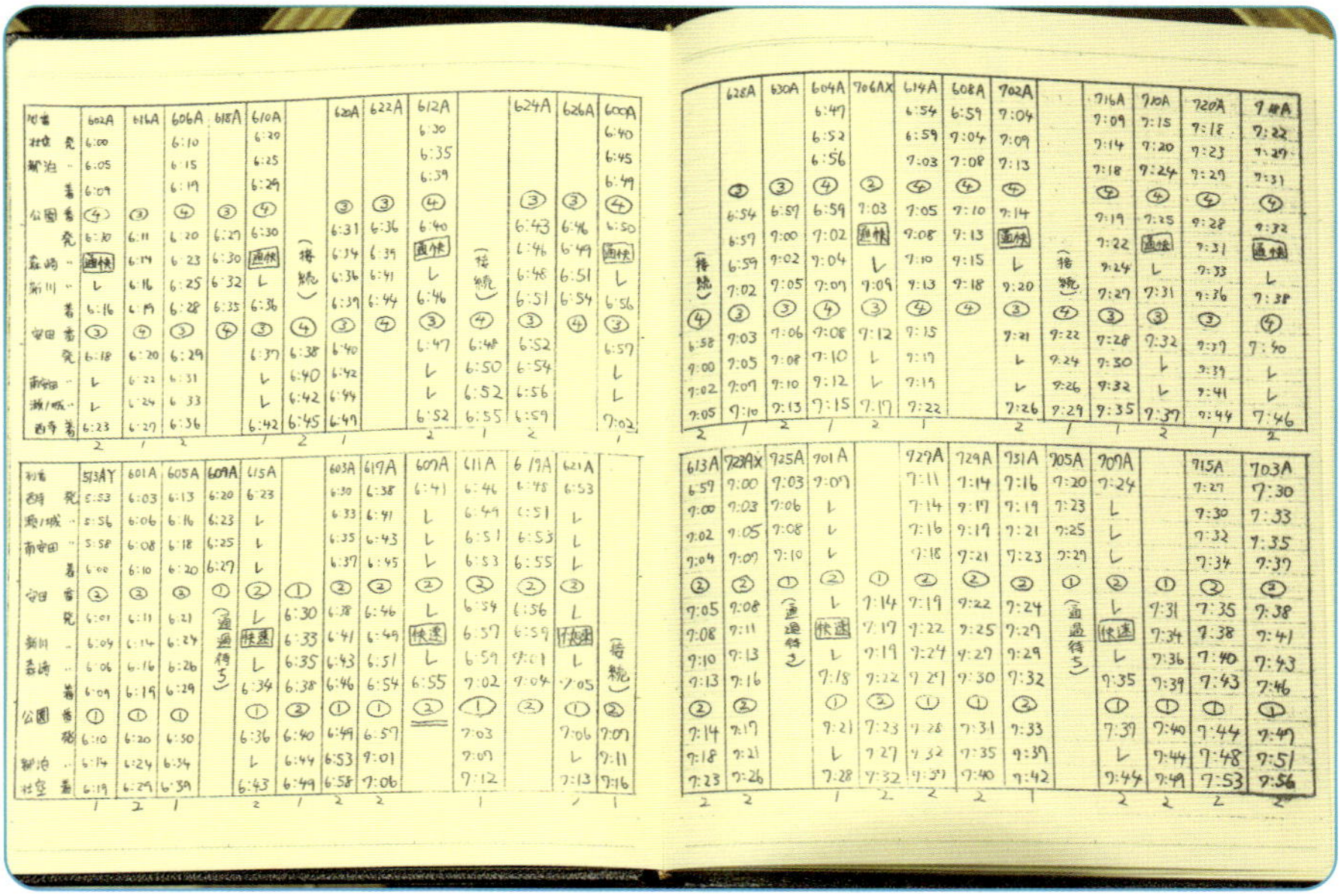

1年がかりで完成した空港線のダイヤ

吉川　なるほど、「壮都メトロ」ですね。高架を走るんですか？

伊藤　高架です。空港だけターミナルの地下に駅を作ります。車庫も高架です。

――西寺駅に接続していくのも。高架から地下に接続するイメージですか？

伊藤　高架から降りて地下ですね。東西線の南砂町駅みたいな感じですね。

吉川　好きな鉄道のエッセンスがミックスされているわけですね。

伊藤　そうですね。

――これからもっと路線は増やしていく予定ですか？

伊藤　増やしたいんですけど9駅だけで、（ダイヤを作るのに）めちゃくちゃ労力使うので、なかなかですね。

吉川　1つ増やすだけでも、より複雑になるもんね。

――腰を据えて高校時代みたいに相当時間があるときではないとできないですよね。

吉川　このダイヤが完成したとき、もちろんうれしかったでしょ？

伊藤　どちらかというと、へろへろでしたね。「やっと終わった！！」感が強かったですね。でも、ものすごい達成感ありました。

吉川　なにが偉いって、土・休日ダイヤも作成している点ですよ。平日だけでも大変なのに。

伊藤　ありがとうございます。

――なおメンバーの皆さんは伊藤さんが妄想鉄道を運営されていることはご存知ですか？

伊藤　知っていますけど（笑）。冷ややかな目で……（笑）。

吉川　えええー。こんな素晴らしい作品を！（笑）。

ウチだけロゴがなかったイメージキャラクターの原案はメンバー作!?

吉川　九州鉄道博物館で開催された「妄想鉄道博」のイベント期間中に壮都高速鉄道株式会社のロゴマークを総選挙したんですよね（図1）。案が多い、10個！　普通は3択ぐらいでしょ。

――投票で決めるケースは、実際に鉄道会社でもありますよね。

伊藤　南田さんからご提案いただいたんです。他の会社さんはたしか皆さんロゴをお持ちだったんですけど、ウチくらいかな、ロゴがなかったのは。

吉川　〝ウチ〟って言っちゃう（笑）

伊藤　「弊社」と言ったほうがよかったですかね（笑）

吉川　確かに皆さんありますよね。

吉川急行

吉川急行電鉄のロゴマーク

伊藤　ちなみに吉川さんのロゴはどうやって作ったんですか？

吉川　僕もこれはイメージをデザイナーさんにお伝えして、本職の方に作っていただきました。ちゃんとしたものにしたくて。

伊藤　そうですよね。かっこ悪いデザインはいやですよね。この「K」の見せ方とかプロレベルで、ありそうですよね。

吉川　ありそうでわかりやすいを詰めていくと、

図１　妄想鉄道博で実施したロゴ選挙

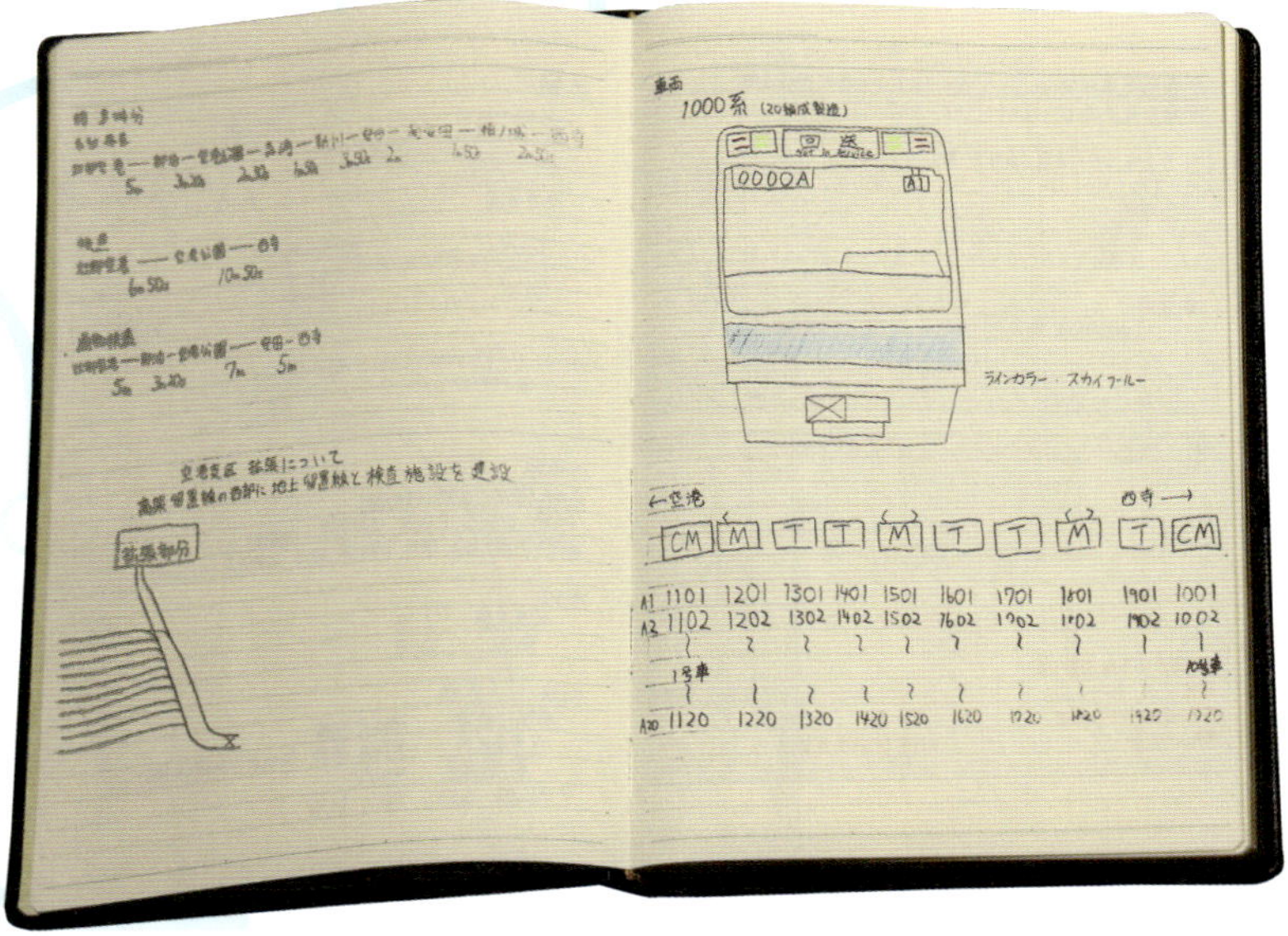

図２　壮都高速鉄道の車両イメージ

やっぱり自分ではできないんですよ。

——伊藤さんもプロのデザイナーさんにお願いしたんですか？

伊藤　僕が伝えたのは「壮都高速鉄道」という会社名と、英訳が「SOTO Rapid Railway」。

あと色は「スカイブルー系」という3点です。それで案を出していただきました。

吉川　どれも結構いいですよね。

——ちなみに吉川さんは、この中だったらどれを選びますか？

吉川　鉄道大好きなので、ゴリゴリの「F」のやつがいいですね。車両にも入っているのが完全に見えますよね。あと「そ」がモチーフになっている「A」もおしゃれな感じでいいですよね。結果はどれになったんですか？

伊藤　結果はですね……。「D」になりました。

吉川　いいですね。これも車両の横に「SOTO Rapid Railway」と入ってるのがイメージできます。車両のイメージはあるんですか？

伊藤　顔しか書いてなくて。ほぼ小田急電鉄3000系みたいなんですけど（図2）。

吉川　最近の車両っぽくていいじゃないですか。（図2の車両編成を見て）10両で、「5M・5T」ですか。できていますね。

——ダイヤが書かれているこのノートに「壮都高速

図4　そうとくんグッズの数々

図3　そうとくんはメンバーの池田彪馬さんが書いた伊藤さんの似顔絵が原型だ

鉄道」の全容が詰まっているわけですね。それとも、ダイヤを組んでから車両を決めたんですか。それとも、まず車両からですか？

伊藤　編成数を決めたのは、ダイヤが仕上がってからですね。運用数が決まらないと決められないので。

――さて、グッズとスローガンについてもお聞かせください。まずグッズです。

伊藤　キャラクターの「そうとくん」です。原型は2019年にメンバーの（池田）彪馬が僕の似顔絵を書いたものから始まったんですよ。

吉川　えー、すごい。ゆるキャラっぽくていいよね。こういうの狙っても描けないんですよね。

伊藤　彼はこういうテイストの絵がうまくて。僕が頼んだわけでもなく使う予定もなかったんですけど。だんだん進化していきました（図3、右が彪馬さんが書いた原型）。これを僕が勝手にグッズにしました。

吉川　そうとくんが壮都高速鉄道の制服を着ているんですね（図4）。

伊藤　吉川急行鉄道もドアスイッチをキャラクターにするセンスが、面白いですよね（27ページ参照）。そこいくか！　ってやられました。なかなかないですよね。

――「ヨシッチ」ですね。

吉川　わー、うれしいなぁ。わかっていただけて。

将来的には「S快速」を導入したいです！（伊藤）

Profile

伊藤壮吾（いとう・そうご）

2003年2月17日生まれ、千葉県出身
9人組ミクスチャーユニット「SUPER★DRAGON」のメンバーとして活動中。グループの活動以外に鉄道ファンとして活躍している。2020年2月7日放送の「タモリ倶楽部」にて、タモリ電車クラブの正会員に認定される。その後、BS日テレ「友近・礼二の妄想トレイン」、テレビ朝日「ナニコレ珍百景」「アメトーーク!」、TBS「東大王」、NHK BSプレミアム「鉄オタ選手権」など数多くの番組に出演。2021年3月公式YouTubeチャンネル「伊藤壮吾の鉄道チャンネル」を開設し、その鉄道愛を発揮している。

いろんな鉄道会社さんのキャラクターと実際にイベントなどで会ってみて、今までにないキャラクターを作りたかったんです。それで僕、何が好きだったかなと思い返したら、子どもの頃から「ドアスイッチを操作している車掌さんが好きだな」と。最終的にそこに行き着きました。それでこちらもデザイナーさんと相談して、思いを再現してもらいました。

――スローガンに込めた思いを教えてください。

伊藤　「あなたと、今日よりもっと良い明日へ。」。これを正式に出したのは、今年開催された「妄想鉄道展2024」のためですね。ありそうかな、みたいな。

――スローガンは経営されている方の人柄が出るかなと思いますが、いかがですか？

吉川　優しい感じがします。やっぱり本当の鉄道会社でありそうなのを考えるのも面白い。さすがに「それはないだろう」っていうのはつけないじゃないですか。

伊藤　「あなた」や「運ぶ」は多いですよね。あとはユーモアな言葉遊びのパターンもありますね。

伊藤社長から見た「吉川急行電鉄株式会社」

東急さんと相互直通した場合のダイヤは!? 渋谷〜六本木は超便利！

――ここからは吉川急行電鉄の話に入ります。路線図を見て、伊藤さんはどんな感想をお持ちですか？

吉川　最近、東京エリアが正式に完成しました（6ページ参照）。青の路線が吉祥寺から武蔵小杉までの「吉武《きちぶ》線」です。赤い路線が赤羽から羽田空港まで走る「吉急本線」です

伊藤　吉急本線は絶対便利ですよね。（本気の顔で）作りましょうよ！　吉川さんは建設費などのコスト面までしっかり計算されていてすごい。どうやって算出しているのかが気になります。

吉川　都営大江戸線の建設費の数字から予測して算出しています。大江戸線は都心部深くを走り、地下鉄のなかではわりと新しい路線なので、この区間でこれぐらいかかっているのなら、うちの路線ならこれぐらいかかるかなとか。（大江戸線の車両は狭いので）トンネルの断面はもう少し大きくなるから、これぐらいかかるとか……でも、今から建設を始めるとなったら、資材費や人件費とかだいぶ値上がっているので困っちゃいます（苦笑）。

伊藤　困っちゃう（笑）。

吉川　当初は建設費2、3兆円の予定だったんですけど、もう8兆、9兆どころじゃないですからね。

伊藤　……だいぶ上がっちゃってますね。

吉川　それだけのお金をかけて作ったあとに、果たして回収できるのかいう不安はありますね。僕はどちらかというと「ここにこれがあったら便利だな」派なので……。ダイヤとかまで（この路線で）手を出したら、もう大変ですよ。

伊藤　吉急本線はさすがに優等列車ありますよね？　ダイヤ組むとなったら大変ですよ。

吉川　やっぱり空港特急は必要でしょう。さっきの「S快速」みたいなやつ！　あと羽田空港から砧公園行きというのも作りたくて。

伊藤　砧公園エリアはバスが強いですからね。確かに電車もあると便利！

吉川　そうなんですよ。そしてこの世田谷通り線は

吉急本線のダイヤ、マジで組んでみたいです！（伊藤）

吉武線建設のために自ら実地調査を行った吉川社長

地下鉄です。砧公園に大きな車庫がありまして、そこへの送りの意味もあります。あとは武蔵小杉から東急さんと直通したいと思っています。今度、東急さんに直談判してきます！（※編集部注：28ページ企画前にこちらが先に取材）

伊藤 え？？　すごい、すごい、すごい！！　武蔵小杉から直通させるにはどうするのか、僕的にはダイヤが超気になります！！　渋谷から来ている東横線を何本か武蔵小杉止まりに変更して吉祥寺から吉武線直通で元町中華街方面に枠を開けないと入れないですね。今でもこの路線は複数の会社と相互直通運転していて結構パンパンなんで。

吉川 確かにね。入らないんですよ。

——ほかに路線図を見て、気になる点はありますか？

伊藤 渋谷から六本木は絶対便利です！

——先日、市川紗耶さんにもインタビューさせていただいたのですが（82ページ）、全く同じことおっしゃっていました。

吉川 ちなみにここは、ＬＲＴ（路面電車交通）を想定しています

伊藤 この区間は都営バスが走っていますけど渋滞がすごいですし。なかなか時間通りにとはいかない。

吉川 交通量がすごくて（渋谷から）近いのに、六本木へのアクセスが悪いので少しでも解消できればと。

伊藤 さらに東京駅までつながっていますから、最高ですね。

吉川 そうなんですよ。夢ですね……。

経営者に求められる決断力 "通過させる勇気"

伊藤 吉急本線のダイヤ、マジで組んでみたいですね！

——まさかの逆オファー！

吉川 いいんですか？（笑）。ぜひお任せしたい！

伊藤 （興奮気味に）架空のよりも現実にあるから、まず停車駅を考えるのが絶対楽しいんですよ。"どこに止めるか" っていう。種別は決まっていますか？

吉川 だいたい決まっていて、空港特急が一番速くて。あとは特急や準急もあります。

伊藤 乗り換えできる駅が結構あるので中野や笹塚、下北沢には止めたいんですけどね。

吉川 そう、停車駅問題がありますよね。

伊藤 特急を走らせるとして、このラインナップだと中野富士見町は通過したいかな、丸ノ内線には申し訳ないですけれど……。

吉川 そうなんですよね。こういうのを考えるだけ

資材費や人件費とかだいぶ値上がっているので困っちゃいます（吉川）。

でも楽しいですよね。

――たしかに〝通過させる勇気〟は結構求められそうですね。

伊藤　都営新宿線の急行も頑張っている印象があります。だいぶ本数が減ってしまいましたけど、たとえば「九段下」や「新宿三丁目」は、私からしたら〝勇気ある通過〟です。

吉川　そういう決断力は必要ですよね。「ごめんなさい」と思いながら、勇気ある決断をしないといけない。実際の鉄道会社の方々も、すごくプレッシャーでしょうね。

――沿線に住んでいらっしゃる方にとっては死活問題ですからね。

吉川　かといって（停車駅をたくさん）作ってしまうと、種別を設ける意味もなくなってしまいます。遅くなっちゃいますから。

――たとえば東武東上線の急行ですと、池袋から成増までノンストップです。

吉川　一時期の京急「イブニング・ウィング号」みたいに〝横浜も飛ばすぞ〟くらいの勇気にならないといけないですよね（編集部注：品川～上大岡間で30駅を通過するノンストップ運転が2024年11月のダイヤ改正により京急蒲田、京急川崎、横浜に新たに停車）。

――経営者の決断力が試されますね。

吉川　そこを「スジ屋さん」として、壮吾くんにお任せしたいですね。

伊藤　やりたいと言ったものの、大変だな（笑）。

吉川　でしょ？　だからダメダメ！　ダイヤ作成を始めたら（芸能活動）休止しちゃうよ（笑）。壮都高速鉄道でも1年かかってるんだから。完成まで何年かかるか……。

伊藤　しかも世田谷通り線からの直通も考えないと

いけないですからね。難易度はかなり上がっていますよ。

吉川　めちゃめちゃ大変なんですよ、通すことが。でも、やっぱり羽田空港から吉祥寺行きとかあったら、すごい便利だと思うんですよね。

──画期的ではありますね。

伊藤　羽田空港から吉祥寺で直通で、急行の場合は乗換駅でも砧公園に止めるのかという問題はあります。砧公園を通過して成城学園前に停車した方が良さそうですよね。

吉川　確かにそれもアリですね。

──お客様からいろいろな声があがりそうです。

吉川　そうなったら、僕はもうプレッシャーで眠れないですよ。だから実際にダイヤを組んでる方の重圧って本当にすごいと思いますよ。

──ダイヤを組むときに大事にしなければいけないことはなんでしょうか？

吉川　バランス、利便性もありますしね。どうですか？　スジ屋（壮吾）さん……。

伊藤　いやでも……。

吉川　失礼いたしました、本職はアイドルの方でした……。

伊藤　現実の現場はとても難しいでしょうね。でもある程度の速達性は欲しいです。

吉川　全体のバランスがすごく大変。みなさんのご意見をすべて聞きいれるわけにもいかないですからね。

──いつか伊藤さんにダイヤを組んでもらいたいですね、機会があれば。

吉川　壮吾くんが組んでくれるのなら心強いですね。お礼に、壮都高速鉄道の車両基地祭りに「ヨシッチ」を派遣しますので（笑）。

伊藤　じゃあグッズのブースも出して販売もしてください！

──最後に今後の壮都高速鉄道のビジョンがありましたら、お聞かせください。

伊藤　今回こうして取材していただいて、もう1

回本気を出して取り組んでいかないといけないかなという気持ちはあります。最初に話した通り、今でも構想は山ほどありますから。

——吉川さんは伊藤さんと対談を行って、いかがでしたか？

吉川　以前に1度見せていただいていましたけど、改めてこうやってお話をするとダイヤが好きなんだというのがよくわかりました。吉急の路線図もご覧いただいて、アドバイスもいただけてうれしかったです。

伊藤　いやいや、そんな（笑）。

吉川　妄想って、いろんな壁を取り払うというか、楽しいですよね。正解はないんですけど、好き勝手やりすぎると面白くないんですよね。何か制約がないと、なんでもありすぎるってのは、それはそれでね。

伊藤　妄想だから本来、苦悩する必要はないのに、苦悩している楽しさ。

吉川　そうそう、それがすごいわかる！　自分で好きでやっているわけなんですけど、苦しんでいるというか、本当にしんどかったたって気持ちがわかるんですよ。僕も作っていて、途中でめちゃくちゃしんどくなって、「駅を1個削ろうかな」だけでも、もうずっと悩んでいたりしましたから。

伊藤　知らない人からしたら、なにやってんだよ！って話ですよ。

吉川　ほんと「なにやってんだよ！」の世界なんです。でも今日、お互いのしんどさまでもわかち合えることができてよかった。

——トップ同士の対談ですからね（笑）。

伊藤　社長同士のトップ対談だったわけですね（笑）。弊社をこんなに褒めてもらったの初めてだったので、めちゃくちゃうれしかったです。

吉川　すごいじゃないですか！　ちゃんとお客様のことを考えているんですよね。妄想の素晴らしさ、醍醐味を知っていらっしゃる。また伊藤くんの新路線ができたら報告会をしましょう。今日はありがとうございました！

SHR★SHR ベルズ高速鉄道

SUPER BELL"Z HIGH SPEED RAILWAYS

妄想鉄道　野月貴弘版

路線図①

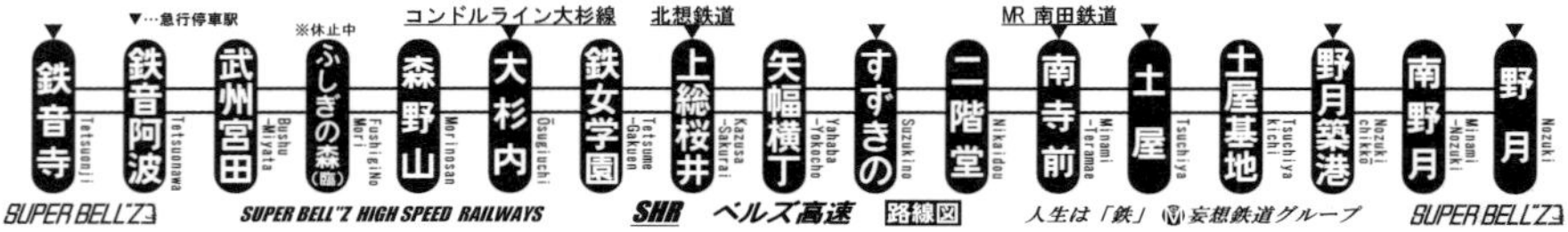

現在運営中の妄想鉄道

中学生の頃に鉄道模型の運転用に製作した物を元に、現在の音楽活動の要素を加えた「SHR ベルズ高速鉄道」がある。スーパーベルズのメンバー名が駅名の中心となっているが、路線図右手の末端部と終端駅は、思い入れのある駅をモデルにしており、函館本線の「小樽築港駅」「南小樽駅」「小樽駅」が元になっている。そもそもこのような、同じ地名が付く連続性のある駅名は、妄想鉄道でもぜひ取り入れたくなる要素である（上・路線図①）。

基本情報

会社名	SHR ベルズ高速鉄道 (SUPER BELL"Z HIGH SPEED RAILWAYS)
路線数	小学生通学路用・鉄道模型用・スーパーベルズグッズ用に各種妄想、現在までに約 10 路線
軌間	ゴムタイヤ案内軌条式（札幌方式）電圧 架空式 1500V および第三軌条式 750V（一部非電化）
車両数	時期により設定が異なる
社長名	野月貴弘

妄想鉄道のこだわり

妄想鉄道は実物の鉄道会社にならい。でも実物の鉄道会社のように、妄想でも鉄道以外の職種を拡大することはできる。中でもホテル業は最もとっつきやすい業態である。当社ではホテル「スーパーベルズ INN」および温浴施設「スパベルズ」を展開しており、施設内で使用されるタオル（左のページ①）を製作。時期により色や店舗・キャッチコピーの文言を変え、これまでに約 10 種を製造する人気のグッズとなっている。また「スーパーベルズ INN」は、N ゲージスケールの模型でも自作（②・③）している。さらに近年、朝食券（④）も登場した。

ほかにも、スーパーベルズのイベントでは毎回、ご当地の地名・日付・シリアルナンバー入り「切符キーホルダー」（⑤）を製作。さらに架空の政党「日本鉄道党」で、選挙カー気動車の N ゲージ（⑥）や、うちわ（⑦）を製作したことも。また最新のグッズとして、私が実際に日付印を押印する、乗り放題パスタイプのキーホルダーも登場（⑧）。これらも妄想鉄道の一環とした発想と言える。

④

③

②

①

⑧
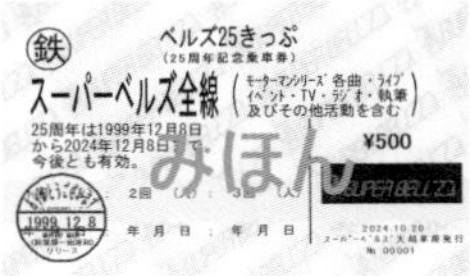

⑦

⑥

⑤

路線図②

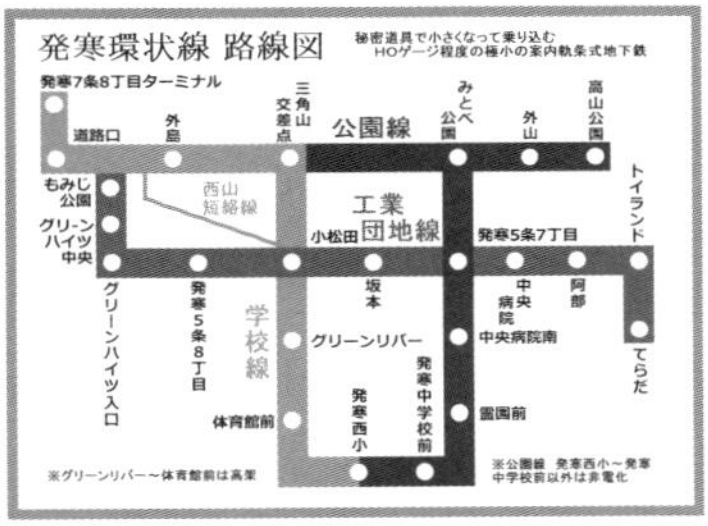

⑨ オリジナル車両
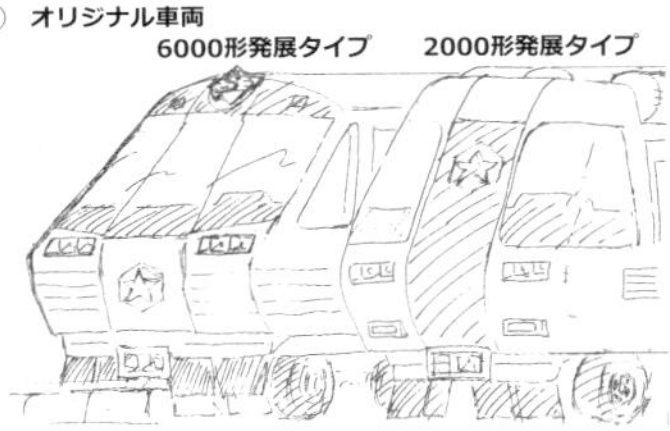

初めて妄想鉄道を運営した理由

妄想鉄道自体が全く一般に浸透していない時代に札幌市に在住していた小学３年生が、つまらない通学の時間を有効活用するため、自然に始めていた。

通学路に極小（HO ゲージ鉄道模型 1/80 程度）の札幌市営地下鉄があると想定していたもので、バス停や交差点、団地や病院の前に駅を作り、「発寒環状線」（路線図 2）を起こし、その通りに通学をしていた。

通常の通学路を基幹路線とし、裏の墓地の方や、友人の家、模型店・書店に向かう支線を建設、徐々に規模を拡大していった。自宅前にはターミナル駅があり、部屋の地下の車庫に回送して帰宅、という設定だ。

札幌市営地下鉄東西線 6000 形（⑩）・南北線 2000 形（⑪）を元にした発展型の車両の絵（⑨）も描いていた。が、その後登場した実物の車両（JR 北海道“フラノエクスプレス”⑫）が、6000 形発展タイプの車両に酷似したデザインであったのは、驚きを禁じ得なかった。

⑩

⑪

⑫

野月貴弘 のづき・たかひろ

1972 年 5 月 22 日生まれ。北海道帯広市出身。テクノユニット SUPER BELL"Z の中心人物、車掌 DJ＆ボーカル。1999 年 12 月、電車の車内アナウンスをラップにした車掌 DJ 曲「MOTER MAN（秋葉原～南浦和）」でメジャーデビューし、大ヒットを記録。翌年、日本有線放送大賞新人賞を受賞。以降、現代版鉄道唱歌としてシリーズ展開されている。近年は、声で出す電車の音「エアトレイン」を提唱、ライブと合わせ各地で大会を開催。最新アルバムは、野月が音楽監督を務めた「鉄道 150 周年記念 鉄音博」（キングレコード）。NHK ラジオ第 1「鉄旅・音旅 出発進行！」では MC を担当、鉄道専門誌「鉄道ファン」レギュラーライターも務める。

岡安新都市交通株式会社

Okayasu New Urban Transit Co,Ltd

あなたの心に入線したい

妄想鉄道　岡安章介版

路線図①

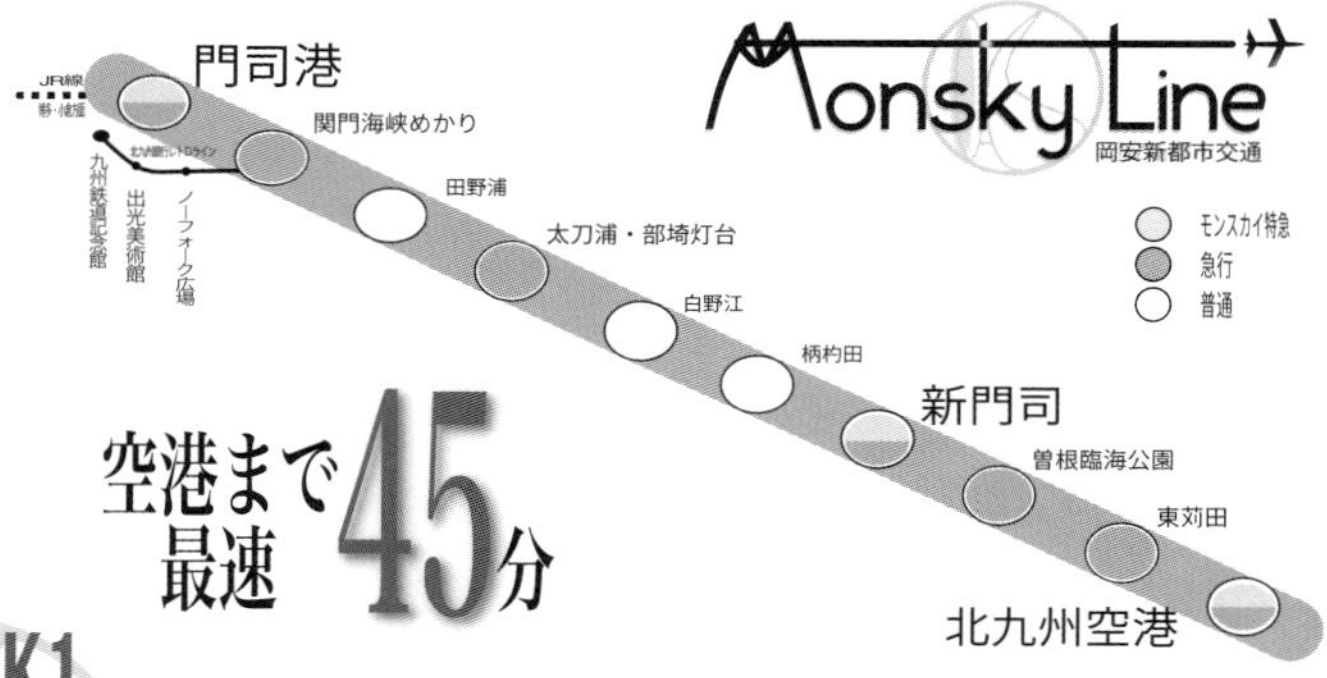

K1形

OK2形

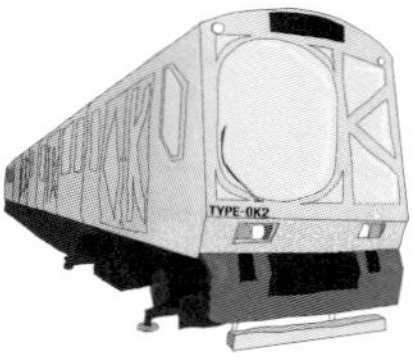

OKa3 URBAN NIGHT EXPRESS

基本情報	
会社名	岡安新都市交通株式会社
路線数	2路線 三世田線【アートパークサイドライン】 （三軒茶屋駅前駅〜世田谷美術館駅） 北九州門空線【Monsky Line】 （門司港駅〜北九州空港駅）
関連会社	岡安重工
車両保持数	全31両 OK1形18両 OK2形（元・日暮里舎人ライナー300形）8両 OKa3形（寝台車両）4両 点検車両O-car（observe car）1両
交通システム	ゴムタイヤ式AGT（新交通システム）
ICカード	Okaca

初めて妄想鉄を運営した理由

吉川さん、南田さん、野月さんがやっていて楽しそうだったので、みなさんと「岡安妄想鉄道」の基礎を作り、路線やグッズのアイデアなどたくさんもらえたので運営することになりました。

妄想鉄道に興味がわいた理由

興味が湧いたきっかけははっきり覚えてませんが、小さい頃はプラレールで家の中で架空の路線を作ったり、大人になってゲームの「A列車で行こう」で何十年もかけて田舎を大都会にしたりしてました。

妄想路線はどのような展開

三軒茶屋駅前から東に延伸妄想予定です。「三宿」「大橋」「道玄坂上」「渋谷西」「渋谷東」「渋谷三丁目」「南青山七丁目」「西麻布」「六本木ヒルズ」。

将来的に首都高速道路が東京の地下になるという話があったり……。もしそうなったら東京の景色が一変されると思うんですが、複雑かつ芸術的に絡み合ったこれらの高速道路がすべて無くなるのも悲しいので、一部は残してそこを岡安新都市交通が走れたら面白いなぁと妄想しております。

岡安新都市交通株式会社
Okayasu New Urban Transit Co.,Ltd

路線図②

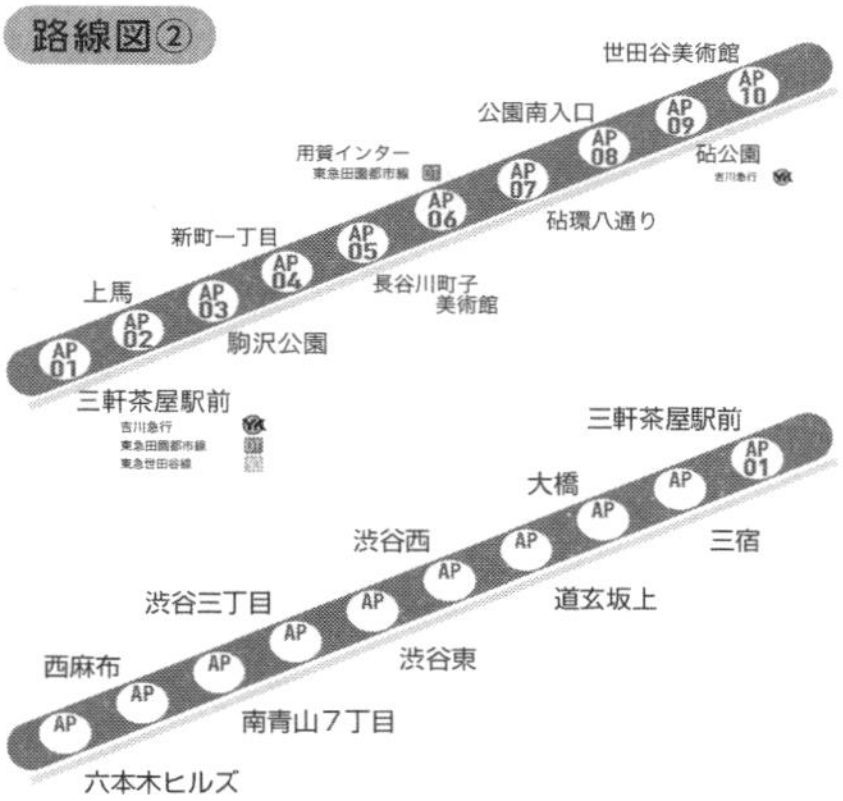

現在運営中の妄想路線の特長と路線

岡安は妄想鉄道では珍しい新交通システムを採用しました。また、現実にある高速道路の横に作っている設定なので、景色がとてもいい妄想です。

門空線は九州鉄道記念館で行われた妄想鉄道展2024の展示にあわせて妄想しました（路線図①）。こちらも現実の地図などをもとに制作しました。

三世田線は普通列車のみ（列車イメージ・上）。夜に寝台列車アーバンナイトエクスプレスが走ります（列車イメージ・下）。門空線は普通、急行、モンスカイ特急の３種別が運行しております。

新交通システム初の寝台列車「OKa-03 形」が運行しております。ちなみにOKa-03 の a は accommodation（宿泊施設）という意味が込められており、都心部のホテル不足の解決に一役買う寝台列車です。ゴムタイヤという利点を活かしたアイディア列車は深夜１時過ぎまでは本線をピスト運行。そのあとは車庫に入り、乗客の皆様が朝起きる時間帯に再び本線に戻ります。

交通系 IC カードは、「Okaca」（①）があり、運行を記念したクリアファイルも絶賛発売中（②）。

①

②

岡安章介 おかやす・あきよし
1979 年９月 12 日埼玉県出身。2000 年に土谷隼人、下池輝明とともにお笑いトリオ『ななめ 45°』を結成。当初はツッコミ担当だったが、現在は大ボケ担当。鉄道好きを生かした鉄道ネタで注目を集め、『笑神様は突然に…』（日本テレビ）の鉄道 BIG4 のメンバーとして活躍。「呑み鉄」だが、「撮り鉄」でもある。

久野沖縄鉄道株式会社

今日よりも、きっともっと輝くあしたへ

妄想鉄道　久野知美版

路線図①

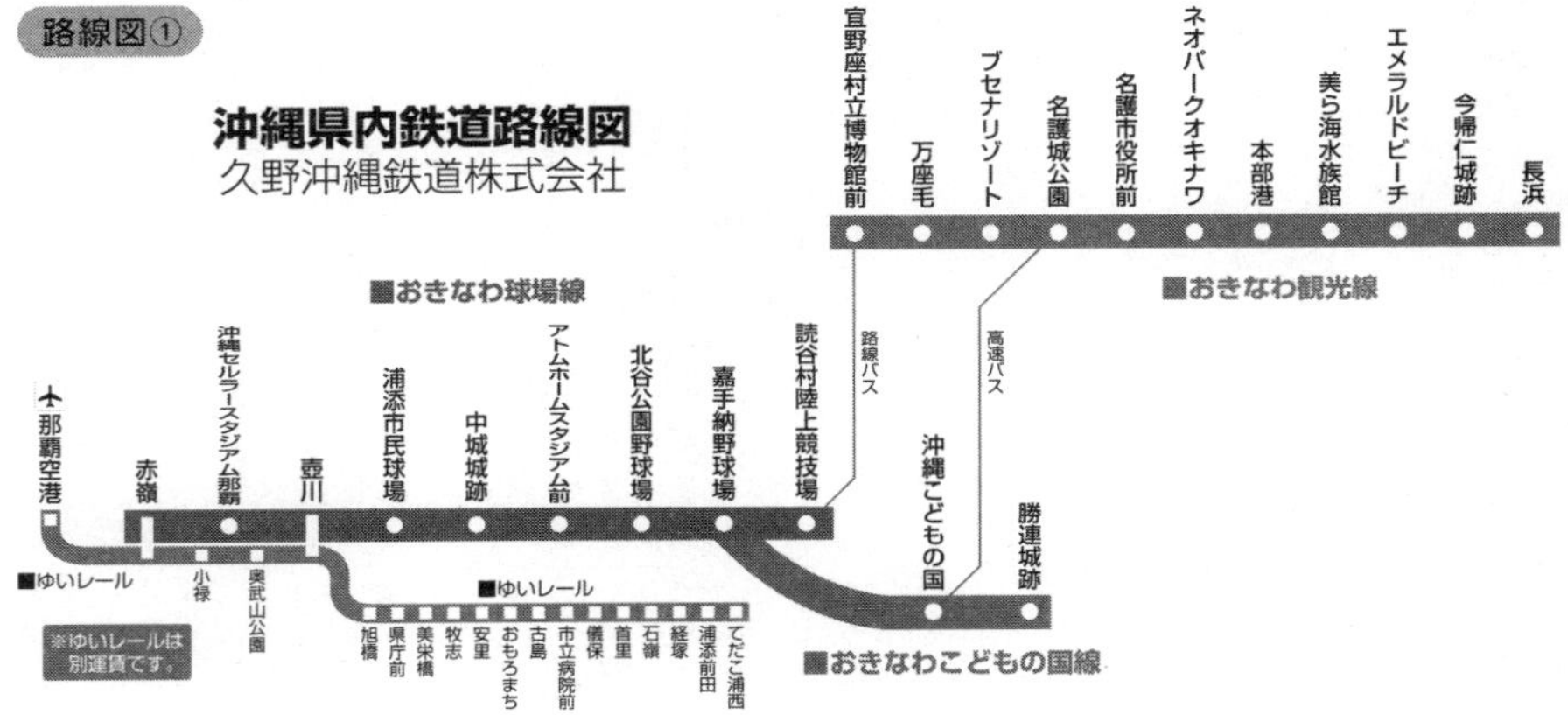

妄想鉄道に興味がわいた理由

もともと、ホリプロ時代の担当であり現在も“鉄道名誉マネージャー”としてお世話になっている南田さんが「南田鉄道（MR）」を運営されていたので（笑）。リアルに旅をするのが好きなシンプルな“乗り鉄”の私からすると、それはそれは衝撃でしたが、楽しそうに＆まるで本当に実在するかのようにお話しされるのを聞いていたら、自身の妄想鉄道会社が欲しくなったというのがきっかけです！

運営するなら、鉄道×芸能の師匠でもいらっしゃる南田さん……。もとい、南田鉄道には「親会社になってほしいな」と思い、それも想定しつつ、実際に運営すると決めた際には、いの一番に許可をいただいた記憶があります（笑）。

基本情報

会社名	久野沖縄鉄道株式会社（KOR）
本社所在地	沖縄県那覇市西 7-21
設立年月日	2018 年 7 月 21 日
資本金	1 億円
路線数	3 路線　①沖縄観光線 75.8km　②沖縄球場線 52.9km ③沖縄こどもの国線 16.9km
総延長距離	145.6km（未成線 21.1km）
起点駅	長浜駅
駅数	22 駅
車両保持数	82 両（2 両編成× 41 本）
車両数	377 両
軌間	軌間、電化路線の場合電圧
運賃価格帯	対キロ区間制・普通運賃 3 キロまで 160 円 急行料金 40 キロまで 550 円
親会社	南田鉄道株式会社（MR）
関連会社	久野フェリー観光株式会社、久野鉄道バス株式会社、久野沖縄トップツアーズ株式会社、久野不動産株式会社、KR 久野商事株式会社、株式会社久野レストラン、株式会社久野琉球新聞社、株式会社クノプロ、森ビルヂング株式会社 、株式会社岡アイランド・ゴルフリゾート中根 、株式会社スズキ・キャスティング、株式会社 ツシマックス ほか
姉妹鉄道提携	吉川急行電鉄、岡安新都市交通、ベルズ高速鉄道、ひたちなか海浜鉄道、台湾鉄路管理局、ホノルル・レール・トランジット
社外取締役	飯島 学（飯中急行電鉄）
方向幕デザイン	東田 唯斗（妄想鉄道技術）
路線図デザイン	メットチョッキーズ

②
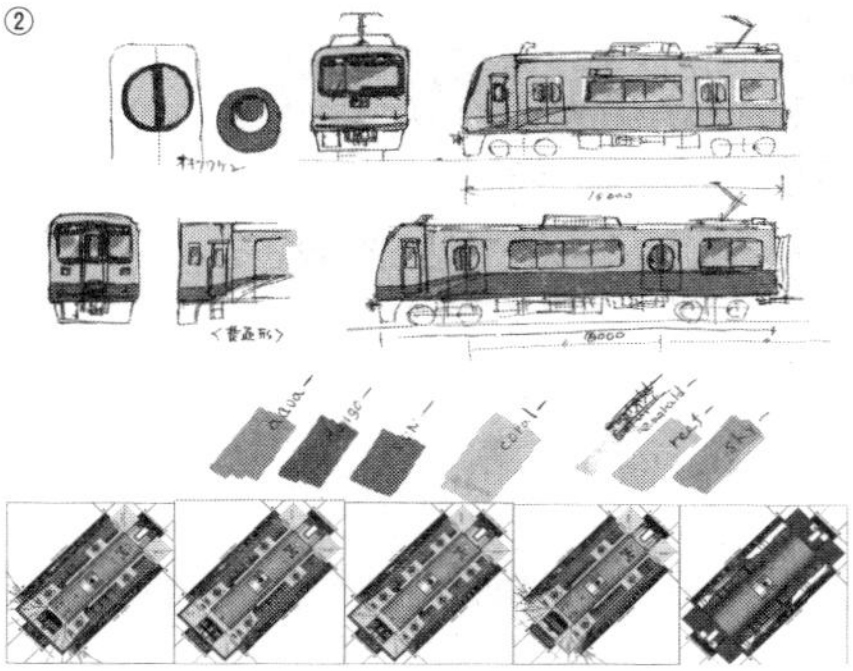

1ヶ所ずつ世界遺産のグスクがあります。沖縄本土に5ヶ所あるグスクのうち、4ヶ所は久野沖縄鉄道でアクセス可能♪　残る1ヶ所は、「ゆいレール」をご利用ください◎

親会社は「南田鉄道（MR）」。姉妹鉄道提携に「吉川急行電鉄」「岡安新都市交通」「ベルズ高速鉄道」があり、球場アクセス線は吉急の吉川CEOのご助言により開業いたしました！

社訓にのっとり、「人とモノと出来事が産み出す、新しい出会いとキセキ」を求めて「今日よりも、きっともっと輝くあしたへ」向けて走り続けます!!

妄想鉄道の注目ポイント

親会社が妄想鉄道開業のきっかけにもなった南田鉄道（MR）・南田鉄道ホールディングスですので、グループ会社は豊富に作りたいなと考えて厚めです！　沿革にフェリーやバス、旅行会社や芸能プロダクションがあるのは、完全に南田鉄道の血筋です（笑）。また、資本金も確認し、親会社より多くならないように運営しております。吉川さんが運営されている吉川急行電鉄は、妄想鉄道の中で一番最初に姉妹鉄道提携をいただきました!!　また、球場線は吉川CEOのアドバイスのもとで開業をしていますので、横浜DeNAベイスターズさんや各球団のキャンプのときなどに使っていただければ嬉しいです♪

開業以降、毎年のように妄想姉妹鉄道提携先が増え、岡安新都市交通やベルズ高速鉄道など、番組やイベントで共演の多い妄想鉄道会社の社長さんたちに「心の相互直通運転」で、お世話になっているのもポイントです!!

①
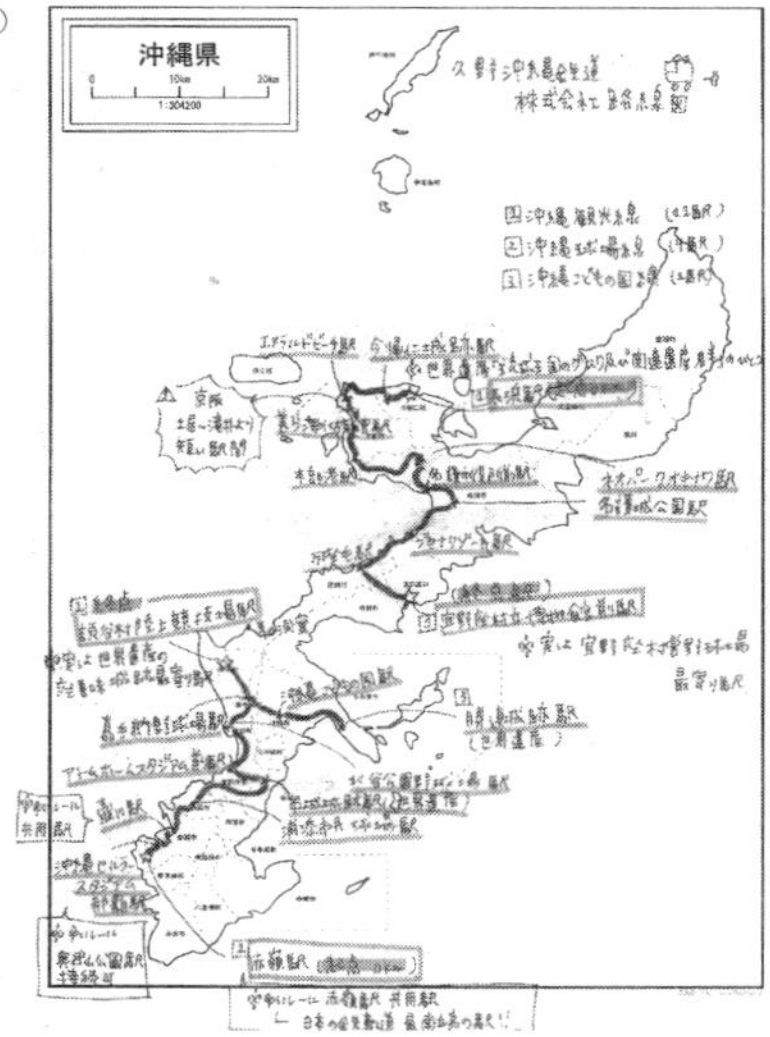

初めて妄想鉄を運営する理由

南田さんから「妄想鉄道」というジャンルの魅力を教わってからは、大好きな「鉄道」と「島」が乗り入れる妄想鉄道を運営したいなと考えるようになりました！

大好きな沖縄には、現在はゆいレールしかありませんが、かつては軽便鉄道はじめ様々な路線網があったことを鑑みて、「鉄道」と「島」を特徴とした「久野沖縄鉄道」を頭の中でぼんやりと構想するようになりました。

ちょうど、同じくらいのタイミング（2018年）にこちらの版元のカンゼンさんから「鉄道とファン大研究読本」を作るお話をいただき、最終章を「妄想鉄道にしてみよう！」となったので（よく考えると、なかなかチャレンジングですよね。笑）、実際に地図を書き起こし（①）、車両イラスト（②）や路線図を頼れる鉄道会社の諸先輩方（京急電鉄＆現・民鉄協の飯島学さんや、手老善さん）にお願いをして、運営が本格スタートしました！

現在運営中の妄想路線の特長と路線

久野沖縄鉄道には「沖縄観光線」「沖縄球場線」「沖縄こどもの国線」があり、全ての路線にアテンダント室の他、入換用に簡易運転台を備える。同時に増備されたクモハ1018とペアを組み、日中は4両編成で運用される。

観光専用車両
KOR2000系 クモロ9001（③・④）

KOR 2000系の通称リゾ改車として、社長自ら全国・全世界の観光列車を視察し その魅力を凝縮させたクモロ9001がデビュー。車体は“沖縄の虹”をイメージした繊細なラインに、沿線の人と人とを繋ぐシンボルとしてのハートリボン、燦々と輝く太陽を彷彿させる丸窓や、夜空に輝く満点の星をイメージした星型の窓など、女性ファンも納得させる“映える”ビジュアル。車内は、沖縄らしいペンダントライトの間接照明に、ガジュマルなどの観葉植物でリビングのような空気感を演出。ソファやクッションをあしらった多目的スペースだけでなく、2席セットで360度回転を可能にした特設シートを設置。繰り返し“スイッチバック乗車”したくなるような、『乗ること自体が観光となる 沖縄唯一のリゾート列車』として、幅広く愛される車両を目指している。

③

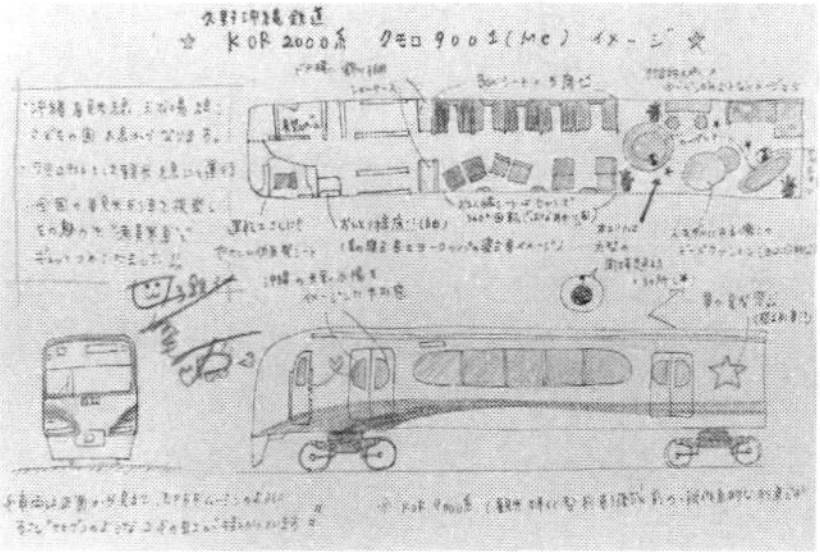

④

KOR2000系 クモロ9001（Msc）形式図

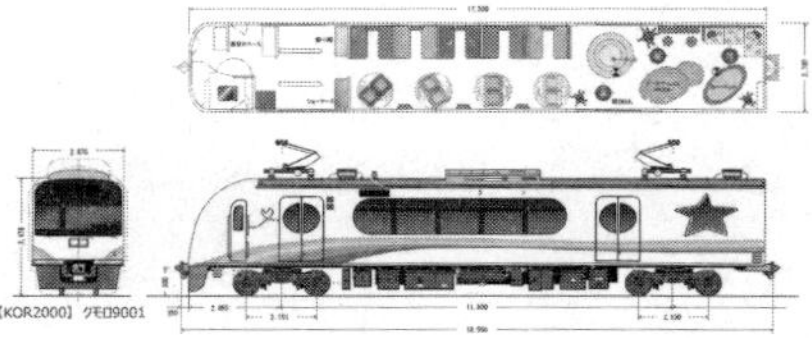

車両コンセプト

KOR1000系（⑤）

南部系統（おきなわ球場線・おきなわこども の国線）の主力で、開通時に増備された。1M1Tの2両編成が基本で、混雑時には増結し4両編成で運用される。

ベースカラーのアイボリーと、下半分のオレンジ・ブルー・赤は、それぞれ沖縄の砂浜（coral)、太陽（sun)、青（aqua)、花（delgo= デイゴ)」をイメージ。特徴的なドアの丸い窓は、沖縄の太陽や団結を表し、沖縄県のマークも連想させるデザイン。

増結運用に備えて貫通形とした増備車両は、1090番台に区分される（⑥)。

都市部を走る赤嶺～浦添市民球場間には、同一性能ながら3扉ロングシートのKOR1500系も活躍する（⑦)。

KOR2000系（⑧）

北部系統（おきなわ線）用の車両で、基本性能や車体規格は南部系統のKOR1000系と同一仕様。観光輸送に対応すべく、車端部には窓の大きなコミュニティスペースやトイレを設置している。ベースカラーは珊瑚礁のある海の緑（reef)、空色（sky)、淡青（emerald）をイメージしている。KOR1000系と共に、沖緒の強い日差しに備えて熱線吸収ガラスを採用し、車内には、かりゆしを遠想させるデザインのカーテンを備える。

旺盛な観光需要に応えるべく、拠点観光高付加価値化実証施策として、クモハ2007をリゾート感を満載したインテリアに改造。外見も虹をあしらった魅力的な姿となり、形式もKOR2000系のままクモロ9001に改められた。トイレは編成を組むクハ2107に移設されている。

KOR9000系（⑨）

南部系統の観光特化形列車として、北部系統での実証事業を踏まえ新造されたリゾート車両。当初はサロ9001として計画されたが、北部系統と車号が重なるため、後に外装デザイン変更に合わせてサロ9051に改番された。車端には

⑤ **KOR1000**

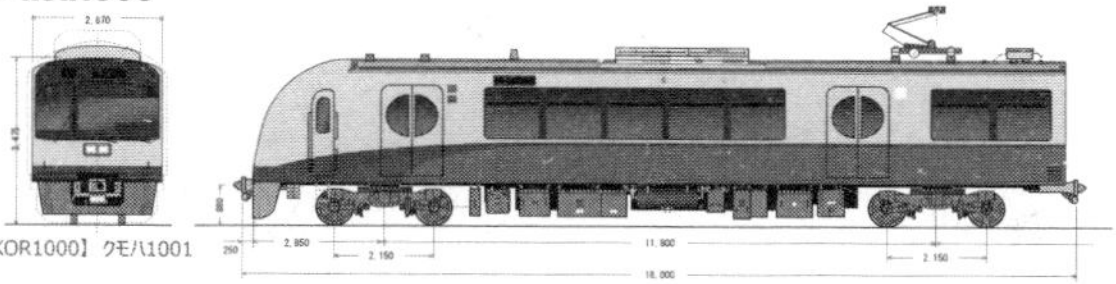

【KOR1000】 クモハ1001

⑥ **KOR1000-1090**

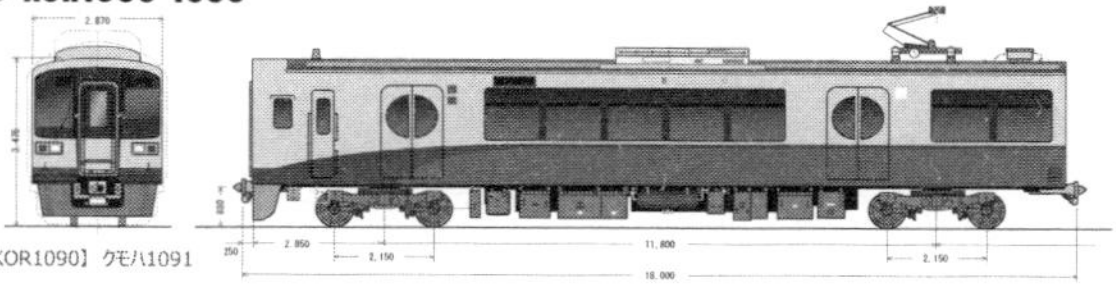

【KOR1090】 クモハ1091

⑦ **KOR1500**

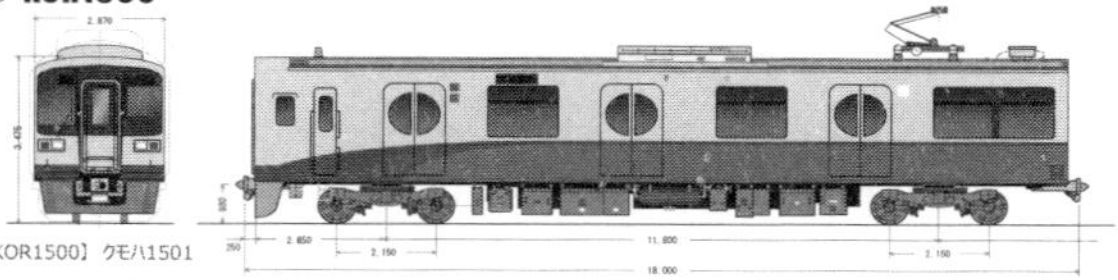

【KOR1500】 クモハ1501

⑧ **KOR2000**

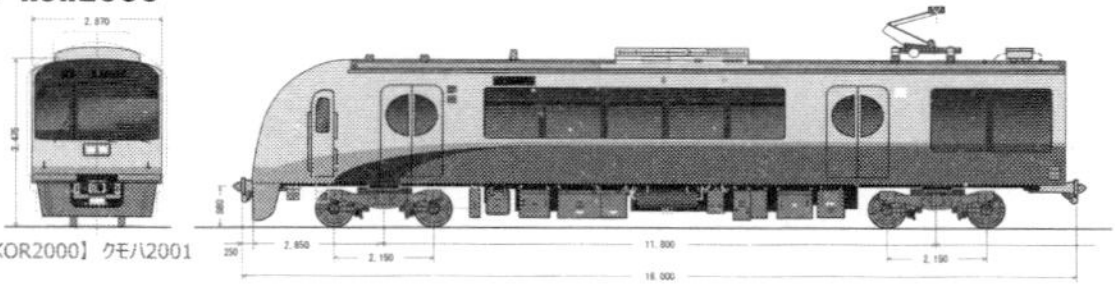

【KOR2000】 クモハ2001

⑨ **KOR9000**

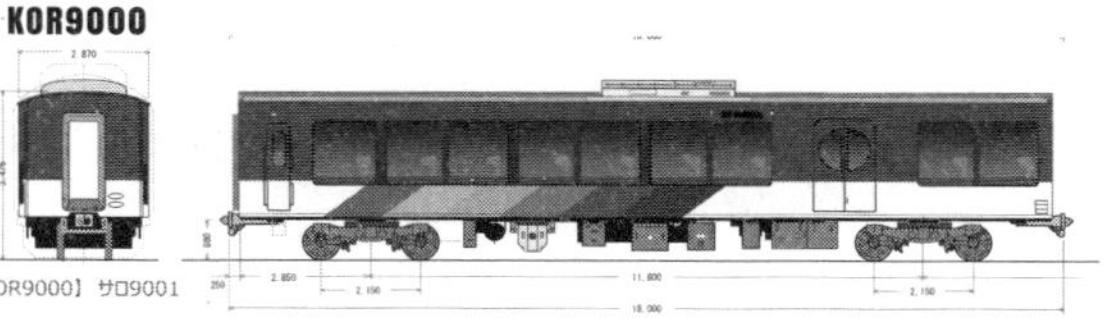

【KOR9000】 サロ9001

車両編成

【南部系統】

KOR1000系 18編成 35両
クモハ 1001 ～ 1018
クハ 1101 ～ 1117

KOR1000系 1090番台 4編成 8両
クモハ 1091 ～ 1094
クハ 1191 ～ 1194

KOR1500系 9編成 18両
クモハ 1501 ～ 1509
クハ 1601 ～ 1609

KOR9000系 1両
サロ 9051
↑サロ 9001（登場時）

【北部系統】

KOR2000系 10編成 20両
クモハ 2001 ～ 2005・2007 ～ 2010
クハ 2101 ～ 2110
クモロ 9001
↑クモハ 2006（リゾ改）

久野沖縄鉄道特別車両（計画）

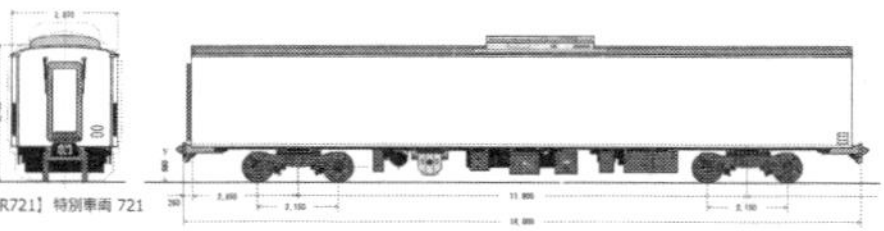

【KOR721】 特別車両 721

今後も新しい出会いとキセキを求めて特別車両を計画中！
まだ何にも染まらない“まっ白”です

久野沖縄鉄道の方向幕

今後の妄想路線の展開や予定

★特にお子さんと女性が、ますます使いやすい路線にしたい！

★学生さんに優しい、リーズナブルな定期券もご用意

★学生の進学を応援する施策にも積極的に取り組み、夕方帰宅時の通信講師によるサテライト教室を実施！ etc.

★観光線があるので、お得なフリーきっぷも作成中！

★観光列車は、先日の構想車両にて随時更新中（基本的には改造）！

★観光事業者さんや物販企業（紅いも菓子本舗さんなど）が競い合って車内販売

★ゆいレール同様に、始発駅に小さな鉄道博物館も建設!?

★インバウンドが好調なので、利用客は年々増えており、南部線・北部線の延伸乗り入れも計画！（デジタル乗車券などシステムは日本最先端で、外国のお客様からも好評です！）

★グループバス（久野沖縄鉄道バス）との連携は日本有数との評価を得ているので、延伸後も利便性を第一に運行本数の調整を予定！（⑩）

★球場等でイベントがある度に臨時列車の運行や案内、応援を強化（⑪）

★イベント列車が常にあり、アナウンサー・タレントの久野知美はじめ常連の開催は常に満席で集客します（笑）！ （⑫／イベントで配られる鉄道カード）

⑩

⑪

妄想鉄道のダイヤ概要

観光線 75.8 キロ／ 1 時間 40 分	
球場線 52.9 キロ／ 1 時間 20 分	
こど線 16.9 キロ／ 20 分（距離／所要時間）	

★観光線はラッシュなし 30～1 時間ヘッド【8 運用】

★球場線はラッシュ 15 分ヘッド【12 運用】＋浦添～赤嶺の区間運転 4 両があり【4 × 2 ＝ 8 運用】

さらに 1 時間だけ増結するため【増 4 運用】→【計 24 運用】

★こどもの国線はラッシュ 15～30 分ヘッド【3 運用】

合計で 35 運用に、球場線にある中間車リゾート編成【1 運用】を加え、実働は 36 編成

※北部のリゾ改車は通常運用に充てています。

これに北部 2 運用、南部 3 運用が点検予備として【総在籍 41 編成】82 両を所有すると試算しました。

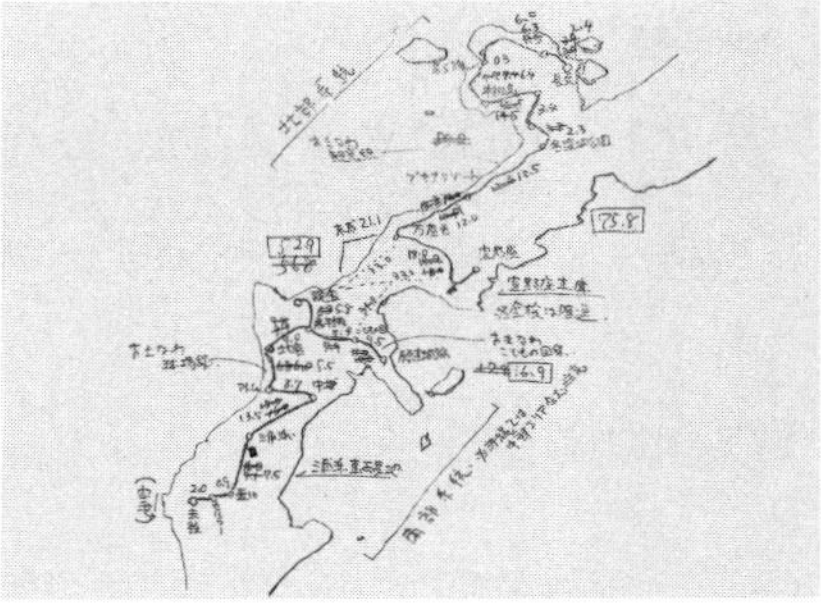

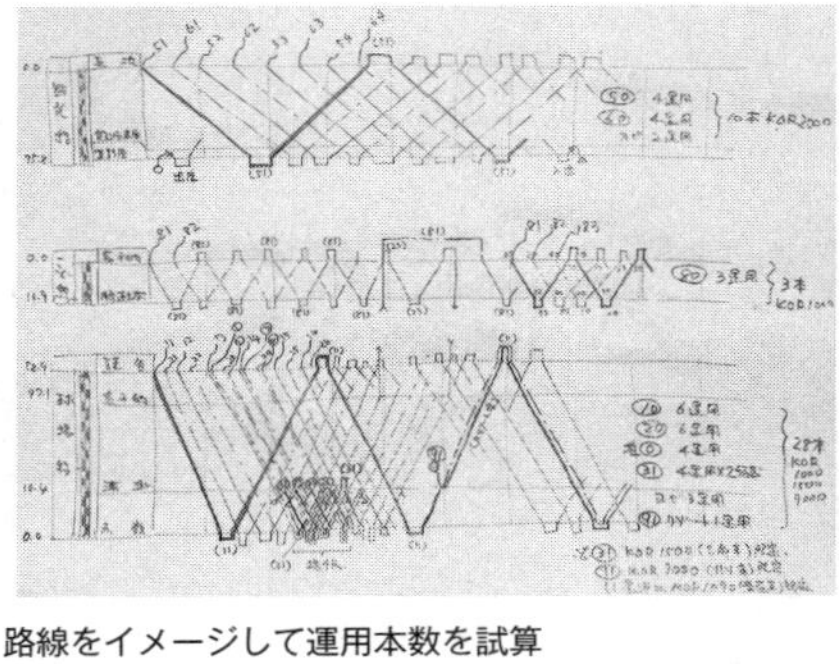

路線をイメージして運用本数を試算

姉妹鉄道

こちらは妄想ではなく、リアルですが、姉妹鉄道ではある「ホノルル・レール・トランジット」が 2024 年３月に開業されました。

写真は完成前に視察したときのものです。早く乗りにまたホノルルへ行きたいです！！

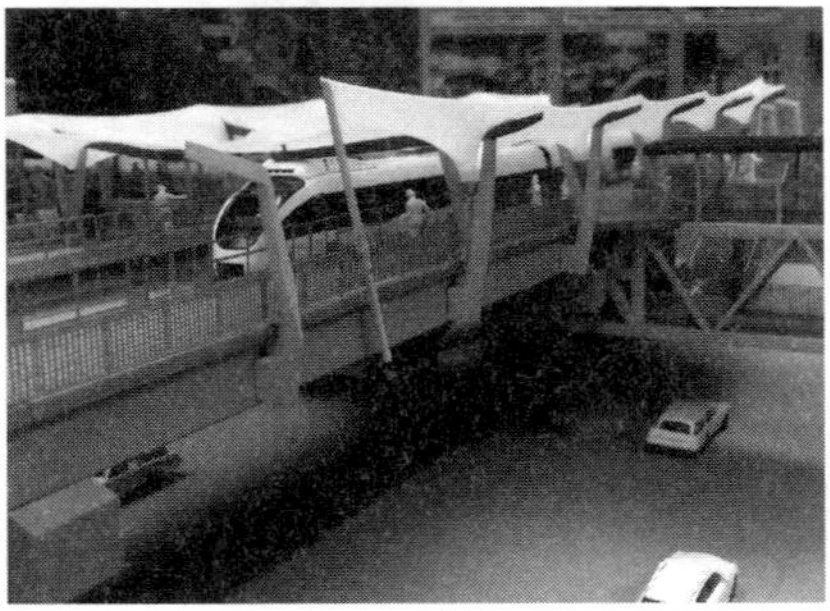

久野知美 くの・ともみ（女子鉄アナウンサー）
鉄道好きが高じ、テレビ朝日系「タモリ倶楽部」、NHK「鉄オタ選手権」、TBS「東大王」はじめ、鉄道関連のテレビ、ラジオ、イベントに多数出演。鉄道会社の車内自動放送も担当。現在は、テレ東「なないろ日和！」、BS日テレ「友近・礼二の妄想トレイン」、BSフジ「鉄道伝説SP」「Let's トレ活!」などに出演中！ 著書に『近鉄とファン大研究読本』他多数

電略

カンセ	おきなわ観光線
ナハ	長浜
ナキ	今帰仁城跡
エヒ	エメラルドビーチ
チユ	美ら海水族館
モト	本部港
ネオ	ネオパークオキナワ
ナコ	名護市役所前
ナク	名護城公園
フセ	ブセナリゾート
マモ	万座毛
キノ	宜野座村立博物館前
キシセ	おきなわ球場線
アカ	赤嶺
セル	沖縄セルラースタジアム那覇
ツホ	壺川
ウラ	浦添市民球場
ナカ	中城城跡
アト	アトムホームスタジアム前

※ 2024 年２月の命名権変更を受け、「ユニオンですからスタジアム宜野湾前」に改称予定。(伝略はアトのまま)

チヤ	北谷公園野球場
カテ	嘉手納野球場
ヨミ	読谷村陸上競技場
コトセ	おきなわこどもの国線
コク	こどもの国
カツ	勝連城跡

⑫

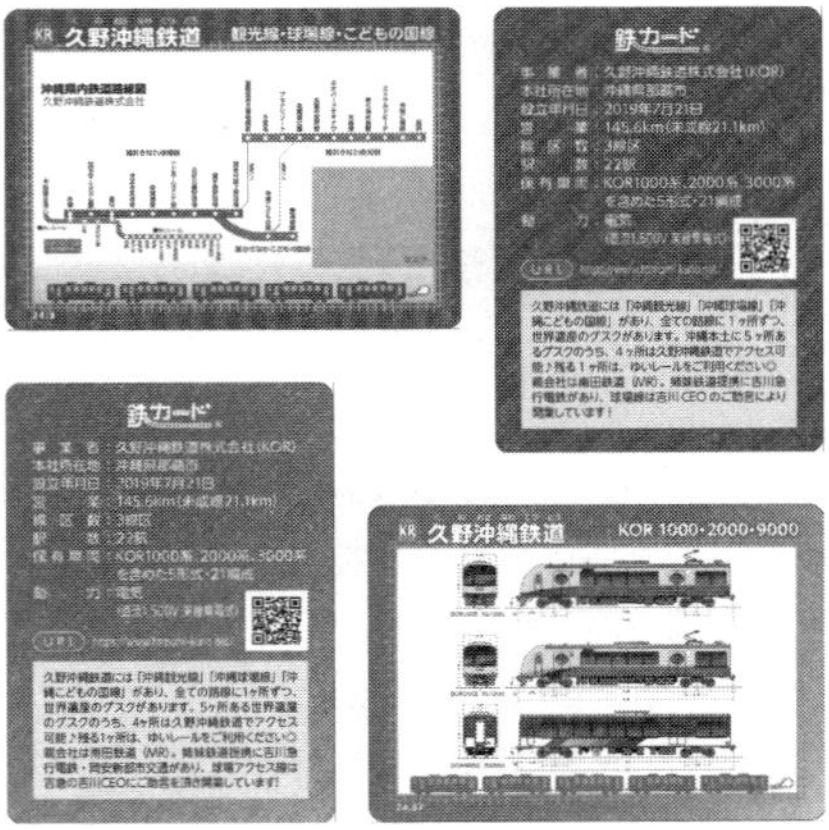

南田鉄道グループ

未来に夢と希望を

妄想鉄道　南田裕介版

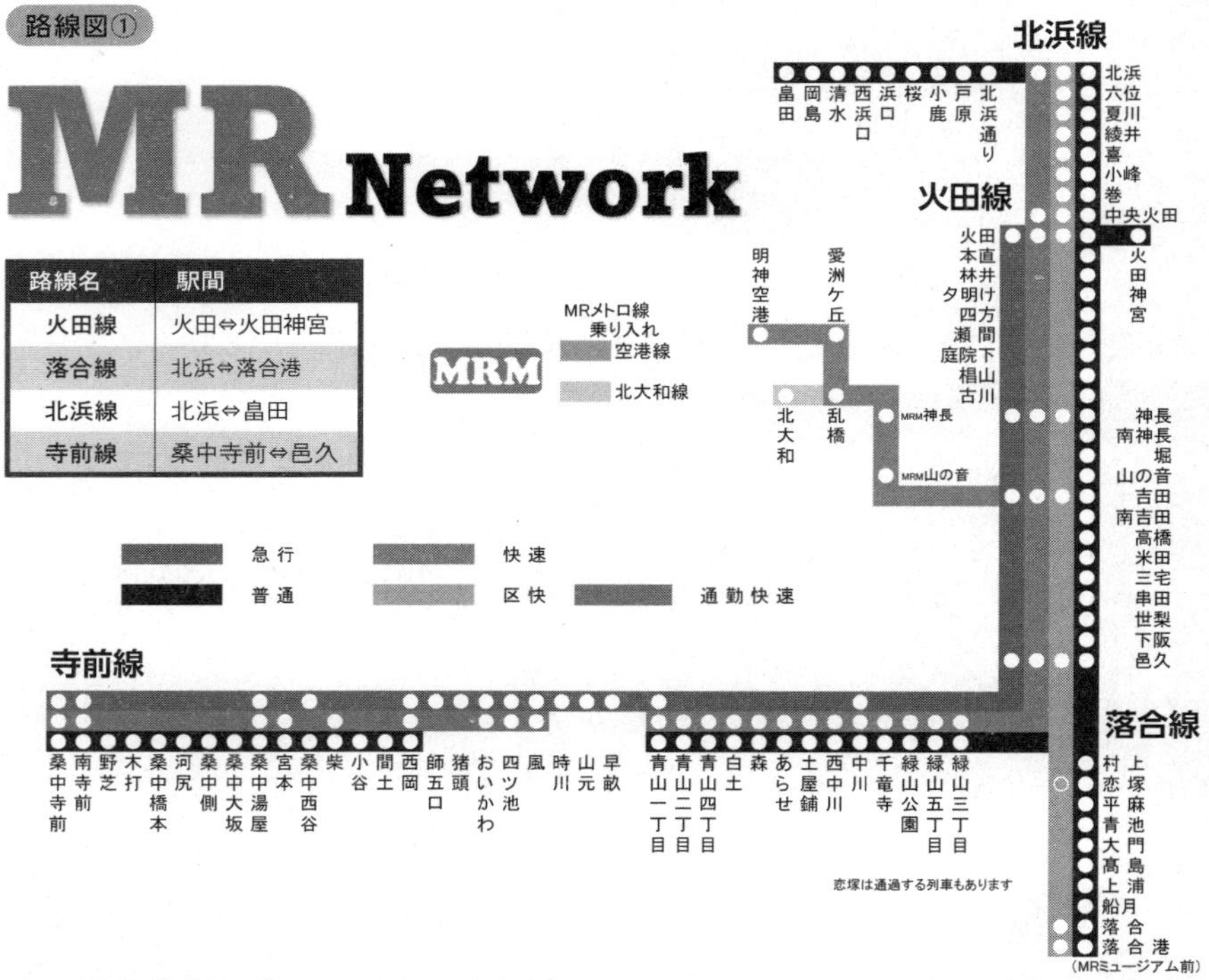

路線名	駅間
火田線	火田⇔火田神宮
落合線	北浜⇔落合港
北浜線	北浜⇔畠田
寺前線	桑中寺前⇔邑久

基本情報

会社名	南田鉄道株式会社 南田高速鉄道株式会社 南田電気軌道株式会社	ミュージアム	MR ミュージアム (ヒストリーゾーン、車両展示ゾーン、展示場ゾーン) ※落合港に 2023 年 8 月完成
親会社	南田鉄道ホールディングス ※代表取締役 CEO	本社所在地	奈良県神長市 (兵庫県の北部に展開する南田島・行政上は奈良県)　起点駅　神長駅
軌間、電化路線	軌間 1067㎜／直流 1500V	交通系 IC カード	minaca
路線数	南田鉄道　4 路線　落合線　寺前線　北浜線　火田線 南田高速　2 路線　空港線　北大和線 南田電気　2 路線　山手線　南北線		

妄想鉄道駅名スタンプ

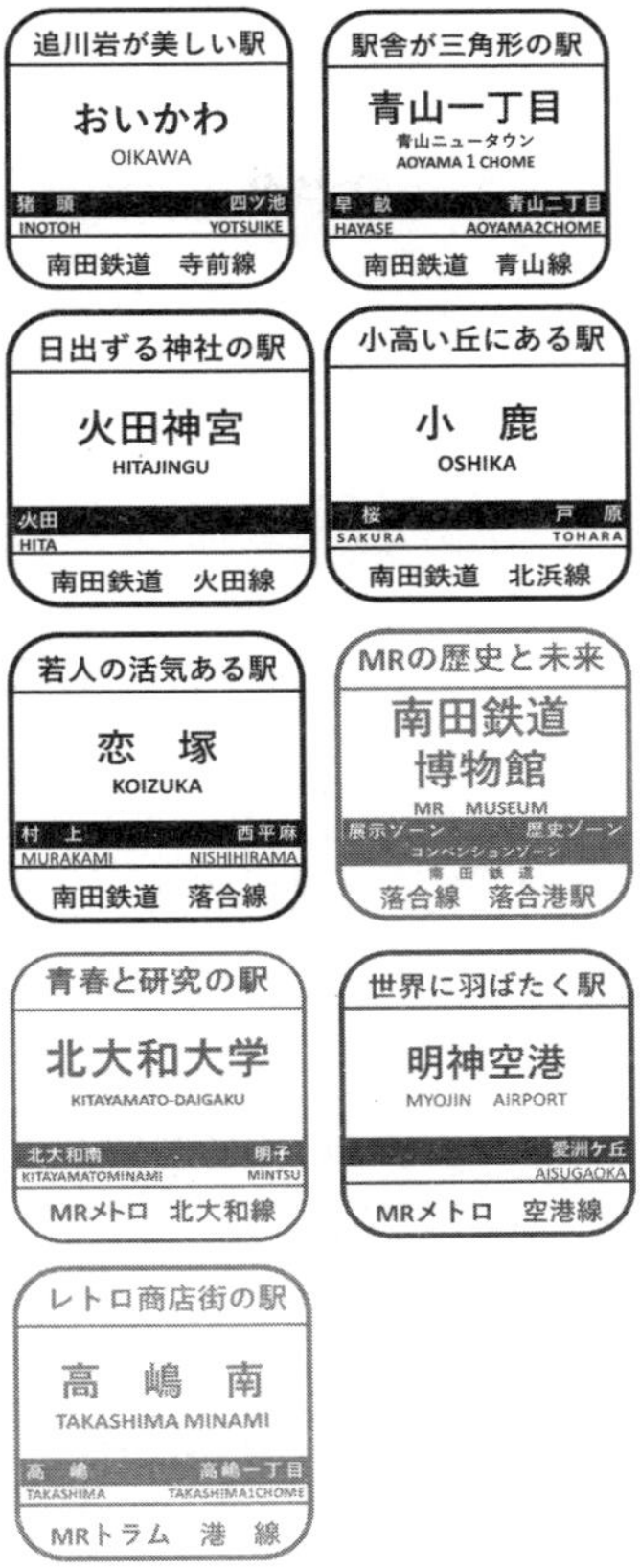

路線図②

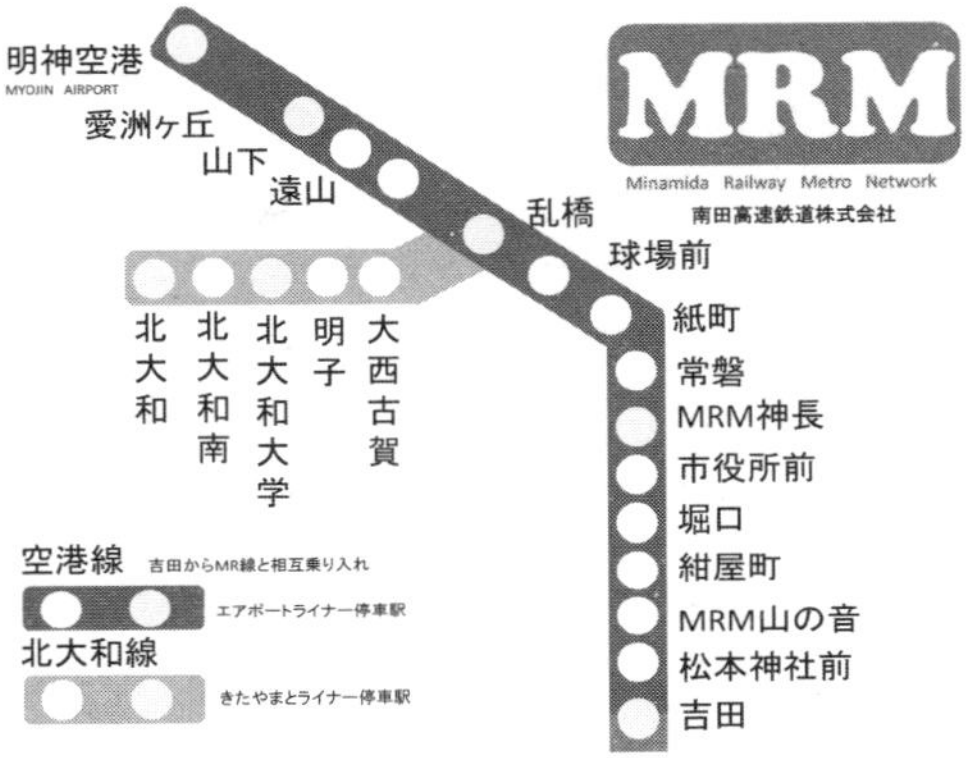

路線図③

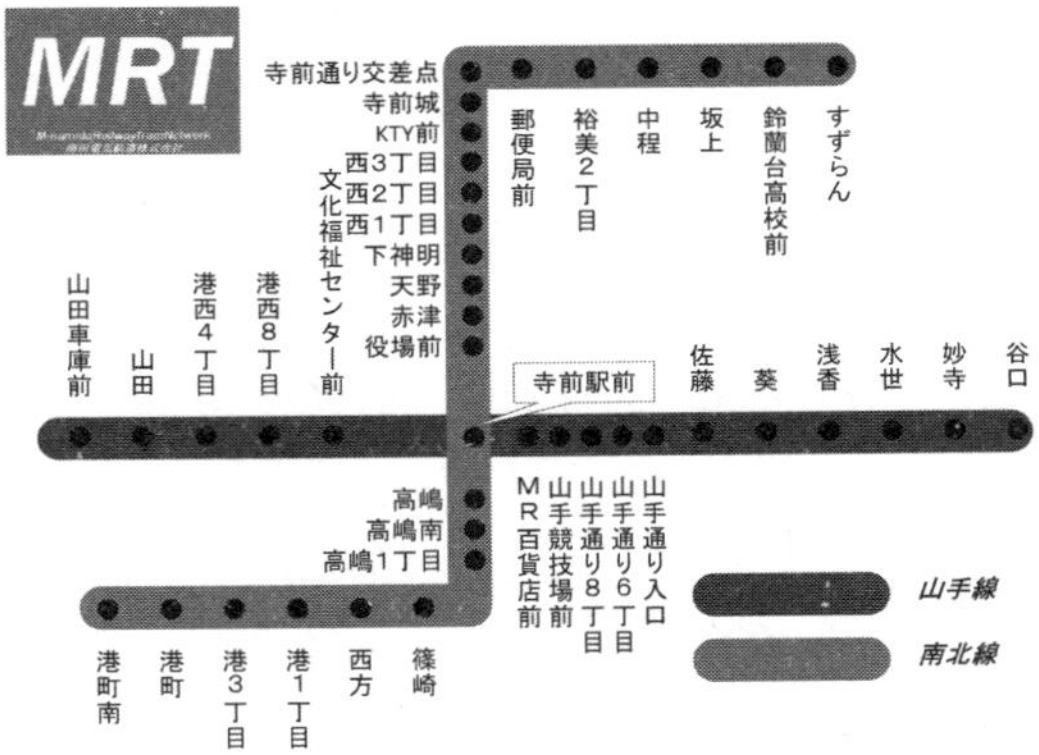

妄想鉄道に興味がわいた理由

国鉄がＪＲになったことが大きかったです。あとは交通公社の時刻表には結構、余白があって、そこに好きな特急とかを走らせていました。大阪とか、名古屋とか大きな駅を通過させるのに快感を覚えていました。

初めて妄想鉄を運営した理由

鉄道模型を買ってもらったとき、時刻通り運転したり、路線図を書いたり、ポスター作たり、時刻表作ったり……。それがとっても楽しかったからです。

南田鉄道株式会社関連会社

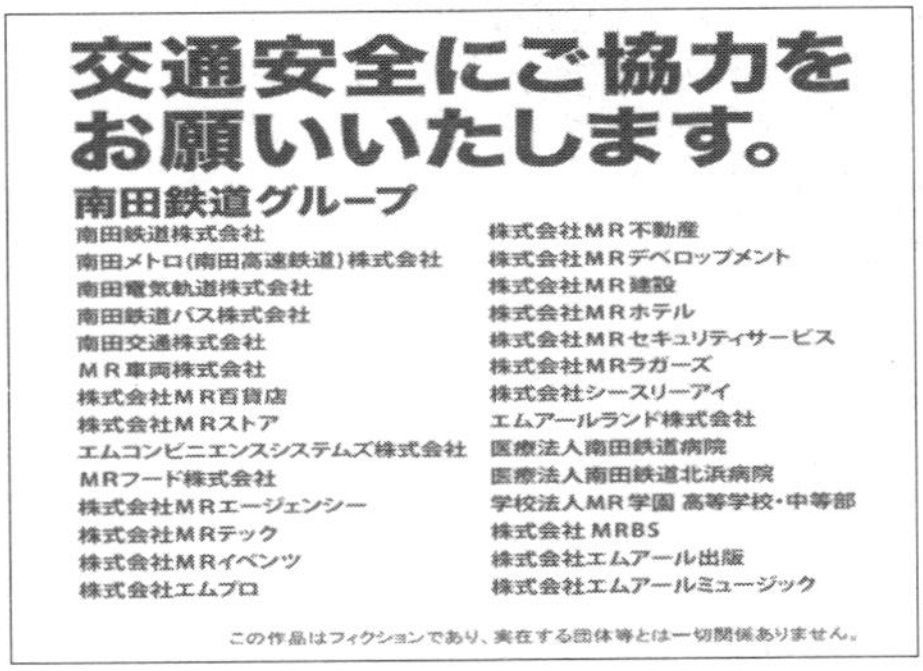

多くの関連会社を抱えて、大規模展開をする南田鉄道

妄想路線のダイヤ概要

南田鉄道のダイヤですが、各種別の列車が走っています。注目はライナーです。モーニングライナー、イブニングライナーが通勤時間帯に運行されています。末端区間はライナー券無しでご利用いただけます。いちご狩りの季節には、イチゴ栽培が盛んな「おいかわ」行きの「いちごライナー」が臨時運行されます。

エアポートライナーは、日中は30分おき、明神空港から飛行機の時間に合わせて設定されています。東京国際空港行きは、10本それぞれに接続をしています。また、国際線は韓国仁川空港、台湾桃園空港のほか各アジアエリアへ就航しています。米国、欧州、また週一回ドバイへのエミレーツ航空も就航しているため、エミレーツ航空のラッピング広告編成車両も走っています。

南田鉄道社歌

南田鉄道社歌

作詞 南田裕介・野月貴弘 作曲 野月貴弘
貴弘

みんなを乗せて僕らは走る 春夏秋冬 朝昼夜
思いものせて僕らは走る 晴れの日 雨の日曇りの日
こころの内に秘めてるくじけそうなことがあっても
前を向いてごらん、さあ、電車のあかりまぶしく
君を待ってる MR いっしょにいこう MR 夢の彼方へ MR
南田鉄道 MR
人街 むすぶ MR 人 夢のせてMR 未来につなぐ MR
南田鉄道 MR

旅立ちのせて僕らは走る 今日も あしたもあさっても
思い出乗せて僕らは走る 今年 来年 再来年
現在のくらしの中ふとふるさと恋しくなったら
耳をすましてみてほら、あの電車の汽笛が
君に届くよ MR また会いましょう MR ここにいるね MR
南田鉄道 MR
人街 むすぶMR 人夢のせてMR 未来につなぐMR
南田鉄道MR

君を待ってるMR いっしょにいこうMR 夢の彼方へ MR
南田鉄道MR
君に届くよMR また会いましょうMR ここにいるねMR
南田鉄道MR

南田鉄道は社歌まであり、思い出乗せて、夢を乗せて走る

妄想路線の特長と路線

「南田鉄道」には、モデルになっている区間があります。「青山一丁目」―「西岡」間は、近鉄の青山一丁目―伊勢中川間のように、優等列車が各停を兼ねています。山岳地帯を行くため、冬場は空転に悩まされてることも。また、「風」という駅は、阪和線の鳳駅に憧れて命名しました。ほかにも、「落合」「落合港」は門司、門司港。「桑中寺前」「南寺前」は、会津若松、西若松からイメージしたものです（路線図①）。

車両のモチーフになっているのは、「2000系」は455系「メトロ1000系」は福岡市交1000形、機関車はEF58とEF60、さらにEF64-1000番台を足して3で割った感じで制作しました。

南田高速鉄道(MRM)の空港線にはエアポートライナーがMR線の「吉田」から直接乗り入れしています。北大和線は、私が通っていた「北大和高校」が現在合併したため、「北大和高校」という名前がなくなってしまいました（現・奈良北高等学校）。そのため大学として復活させ（妄想です）「北大和大学」駅が生まれました。「大西古賀」駅は、高校時代の友達、大西君と古賀君から命名。元気だろうか？「乱橋」駅は、元ヤクルトスワローズの左のワンポイント投手、乱橋幸仁投手が好きだったので、「乱橋」駅にしました（路線図②）。

妄想路線はどのような展開

寺前線沿線の緑山住宅と青山住宅は、「MR不動産」が開発しました。北浜線沿線に北欧をイメージした、ノースヒルニュータウンの建設計画があります。また、交通系ICカードは「minaca」です。今後、「落合港」にあるMRミュージアムでは、美術館ゾーンを増築。漫画作品なども展示予定。主任学芸員には南田が就任予定となっております（博物館学芸員資格を持っています）。

南田 裕介 みなみだ・ゆうすけ／ホリプロ鉄道好きマネージャー

1974年生まれ。奈良県出身。静岡大学人文学部卒。国内旅行業務取扱者の資格を有する。（株）ホリプロでマネージャーとしてはたらく一方で、鉄道好きがこうじてテレビ朝日「タモリ倶楽部」CS日テレプラス「鉄道発見伝」、日本テレビ「笑神様は突然に『鉄道ＢＩＧ４』」やテレビ朝日「アメトーーク！『鉄道ファンクラブ』」などの番組に出演。2023年11月には新著「貨物列車マニアックス」を上梓。中学生の頃、国鉄民営化でJRが誕生したのと同時期に妄想鉄道を始め、MRが誕生。ポスターの制作や、大学ノートに時刻表を記すなど。

第3章

ますます広がる妄想鉄道

Interview

紙とペンだけで無限の世界が実現「空想鉄」が私の存在価値を高めてくれた

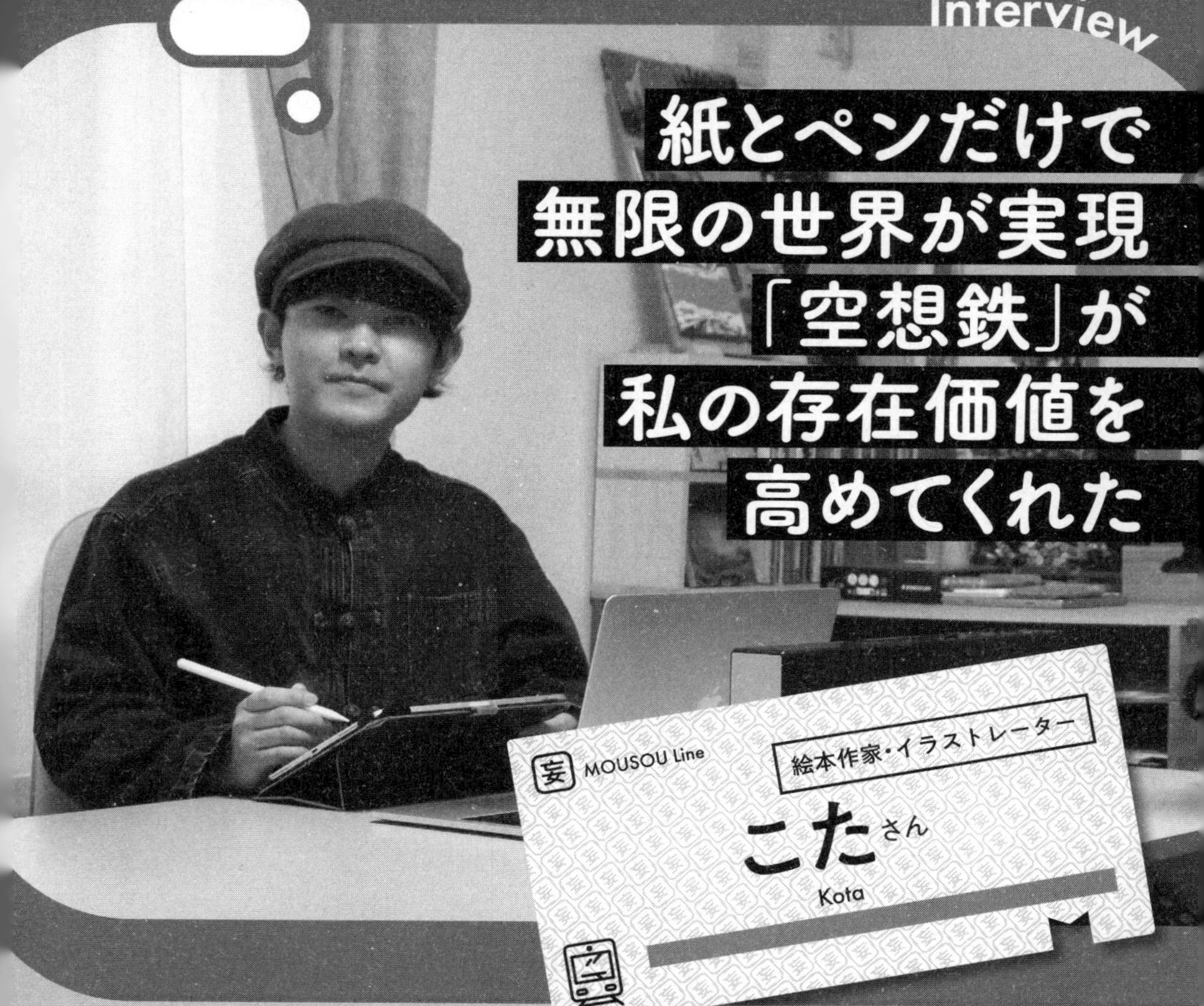

妄 MOUSOU Line

絵本作家・イラストレーター

こたさん

Kota

現在、絵本作家として活躍するこたさんは、小学生の頃、空想路線図の作成に没頭する日々を送られました。

当時描いていた作品をTwitter（現X）にアップしたところバズリ、テレビ朝日「激レアさんを連れてきた。」にもご出演。

今回はこたさんに当時描いていた作品を紹介していただきつつ、空想鉄の魅力と、自分の人生にどう影響を及ぼしたのかを伺いました。

Profile

こた（絵本作家・イラストレーター）

2001年新潟県生まれ、東京都在住。多摩美術大学グラフィックデザイン学科卒業。
大学3年生で絵本作家デビューし、美大生絵本作家として3冊の絵本を出版。著書に「わくわく科学ずかん古生代水族館」「たべもののまちABCity」「ユメノシティ」がある。海の生き物や細かい空想都市のイラストを得意とする。絵本やイラストレーションのほかに、グラフィックデザインや写真、文章など幅広い分野で活動中。趣味は生き物観察、ひとり旅、喫茶店巡り、昭和レトロ、ラジオ。
2023年に初個展「こた展」開催、テレビ朝日「激レアさんを連れてきた。」出演などを経て、2024年に多摩美術大学を卒業。現在は絵本作家、イラストレーターとして活動中。

社会科の授業で地理に出会い空想路線図から空想都市へ

――はじめまして、よろしくお願いいたします。

こた　はじめまして、絵本作家のこたです。今は妄想鉄道や空想路線図の活動はメインではなく、昔にやっていたので、よろしくお願いいたします。記憶を思い出しながら話す感じになりますが、よろしくお願いいたします。

――今は、こたさんの本業は絵本作家さんですか？

こた　そうですね。鉄道関連のイラストもたまに描いていますが、メインは絵本です。妄想鉄道に関しては、小学4年生くらいのときにやっていました。そもそも周りに妄想鉄道をやっている人がいるとは知らずにやっていました。「空想鉄」や「妄想鉄」というジャンルがあることも、大人になってから知りました。

――こたさんが描くまったく現実にない世界は「空想鉄」と呼ばれることが多いですね。それはいつから、どんなきっかけで始められたのでしょうか？

こた　空想路線図を最初に始めたのは、小学3年生のとき。授業で社会科が始まって、「地理」の授業で自分の好きな鉄道が出てきたので、「学校の勉強でも、好きなものができるんだ」って、ワクワクして、喜びを感じたのを今でも覚えています。空想鉄は、4・5年生の時期に多くやっていました。

地元は新潟で、元々鉄道が好きでした。家の近くに信越本線や上越新幹線が走っていて、両親と見に行ったりした影響で、自然と鉄道に興味を持つようになりました。振り返れば、それらの路線が空想の参考になりましたね。

――やがて鉄道から都市へと空想が広がっていきます。

こた　授業で地理と出会い、教科書を読み進めるうちに、自分でも書けたら楽しいだろうなと思い、空想路線図や空想鉄道だけでなく、空想高速道路も作り始めました。鉄道から地理全体に興味が広がり、絵を描くのも好きだったので、その2つが合わさって、どんどんのめり込んでいきました。

――リアルな路線図や鉄道がある中で、どのタイミングで空想を描くようになったのでしょうか？

こた　それは明確に覚えています。学校で地図帳が配られてから、毎日家に帰って地図帳を開いていました。路線図も親に買ってもらって見てましたが、読み進めると限りがあるので、「自分で作れば無限じゃないか」と気づき、「じゃあ作ってみよう」と。

――地図帳はやはり、電車が走っているとか、そういう目線で見ていましたか？

こた　新潟にいた当時、北陸新幹線は走っていませんでした。例えば、糸魚川や上越の方に新幹線を走らせたら、自分ならどこに駅を置くんだろうと、地図帳を見ながら自然と考えていました。

――どういう感じで空想路線図を書き始めたのでしょうか？

こた　最初は完全オリジナルの世界を作るのは少し難しかったので、実際にある都道府県を参考にして駅名を考えていました。例えば北海道には登別や江別など「別」がつくアイヌ由来の地名がありますよね。北海道っぽい県を作ってみて、地名も北海道にありそうな「●●別」といった名前を入れてみたりしました。

新潟なら、駅名に「越後●●」がつく場所が結構あります。それを真似ていました。

――なるほど。そこからこたさんの作る世界で駅や都市の名前は、どんどん広がっていったのですね。

こた　僕は少しユーモアを取り入れたくて、実際にはないだろうという駅名をよく考えていました。生き物や動物、魚も好きなので、海に近い位置の駅には魚の名前を駅名にたくさん入れています。オリジナリティを自分でプラスしていました。

実際、信越本線は山沿いや、柏崎のように海沿いなどいろんな場所を通ります。中には僕のルーツにつながっている駅名もあります。

柏崎市内にある「鯨波《くじらなみ》駅」。クジラに波という名前が超フィクションだなと昔から思っています。海岸にちゃんとあるし。その隣の「青海川《おうみがわ》駅」も海っぽい名前です。信越本線は自分にとって大きな影響を受けました。

――こたさんの空想路線図を見ると、ほかにも面白い駅名がありますね。

こた　「まぐろ浜」とか「さざえ崎」とか、「さば波」とかですね。もっとふざけた名前だと「ジンベエザメ崎」みたいなのもつくっていました。突拍子もない駅名ですが、そういうのをやっていました（笑）。

――いいですね。たくさんの空想路線図を作っていらっしゃいますが、それをつなぎあわせると連動した1つの都市になったりするのでしょうか？

こた　最初に日本のような大きな島、大陸を作って、そこから適当に線を引いて分割し、1つ書き終わったら次、書き終わったら次という感じで、1つひとつ作っていました。なので、それぞれがつながっています。実際に40個か50個ぐらい作りました。

――そんなにあるんですか！　実際に見せてもらうことはできますか？

こた　はい！　こちらが空想路線図です。やっぱり鉄道が好きなので、路線図が一番多いですね（図1）。真ん中の上にあるのが「雅美《みょうび》駅」で、そこが中心です。

――めちゃくちゃ細かいですね！

こた　県はそれぞれバラバラになっていますが、組み立てたらつながると思います。ただ、今となって

少しユーモアを取り入れたくて、実際にはないだろうという駅名を考えていました。

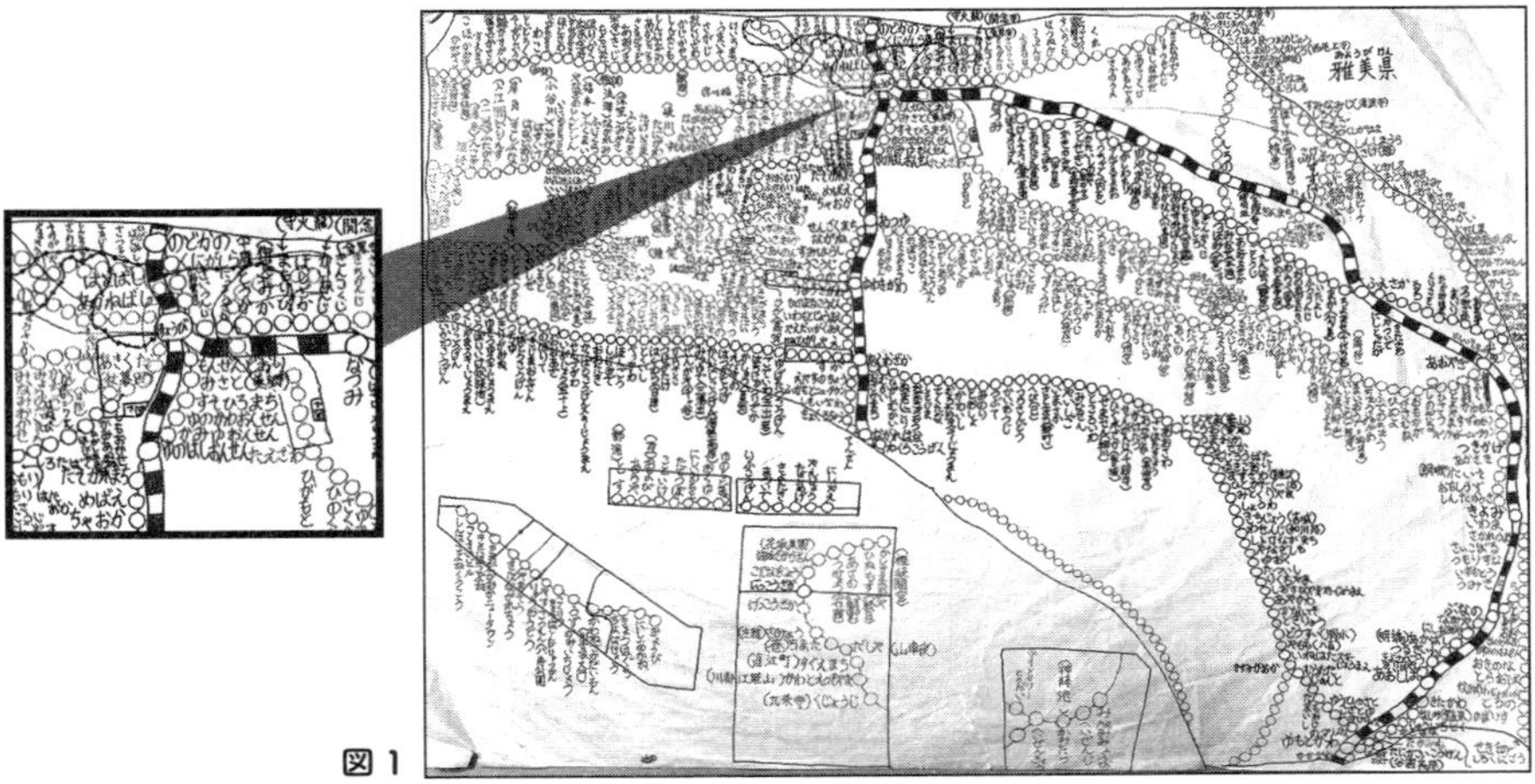

図1

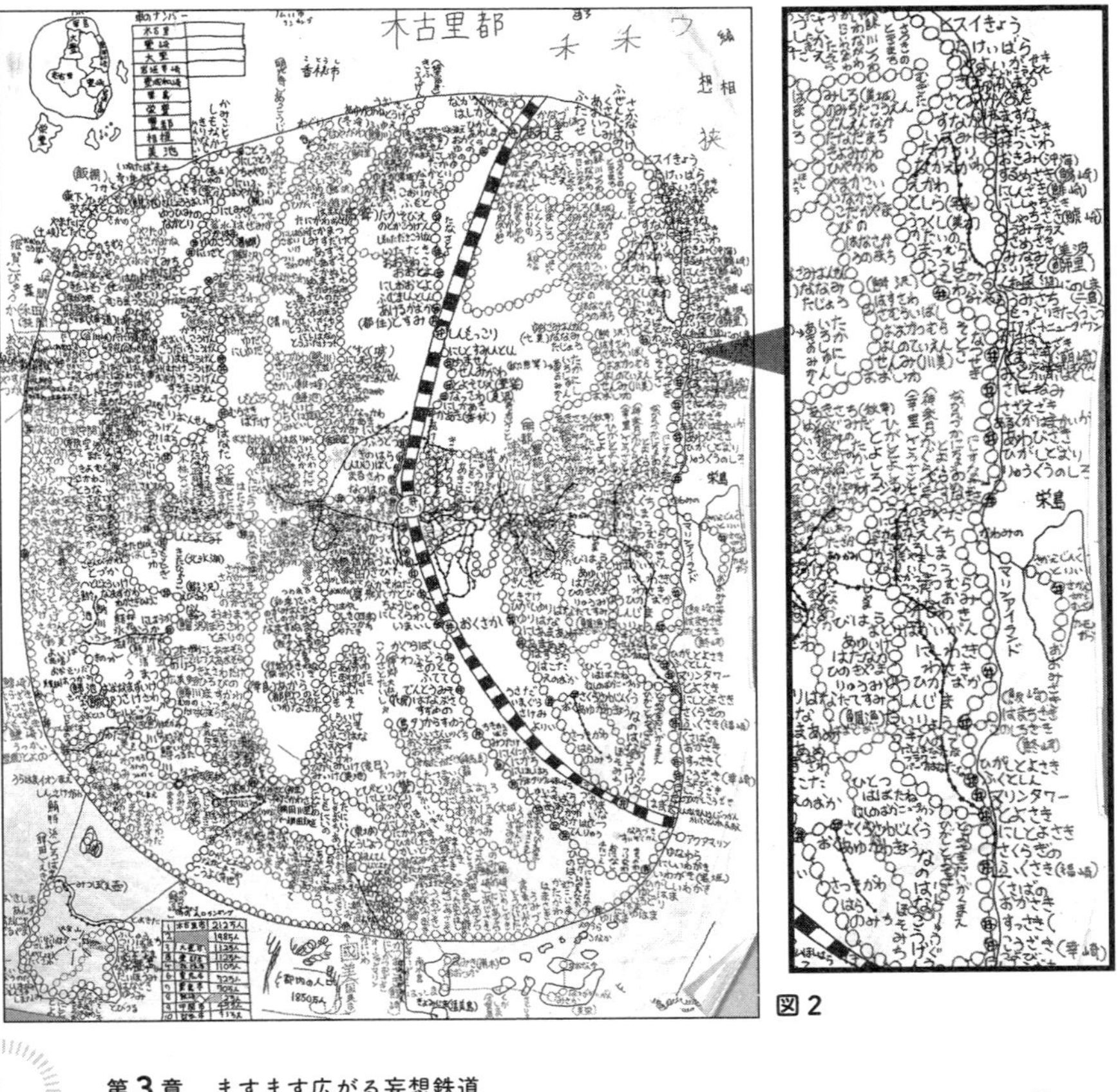

図2

は完成形を覚えていないですけど……（笑）。

――なるほど。全体を作った中のこれが1つの県ということですね。小学4年生のときにこんなにたくさん、どうやって書いていたんですか？

こた　家に帰ってからですね。小学校のときは水泳に週2回通うくらい。あとは家で暇な時間が多かったので、ひたすら書いていました。毎日少しずつ書いて、1つ仕上げるのに1、2カ月ぐらいかかっていましたね。

――一番書き込んでいるものはありますか？

こた　多分一番書き込んでいるのは「木古里都《もっこりと》」ですね（図2）。これが首都のようなイメージだったと思います。

ちなみに左上には車のナンバー区分があり、下の方には人口ランキングも書いています。真ん中にあるやや色の濃い縞々の部分が新幹線です。基本的に最初に新幹線と県の中心駅を決めています。「木古里駅」から新幹線を敷いて、そこから上下左右に在来線を伸ばしていく感じです。

――やはり駅の名前は全部違うものなんですか？

こた　駅名は全部違いますね。このとき漢字にもハマっていて、辞書や漢和事典をひいて、この漢字いいなと思ったらその場で使っていました。懐かしいですね。この太い線がJRをイメージしたもので、細い線が私鉄線です。私鉄線は細かすぎて駅名を書いていないと思いますが、別の紙に書いていたはずです。「弁」のマークはお弁当を販売している駅ですね。

ちなみに「松広《まつひろ》」という県の「松後《まつご》」、「松中《まっちゅう》」、「松前《まつぜん》」は、旧国名を参考にしてつけました。

――この地図はこれで完成されたものですか？

こた　一応完成形ではありますけど、「雅美県」の下のほうとか、名前が入っていないところもあります。これは多分飽きて、違う県を始めたんだと思いますが、気分次第で全く埋めずに飛ばした県も結構あったはず。空想なので、自由にやれるところが楽しいですね。誰にも怒られませんから。書くところがなくなったら、次の県を書くし、飽きたらやめる感じでした。全部で1万個以上の駅は作ったんじゃないでしょうか。

――すごい数ですね！

こた　おそらく今の自分なら、もっとこだわるでしょうね。当時はとにかくたくさん作りたいという気持ちが強くて、こういう形になったのかなと思います。

空想駅舎は1000以上!?
当時はこのすごさがわからなかった

――路線図がある程度完成したあとは、空想都市を描きはじめたのでしょうか？

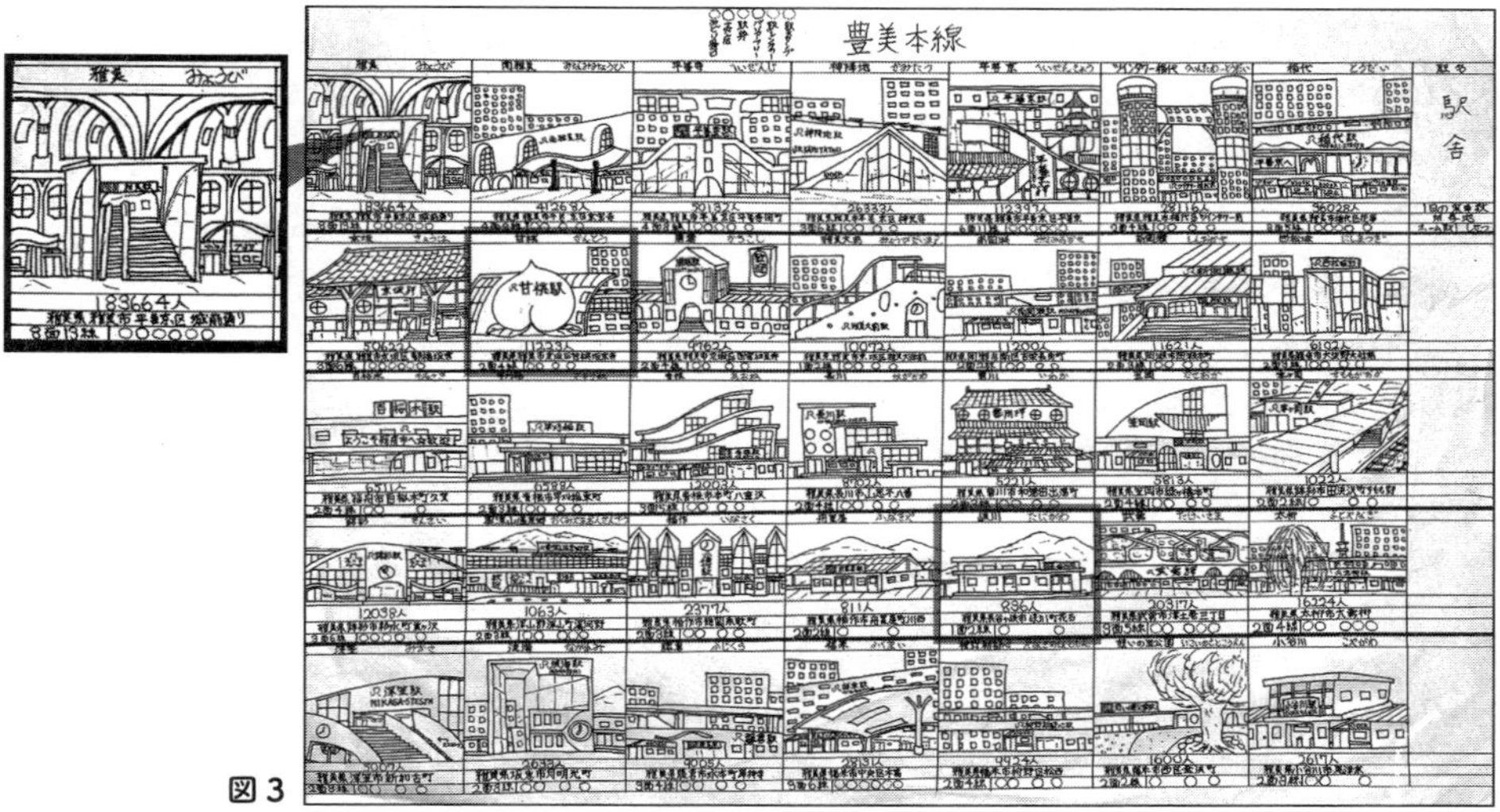

図3

こた　空想都市の前に、空想駅舎を描いていました（図3）。これは先ほど紹介した空想路線図に書いた駅とリンクした駅舎ですね。4年生の終わりごろから描き始めたものです。

——絵が本当にお上手ですね。こちらの駅舎も完全に空想で描いていたんですか？

こた　ありがとうございます。駅舎の写真を撮ってまわって、それを参考にした感じです。1番左上が先ほどの「雅美駅」の駅舎。2段目にある「甘桃駅《かんとう》」は桃をモチーフにした駅。結構ふざけていますがこういう面白いデザインをたくさん入れてもいいいんじゃない？　というスタンスでやっていました。

——駅名を作っているとき、駅舎のイメージもあわせてできていたのでしょうか？

こた　いや、まず駅名を全部決めてから駅舎のイメージを考えていました。雅美は中心駅なのでとても大きな仕様にしようとか、街の中心に近い隣の南雅美駅は高架駅にしよう、実際の路線でもよくある〝駅あるある〟をふまえた並びを意識しています。少し離れて郊外になると、橋上駅（駅舎機能をプラットホームの上階部分に集約した駅）に。これはベッドタウンによくみられる形ですね。さらに都市部から離れると、国鉄時代の古いコンクリートで作られた駅舎にしたりしています。「峡川駅《たにがわ》」とかまさにそのイメージです。

駅舎は実際の路線でもよくある“駅あるある”をふまえた並びを意識しています。

――よく見ると、駅の情報もしっかり書かれていて、すごいですね。一日の乗車数とか。

こた　だいぶ適当ですけどね（笑）。駅スタンプや売店の有無も書いてあります。

――基本2面2線なんですね。複線をかわしていますね。

こた　そうです。古い路線、いわゆる〇〇本線をイメージしていたのだと思います。

――こたさんが一番好きな駅舎はどれですか？

こた　「栄関《えのぜき》駅」（図4・上から3段目中央）とか好きですね。橋上駅で、壁の点々はコンクリート打ちっぱなしのイメージ。おこがましいですが、「安藤忠雄さんの建築」のようなモダンで洗練されたイメージで描いていました。

　橋上駅が多く描かれているのには理由があって、僕が小学4年生（2011年、12年）ぐらいの頃なんですけど、新潟にはまだ古い駅舎がたくさん残っていました。だから僕からすると、橋上駅って結構ピカピカで、大きくて綺麗なイメージがあったんです。今でこそ、昔の古い駅も好きなんですけど、特に新潟では珍しかったこともあって、当時は橋上駅に憧れていました。

――ほかにもおすすめの駅舎はありますか？

こた　「湯の元町駅」は温泉街の駅をイメージしていて、好きですね（図5・1段目左端）。駅の前に大

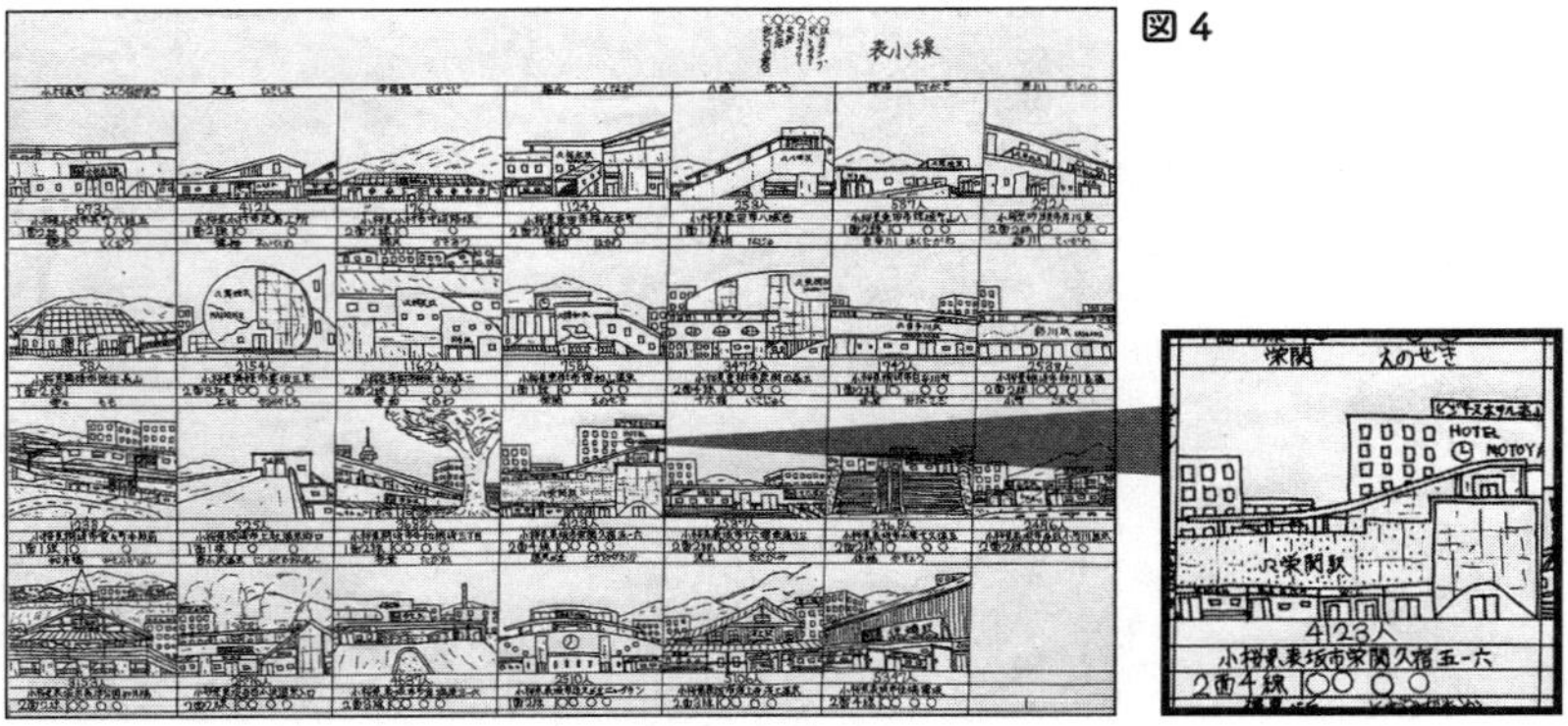

図4

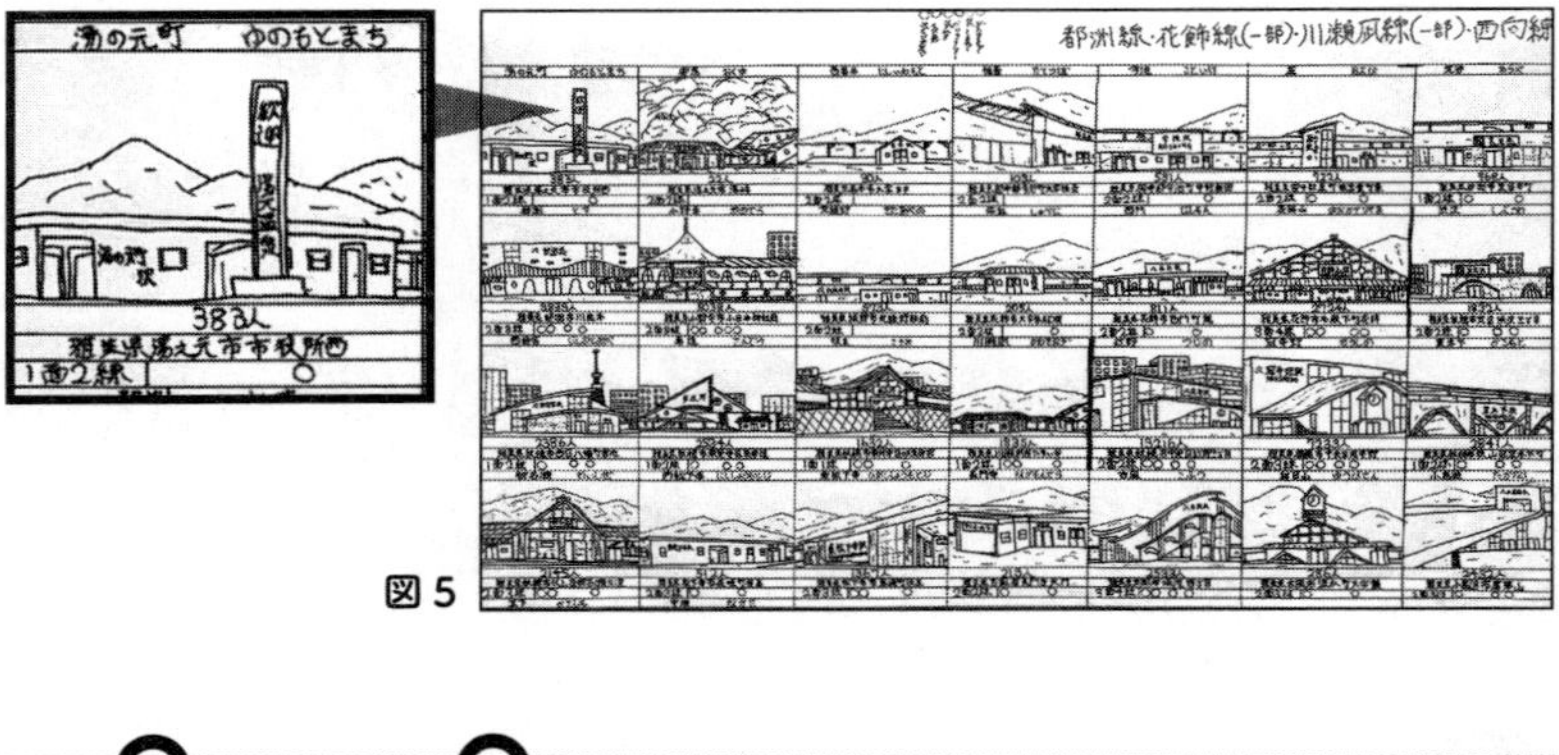

図5

図6

きな歓迎の看板があります。だいぶ〝あるある〟だと思うんですけど。もっと観光地っぽい華やかな駅にしたほうがいいのに、無骨なコンクリートで作られている感じ。少しさびれた温泉街といったところでしょうか。

――駅名も読み方も面白いですね。「今池」と書いて「こといけ」と読ませたりして。

こた　難読漢字にはまっていましたからね。もっと難解なのもありますよ。

――ちなみに駅舎はどのくらいの数を描かれたのでしょうか？

こた　1000駅くらいですかね。これも学校から帰ってきて、ひたすら描いていました。特に親や友達に見せるわけでもなく、自分だけの日課でしたね。毎日この世界に一人で没頭していました。

――駅舎の後に、空想都市を描き始めたのでしょうか？

こた　そうですね。小学6年生のころからは空想都市に変わりました（図6）。駅舎のときは平面的だったのが、そこから周りの街も加えるようにして、立体的に描き始めました。これは未来都市をイメージしたものです。

――未来都市の象徴はどのあたりに表現されているのでしょうか？

こた　絵の一番左側、上に続いている長い棒があり

Twitterの反応がなかったら今も続けているかわからなかったですね。

ますが、これは宇宙へのエレベーターですね（図6・A）。宇宙につながっています。そのエレベーターの建物の橋のところには、見えないと思いますが、「月旅行1万円～」があります（図6・B）。その少し上の「時空港《じくうこう》」（図6・C）はタイムトラベルができる空港です。5000円～……適当な金銭感覚で書いていますけどね（笑）。

——時空港は時代を行ったり来たりできるわけですね。

こた　そうですね。ただ未来をイメージしているんですけれど、右上には城が残っているみたいな（図6・D）。結構この混沌としている感じというか、まとまっていない感じが好きです。

——駅の横にはモノレールも接続されているんですね（図6・E）。その隣のビルはいったい何階建てなんですか（笑）。

こた　そうですね、モノレールもあります。ビルには、結構細かいですけど数字が書いてありますね（笑）、細かすぎて読めない。たぶん60ですかね。屋上にはヘリポートもあります。

——この世界観は何年とか想定しているのでしょうか？

こた　どこかに多分数字を書いた気もしますが、たぶん2050年ぐらいだったと思います。

——道には車じゃない感じのものが走っていますね。

こた　なんか車的な新しい時代の乗り物ですね。

——これを小学6年生で描かれたんですね。全部鉛筆で書かれたものですか？

こた　細いペンと鉛筆ですね。大体夏休みに描き上げたものなので、完成まで約1カ月ですね。

——友達はこたさんが絵が好きとか、絵がうまいっていうのはみんな知っていたんですか。

こた　絵が得意だというのは周りは知っていたんですけど、学校では全く違う絵を描いていました。なので、こういう空想都市を描いているというのは、誰も知らなかったです。

そもそも当時は、これが本当にすごいとか全く思っていなくて……。家族にも特に褒められたこともなかったから、これに魅力があるとも感じていませんでした。別に、人に見せるものじゃないなみたいな感覚でしたね。

空想都市を再び描き始めたのはバズったおかげ

——こたさんが公に知られるようになったのは、テレビ（「激レアさんを連れてきた。」テレビ朝日）に出演されたのがきっかけですか？

図7

こた　いいえ。大学1年生のときに初めて（当時の）Twitterに空想都市をアップしたんです。それまではずっと生き物系イラストレーターみたいな感じで活動していたのですが、なんとなく昔こういうのも描いてましたという感じで今回お見せした空想都市や空想の街の作品をアップしたら、今までで一番バズってしまったんです。

——すごい反応でしたか？

こた　そうですね。「小・中学校のときに描いていた絵です」と適当にアップしたんですが5万いいねの反響がありました。初めて「こういうのが好きな人もいるんだ」と知りました。それからどんどんアップするようになって、それがテレビに出るきっかけにもなりました。

もしかしたら、そこで反応がなかったら今も続けているかわからなかったですね。かわいい絵本みたいなイラストをずっとやっていこうかなと思っていたので、そこからまた描き始めてみようという気持ちが湧きました。

——なるほど。少し話を戻しますが、6年生で空想都市を描かれて、いろんな生き物も描いていた。その先の中学、高校でも絵を描きつづけていたのでしょうか？

こた　実は中学は陸上部で、高校は山岳部だったので、小学生のときほどはあまり描かなくなっていました。ただ絵はずっと好きでした。中学のときの絵も一応あるんですけど（図7）。よく見ると、さっきのは線がガタついてたりしたんですけど、これはだんだん整えられるようになってきて、定規とかで綺麗な線が描けるようになりましたね。中学生のときは、こういうのを年に1回、長期休みのときなどに描いてました。

それ以外は全くです。中学・高校は鉄道熱がほぼゼロに等しい（笑）。路線図とか地図とか全くやらなかったですから。

——では、本当にTwitterがきっかけで、また最近空想都市を書き始めたんですね。

こた　2024年3月に多摩美術大学を卒業した

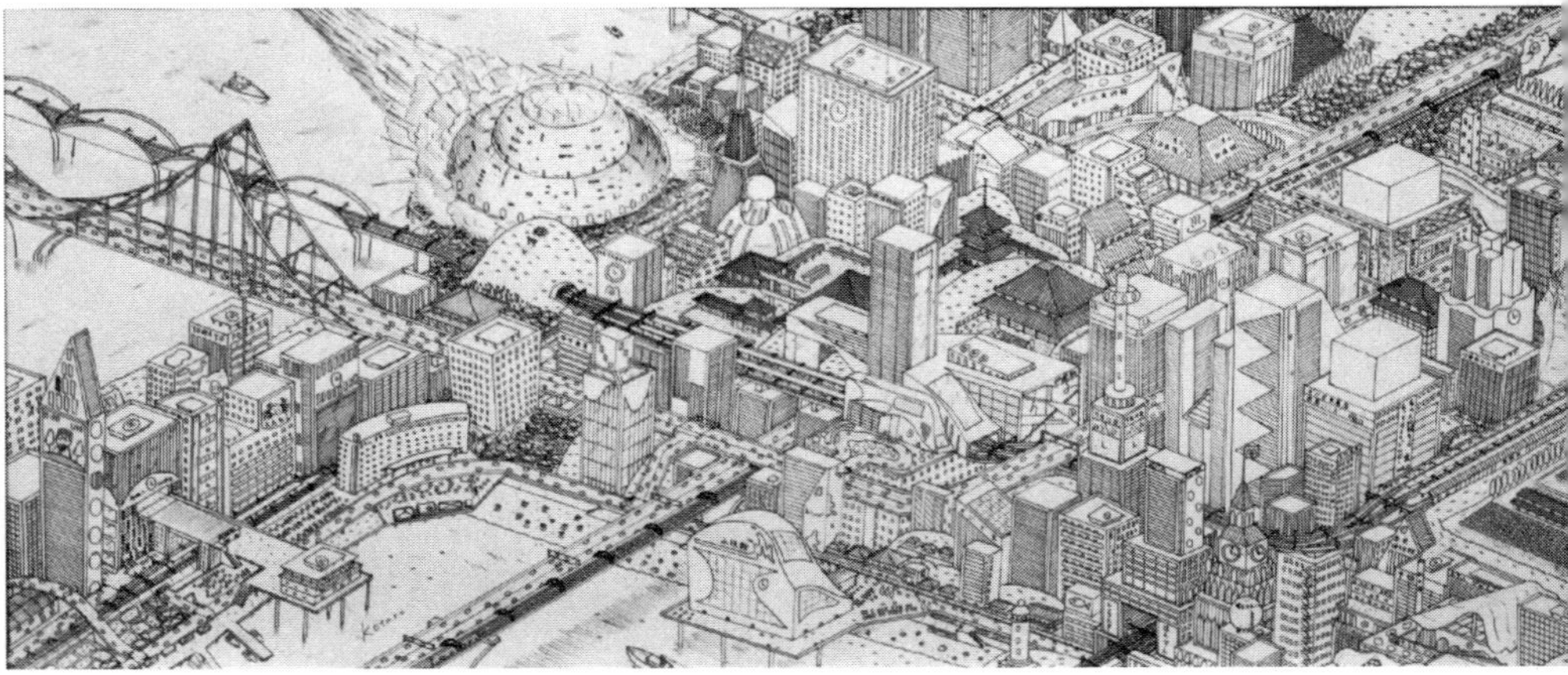

図8

んですけど、卒業制作で空想都市を描きました（前ページ図8）。最近だとこの作品が一番の反響でしたね（10万以上「いいね」がついた）。横7・6mぐらいのものなんです。

――これもペンで描いたんですね。

こた　家で、1枚1枚分割して、ペン1本で……。2023年9月ぐらいから始めて、1月に完成しました。

――設計図みたいなものはあったんですか？

こた　あえて設計図を作りたくないなと思って。真ん中に巨大な駅があります。とりあえずこれだけ作って小学生のときと同じく、その駅からどんどん線路を周りに伸ばしていき、そこに付属するように街を作っていきました。

――言葉を失うというか、ただただ圧巻です！

こた　ありがとうございます。なので大学1年生のときに、あれ（図7）をアップして、その反響がとくになかったら、卒業制作もやっていなかったでしょうね。しかも大学で空想都市をしっかり描いたのは卒業制作だけというのも本当に意味わかんないですよね（笑）。大学ではパソコンを使って、デザインの課題に取り組むことばかりやっていましたから。

　そういうのを卒業制作では全部やりたくなくて、好き勝手やりたいなと思って先生に相談したら「いいよ」と言っていただけたので、完全に手描きでやらせてもらいました。

――建物と建物の密集感に目がいきます。

こた　これも昔からですね。細かくてたくさんあるものに惹かれがちです。隙間があると埋めたくなっちゃう癖がありますね（笑）。

――あ、「時空港」ありますね！

こた　そうなんですよ。気づいていただけた！　やっぱそこはちょっと、わかる人には喜んでもらえる要素も入れました。

　ぱっと見で緻密な絵という印象は強いと思うんですけど、看板のネーミングや駅名など、1つひとつ細かく見てもらえると小学生当時に描いていた頃の名残が垣間見えるところはあります（図6）。そこは適当ではなく、考えながら描いてましたね。

路線沿線の観光スポットマップを作れたら楽しい

――今後、鉄道に関わりたいなとか、ご自身の夢など何かありますか？

こた　僕は車両の名前とかは全く詳しくなくて。例えば、新幹線、「E5系」とかあるじゃないですか。それよりも、自分は「はやぶさ」とかそういう愛称の方で覚えているぐらいのざっくりとした鉄道好きなんですね。だからそれよりは、地理全体が好きなので、鉄道の観光マップとかをイラストレポみたいなので作れたらいいですね。特にローカル線とか、例えば青森の「五能線」の海の見える景色と、沿線の観光スポットマップみたいなのを作れたら楽しいなって思います。

妄想鉄ってすごいんですよ。だいぶ狭い幅の趣味だと自分は思っていたんですけど、やっぱりSNSとか見ると、結構発信されている方もいらっしゃるし、なんなら僕みたいな趣味の人が「激レアさん」で扱われるみたいな時代になっているわけで。すごく市場が大きくなってきていると感じています。

ですから自分単独ではなくても、いろんな方と一緒に大きな会場で空想鉄道の企画展とかやってみたいなと思いました。

――現在は絵本作家さんとして活動されていますが、"空想"という世界観は絵本にも活かされていますか。

こた　絵本も空想が主軸にある仕事です。アイデアを考えたり、物語を考えたりする際、すごくやりやすいなと思います。悩むときはもちろんありますけどネーミングとかも響きの面白さで発想しやすく、当時やっていたことが活かされています。

――改めて空想鉄道の魅力はなんでしょうか。またそれが自分の人生のどのような位置付けだったのかをお聞かせください。

こた　最初にも言いましたが、やっぱり描いても描いてもきりがないっていうのが一番の魅力ですね。小学生の僕はこの趣味があったから全く暇とは感じませんでした。それこそ無限に、なんならもう一生やっていたいという感覚で、すごくのめり込んでいましたから。紙とペンがあればできるし。空想鉄道に限らず、空想○○ならなんでも、誰でもすぐに手軽にできて、楽しめるっていうのが魅力だと思います。年齢も関係ないですし。

――確かに紙とペンさえあれば、無限ですよね。人生にとって価値あるものになりましたか？

こた　僕は陸上部では一番足が遅くて、学校でも目立った存在ではありませんでした。絵以外に得意と胸を張れるものがなくて、だから好きな空想路線図とかは夢中で書いてはいたんですけど、ちゃんと残しておいてよかったなと思っています。こうやって発表できる場ができて、そこで認めていただけるのが、すごく自分にとってプラスになっていますし、絵を描く上でモチベーションになっています。

当時は本当に趣味とか暇つぶしぐらいの感覚だったものがSNSで発信したことで、価値があるというのを教えていただき、さらにこの世界を多くの人にわかってもらえた。僕がやってきたことは無駄ではなかったんだなと実感しています。

空想を描き続けて無駄ではなかった。認めてもらって絵を描く上でプラスになっています。

「妄想鉄」は究極の自己満足それが最大の魅力!

かれこれ20年以上妄想鉄道の趣味を楽しんでいる名倉宏明さん。中京テレビ『オードリーさん、ぜひ会ってほしい人がいるんです。』にもたびたびご出演され、オードリーさんらに妄想鉄道の面白さを紹介しています。今回はどこよりも詳しく名倉さんの妄想路線図を徹底紹介いたします。

本線を敷いてから路線図を展開
そのあとに駅名や読み方などを決める

――まずは妄想鉄の趣味にはまったきっかけと、いつぐらいから始めたのか教えていただけますか。

名倉　いつからハマったかと聞かれても、もう記憶もないぐらい……おそらく2歳、3歳とかですから、なぜハマったのか私もわからないです（苦笑）。

――2、3歳からですか!?

名倉　そうですね、すでに自由帳に空想の路線図を描いていました。路線図はあくまでも自分の趣味を展開させる上での一つのプラットフォームに過ぎません。出演したテレビ（編集部注：『オードリーさん、ぜひ会ってほしい人がいるんです。』中京テレビ）ではわかりやすく伝える意味で路線図を紹介しましたが、メインとしては鉄道が走っている様子を絵として描いていました。それも鳥の目線といいますか、街を上空から見下ろすイメージで道路の配置とかも描いて、やがて今度は鉄道が走っていない街に自分で走らせたりしはじめて、だんだん日本にはない島自体を自分で作っていこうという流れになりました。

――なるほど。身近に鉄道がある環境だったんですか。沿線が近いとか？

名倉　実家が静岡県の浜松からかなり田舎の方に行ったところでした。家のすぐ目の前をローカル線が通っていて、鉄道自体は馴染み深いものでしたね。

――鳥の目線のように上から見た街、空想の路線図にシフトしたのはいつ頃でしたか？

名倉　5歳か6歳とかだと思います。

――早いですね!!

名倉　7歳で妄想鉄道の時刻表を作り始めていましたから（笑）。とはいえ、まだ時刻表の見方もさっぱりわかっていなかったので、こんな距離をたった2分で移動できるわけがないだろうみたいな、正直無茶苦茶な内容でしたけど。

――現在も趣味で手掛けていて、足掛け約20年以上妄想鉄道の精度もどんどん高まっているわけですね。

名倉　日本のようなサイズの島を作って、そこに鉄道をどんどん展開させていました。それが埋まってしまったら、また次の島を展開させる。今描いている島が3つ目か4つ目ぐらいです。現在私は26歳ですが、相当時間をかけて1枚ずつ作り込んでいます。もう何十路線にとどまらず、何百路線も作っています。基本的に小学生の頃に日本の駅名は全部覚えたので、駅名も全部日本に実在しないよう考えています。駅名も今までに2万か3万ぐらい、自分で考案しました。

自分で考えた駅名は
今までに2万か3万ぐらいですね。

——すごい！　ちなみにどうなると1つの島が完成になるんでしょうか。

名倉　私の頭の中では山脈など島の地形がある程度定まっているので、どんどん新しい路線を考えて、そのうち「ちょっとそぐわない土地だな、もう埋まってしまった」と感じたら「そろそろ新しい新幹線を作りたい」となる。そうしたら翌日から次の島を作りはじめますね。

設定としては、すべての島が青函トンネルみたいなトンネルでつながっていることにしていますが、新しい島に完全にシフトが移ってしまったら、いつの間にか古い方の島はもうなかったことにされますね（笑）。

——作る際、マイルールみたいなのがあれば教えてください。

名倉　特になくて、まず、自由帳に適当に島を描くところから始まります。次に山脈を決めて大都市を決める。一番のメインとなる鉄道の本線を敷いて、路線図を作っていきます。駅名とその読み方と営業キロの一覧表を作成して、総距離を決めます。興味が出た路線は時刻表も作ったりしますね。

——駅と駅の間の距離感を想定していくのはなぜですか？

名倉　地方だと駅間距離がすごく離れている、逆に都市内だと500メートルで次の駅とか実際ありますよね。距離を作成すると、どの辺りが都市部になるのかすごく明確になります。もっと言えば駅の規模を設定すると、どの駅に快速や急行を止めるかまで詰められます。

——時刻表を作りたいとなった場合、その距離感が反映されてくるわけですね。

名倉　1キロだと次の駅まで、おそらく2分でいいかなとなりますね。距離設定がすべての土台になるので、直接的には必要ないですが、後々影響してくるものではありますね。

JRと私鉄を妄想で運営
駅名や読み方にもこだわりを

——では、ここから名倉さんの作った妄想鉄道の世界をぜひ紹介ください。

名倉　まず「七道《しちどう》」です。

——『オードリーさん、ぜひ会ってほしい人がいるんです。』でも紹介された島ですね。

名倉　こちらが路線図です（図1）。「安里隈《ありくま》」が中心駅です。こういったものを一発でどんどん描いていきます。

——ここだけではないですが、「安里隈」から（右に進むと）「高崎新町」に向かう線が湾曲しています。これも直感で描き進めている感じですか？

名倉　現実問題として、鉄道の路線がまっすぐ引か

「七道」は九州をイメージ
駅名もJR九州さんを参考に考えています。

れることはなかなかないんですよね。だからJTBさんの時刻表を参考にしてはいますが、ある程度デフォルメして湾曲させたりしています。

——例えば「安里隈」から「瑞島」の間の駅名ってどんな感じで決めていくのでしょうか。

名倉　自分の中の勝手なイメージなのでうまく言葉にできないのですが、これに関しては私の経験の中で、都市部っぽい駅名と田舎っぽい感じの駅名みたいなのがあるので、その結果として書いたものですね。あとは、この島に関しては九州をイメージしているのですが、JR九州は「〇〇前」という駅名が結構多い。それを意識して「糸島高校前」とか、そういうのがちょっとずつ入っています。私鉄だともう少し細かい距離感の地区の名前が駅名とかになったりもするんですけど、JRだとその町の名前で漢字二文字とかでつけることが多いので、その辺りも参考にしています。

——面白いですね。ところでこの路線図内には緑色の丸と白丸の駅があります。これは何の違いですか？

名倉　これもJTBさんの時刻表からならって、緑の駅はJRの「みどりの窓口」がある駅ですね。最近はかなり削減される傾向にありますよね。

——「安里隈」付近はほぼ全部みどりですね。

名倉　みどりの窓口がある感じからして利用者がかなり多く、都会だと言えます。なので、山沿いでは

図1

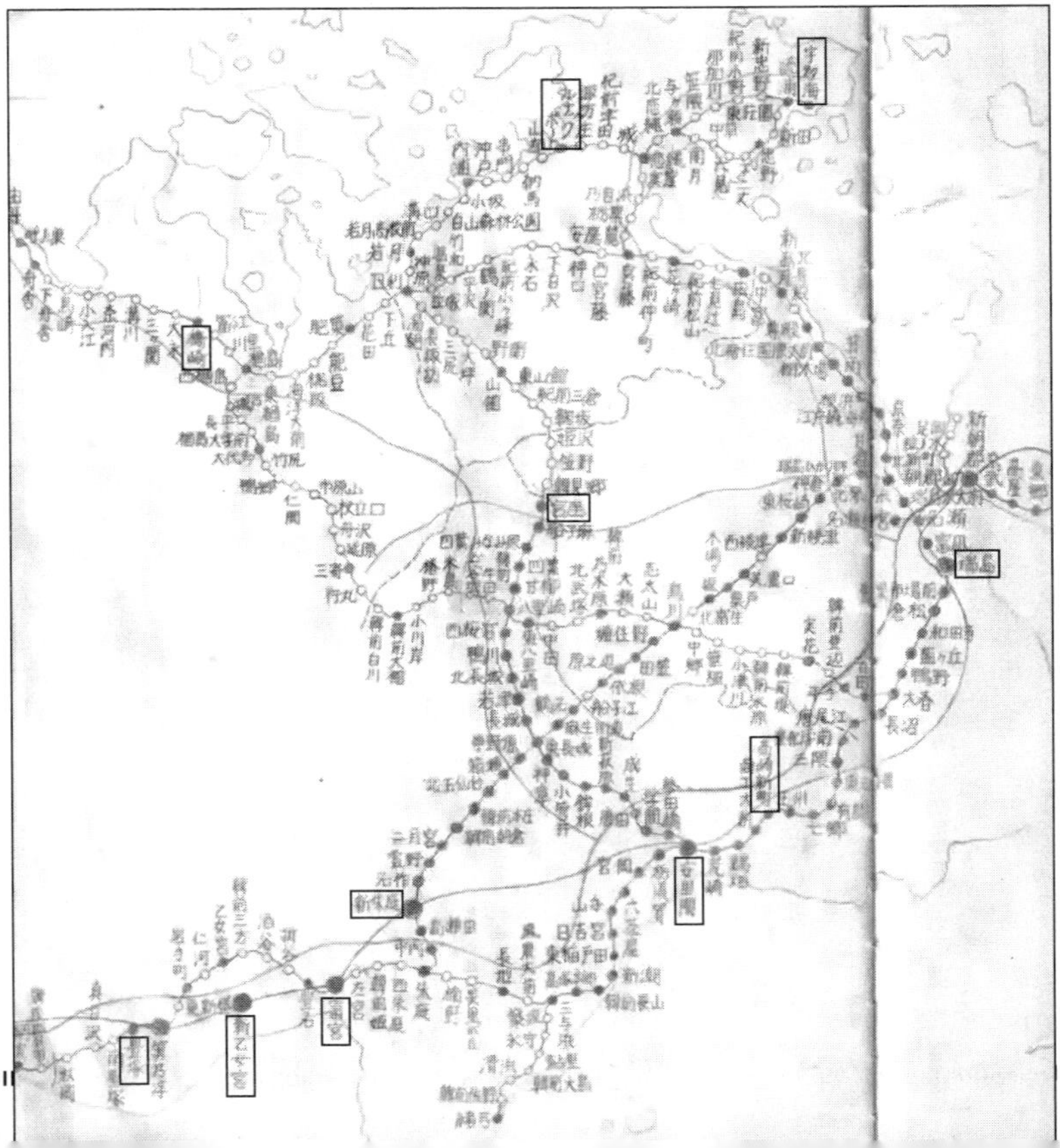

ないですが、人口の少ない地域は白丸にしています。

――わかりやすいですね。先に島全体の地形を考えるんですか。

名倉　島全体の地形まではまだ考えなくて、メインの路線（本線）と新幹線のルートを考え、次に大都市をどこにしようかなって……。この島に関して言えば大都市を海の近くに作っています。鉄道のないころは船舶が多分メインになっていたので、まず海の近くが発展していきますよね。そういう物流面の視点からも考えたりします。

あとは大都市だとやっぱり平野部が大きいので、その周辺にベッドタウンみたいな感じで街を展開させていく。そうすると自動的に山脈はこの辺りだよねと決まってくる。（中心から）縦に貫いている路線だと、真ん中に「宮座《はやざ》」があって、ここを境に一気に山岳区間に入ります。だからみどりの窓口も一気になくなる。ちなみに窓口がある駅はだいたい特急停車駅。この島はそんな構成です。

――青い点線は川ですか？

名倉　いえ県境です。緑の線が高速道路。この島でいうと左側の開発はこれからです。ちなみに手書きの路線図で作るのは基本的にJR的な位置づけの路線だけですね。地方にあるいわゆるローカル線も描きますが、私鉄は駅がかなり細かくて表せられません（笑）。書ききれないので別の紙に私鉄線「楢成《ゆうせい》」があります。

――「七道」には何路線走っているイメージですか？

図 2

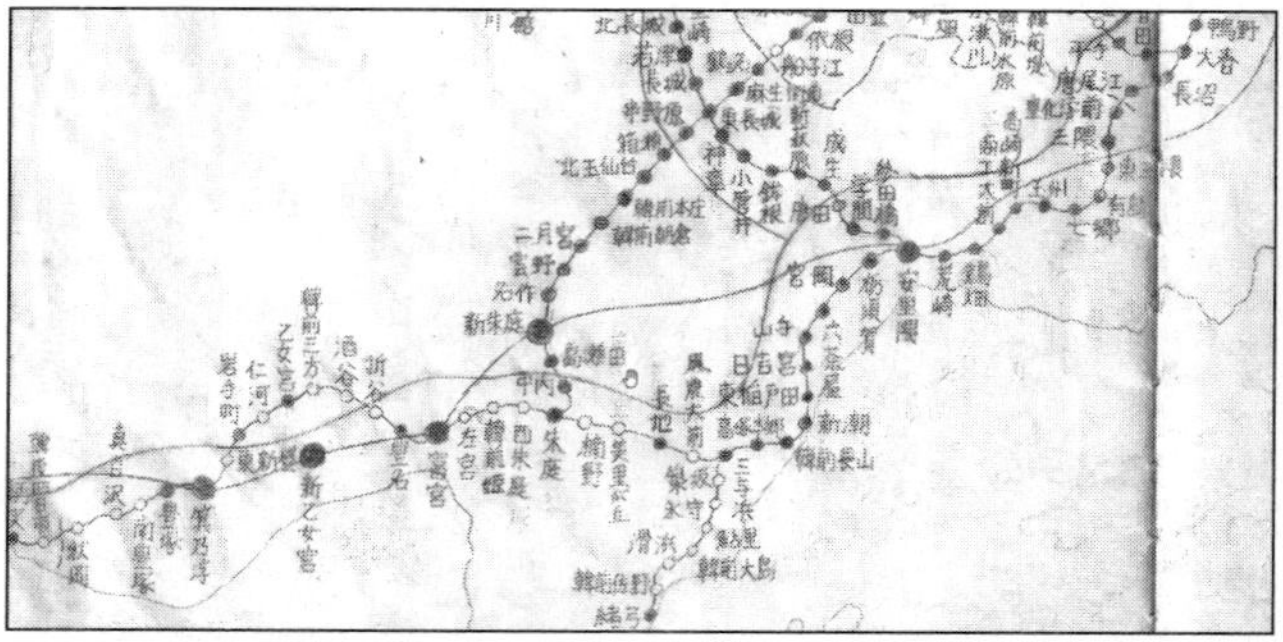

図 3

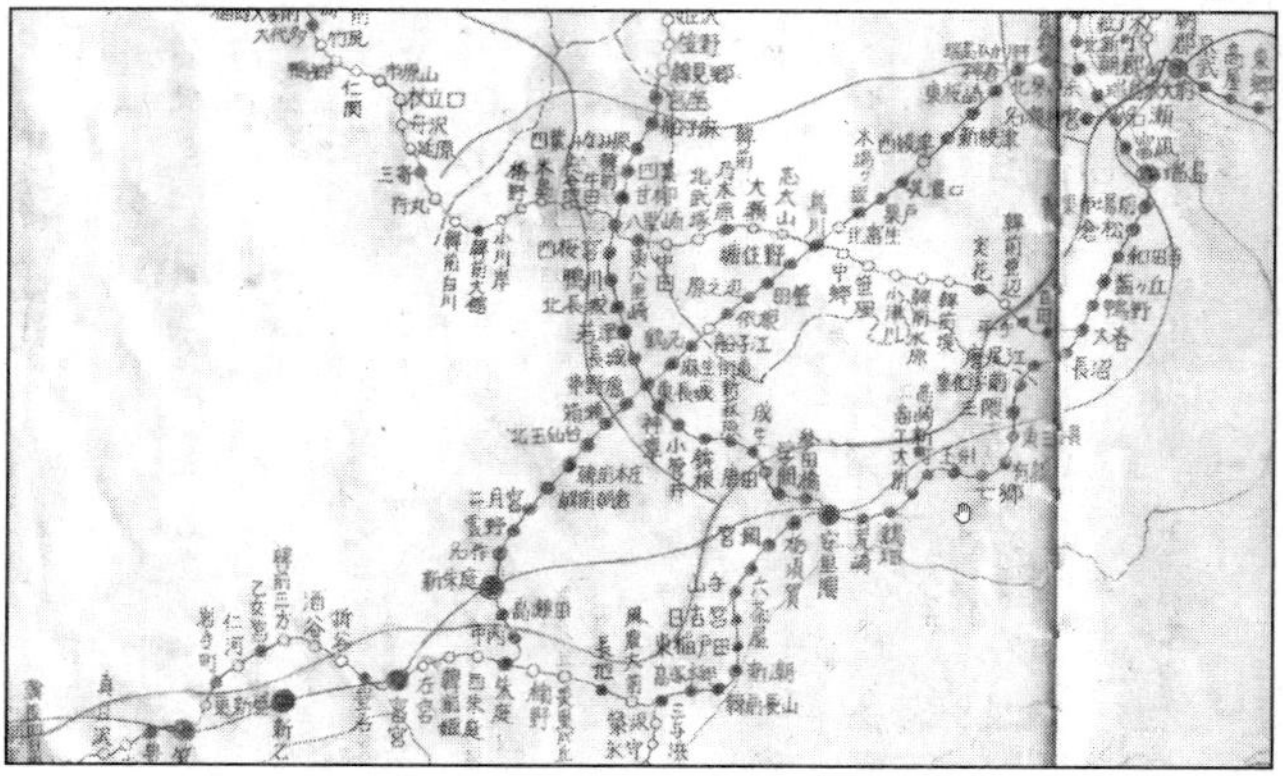

名倉　JRだけだと多分10本ぐらいですね。

――始発駅や終点駅とか、路線名も決まっているのでしょうか。

名倉　もちろん、全部決まっています。

――新幹線は「安里隈」からどこを走っていきますか？

名倉　大きな緑丸の駅が新幹線の駅です（図2）。「安里隈」の次が左にある「新朱庭《しんあかにわ》」です。次が「富《とみ》宮《ばや》」です。この地域には〝宮〟を「はや」と読ませる文化がありまして（笑）。なので、次の駅は「新乙《しんおと》女宮《めばや》」となります（笑）！

――こだわりますね。ちなみに次の駅「箕乃淳」はなんと読むんですか。

名倉　「みのふ」ですね。

――すごい（笑）。難読地名が続きますね！「七道」の上の方も見ていきましょう。島の端にある「宇多《うだ》海《み》」ですか。ここは渥美半島みたいですね。

名倉　はいはい、わかります。ここは九州でいう長崎県あたりをイメージしていますね。だから、その先（左側）には「ハウステンボス駅」にあたる「ルナックポート駅」があります。さらには、よく見てみると島が多い。

――都市から離れている割には駅数も多い印象があります。

名倉　「宇多海」周辺は、大きい山脈がまだ比較的少ないので集落が点在しているんで、鉄道も走らせられるんですよ。

――名倉さんのイチ押しは、何線になるのでしょうか。

名倉　なんだろうな……比較的なんか目立たない路線が個人的に好きだったりしますが、左下の「新朱庭」から右上にかけて連なる路線（JR瑞島線）ですかね。東京でいう〝武蔵野線〟みたいな立ち位置です。ベッドタウンを走るみたいな（図3）。

――「七道」はどれくらいの期間かけて作ったんですか。

名倉　島自体を考え始めたのが最近なんですけど。「安里隈」の名前を考えたのは高校1年生のときです。だから約10年で今こういう感じになっています。記憶だと確か「宇多海」を考えたのが高校卒業で上京する直前だったと思います。

――もっとパパっと思いついて作っているものだと勝手に思っていました。

名倉　そうですね……駅名を考えるのは今となっては苦痛で（笑）。何万も考えているとだんだんネタがなくなってきますよね。

鉄道以外に様々な事業展開も グループ会社の人事異動まで!?

――私鉄「楢成」についても伺います。相当きめ細

やかに走らせていますね。

名倉　「楢島《ならしま》」県が熊本をイメージしていて、「安里隈」が県庁所在地となっているのが「成崎《なりさき》」県で、それを結ぶ私鉄なので、「楢成《ゆうせい》」と名づけました。あくまでも「楢成」のホームページの中に載っているものなので、これまで紹介したＪＲはかなり簡略化しています（図４）。４つの路線を合わせて総距離２６０キロだったと思います。「安里隈本線」が確か距離１１６キロ。ちなみに東京から水戸が１２１キロなので、それくらいの距離感です。

——この距離をどれくらいの時間で走るんですか？

名倉　急行を使ってちょうど2時間ぐらいです。途中停車駅が２つに絞った特急を使うと、１時間30分くらいです。ちなみにＪＲの方にもライバル意識を持たせて特急が走っているので、かなりの競合関係になっています。どちらも１時間に最低１本以上特急を走らせています。

——ＪＲと重複しないように私鉄の名前を決めるときも、大変な作業ですよね。

名倉　もともと私鉄は神社や寺の参拝のために作られた路線がかなり多いので、「〇〇天神」「〇〇稲荷」などの駅名があったりします。そこにフォーカスできるので、私鉄の方が割と考えやすかったりはしますね。瑞島本線だと戦後の経済成長期に作ったような団地とか住宅街を結ぶ路線をイメージしているので、「〇〇が丘」など、ひらがなの駅名が多かったり

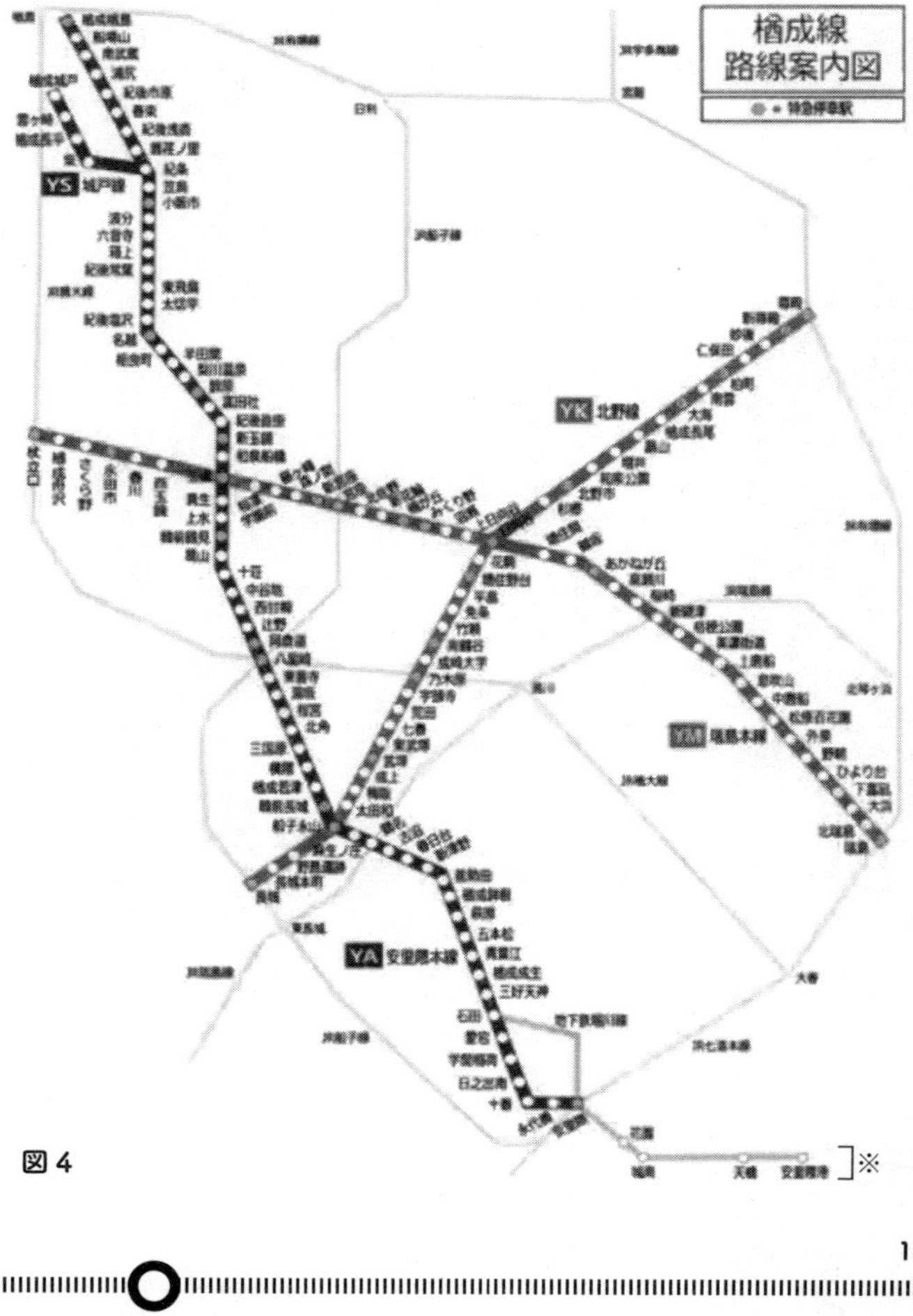

図４

します。

――私鉄の路線図の作成にはどれくらいの時間を要したのでしょうか？

名倉　中央を横切る瑞島本線がまずイメージが湧きました。駅名は1、2週間で考えたんですけど、時刻表にめちゃくちゃ時間がかかりました。大学1年生で作り始めたんですけど、途中で挫折して、大学4年生で再開させました。足掛け4年ですね（笑）。

――ちなみに地下鉄の「堀川線」（図4／※路線）は、別会社ですよね？

名倉　こちらは市営ですね。市鉄の正式名は「楢成七道電鉄株式会社」として運用されています。

――現在、何人ぐらいの従業員いるんですか。

名倉　従業員数何人なんだろう……駅数が150ぐらいあるので、数千人単位でいると思います。この会社は鉄道事業だけではなく、様々な分野の事業にも進出しています。

――妄想鉄道を運営されている方は比較的、多角的経営されている印象がありますね。あと会社の沿革なども大事にされていますよね。

名倉　人事異動の資料があるので、それをお見せしますね（図5）。

――面白いですね！

名倉　こんな感じです。これは去年4月付けのものです。常務が「専務執行役員」になっています。ゴルフ大好きな石橋さん（笑）。名前ももちろん妄想です。

――これだけ見ても、バスや観光開発など事業の存在がわかります。

名倉　ロープウェイを走らせているので「杖立観光開発（株）」ですね。ほかにも、「楢成スターツアーズ」「楢成百貨店」「楢成ベルホテル」「楢成保険サービス」「楢成不動産」「楢成エアポート」ですね。

――エアポートもあるんですね。

名倉　「成崎空港」っていう空港があるので、それのグラウンドスタッフ（地上作業員）ですね。飛行機の地上誘導作業などです。

――下にあるこのロゴマークも考えたんですか（図

2023年3月23日

報道関係各位

楢成七道電鉄株式会社
営業統括本部企画広報室

2023年度　人事異動に関して

楢成七道電鉄(株)では、2023年4月1日付で人事異動を行いますので、お知らせいたします。

記

新役職	旧役職	氏名
専務執行役員	常務執行役員 ブランド推進部長	石橋　哲宏
執行役員、デジタル戦略推進部長	グループ統括部長	黎原　邦明
安全推進部長	鉄道係員研修センター所長	榊原　亨
まちづくり事業本部長	楢成不動産(株)出向	宮藤　公洋
監査・業務改革部長	安全推進部長	内名　貴裕
鉄道係員研修センター所長	施設部長	志田　克之
運輸営業部長	運輸計画部長	荒木　義博
車両部長	車両部課長	安川　憲史
ブランド推進部長	杖立観光開発(株)出向	西　謙之
沿線価値向上推進部長	楢成バス(株)出向	酒井田　丈史
商業開発部長	運輸営業部長	永見　貴子

旧役職	新役職	氏名
新都心開発推進室長	瑞島地区再開発事業部長	岩倉　朔人
楢成スターツアーズ（株)出向 取締役社長	総務部長	大木田　浩司
楢成百貨店(株)出向 取締役社長	まちづくり事業本部長	野間口　博
楢成百貨店(株)出向 取締役	デジタル戦略推進部長	赤嶋　晃一
楢成ベルホテル(株)出向	沿線価値向上推進部長	大沢　崇彦
楢成不動産(株)出向 監査役	監査・業務改革部長	新谷　聡
楢成保険サービス(株)出向 取締役社長	企画広報室長	芝川　めぐ美
楢成エアポートサービス（株)出向 取締役社長	商業開発部長	中川　典昭

以上

YUSEI

図5

6）。
名倉　考えました（笑）。「まちと一緒に、みらいを描こう。」。なんかぽいでしょ！
――妄想からだんだんリアルになってきました（笑）
名倉　路線を作り路線図も作り時刻表も作り、鉄道会社の運営組織自体も考える……（笑）。すべては深夜の牛丼屋みたいなワンオペ作業です！
――時間がかかるわけですね。納得です。

時刻表の作成が大変！
コストを意識して種別展開も

――時刻表もぜひ見たいです。
名倉　瑞島駅の時刻表です（図7）。今年3月のダイヤ改正時点で、平日しか考えていないんですけど。
――ダイヤ改正は春と秋にやるんですか。
名倉　基本毎年春ですけど、やらない年もあります。今回のダイヤ改正はコロナの影響でご利用状況が悪くなったため、改正されました。ダイヤ改正概要の案内もありますよ。
――え！　よく駅に貼ってあるような案内の感じですか。
名倉　そんな感じですね（図8）。
――そもそも妄想なのに見直そうと思うタイミングはいつあるんですか（笑）。
名倉　冷静に考えて本数多いなというところから始まります。「快速急行はいらないな。だけど、いきなり本数減らすとご利用されるお客様からのご意見が来るので、とりあえず快速急行はやめて、急行の本数減らして、区間急行と準急を……」など考えを巡らせました。
――改正前は深夜帯に特急が走っていたんですか？　すごいですね。
名倉　そうですね。23時40分に特急列車がありました。
――瑞島本線の乗車時間はどれくらいなんですか？
名倉　瑞島から杖立口まで特急で約1時間。急行電

図6

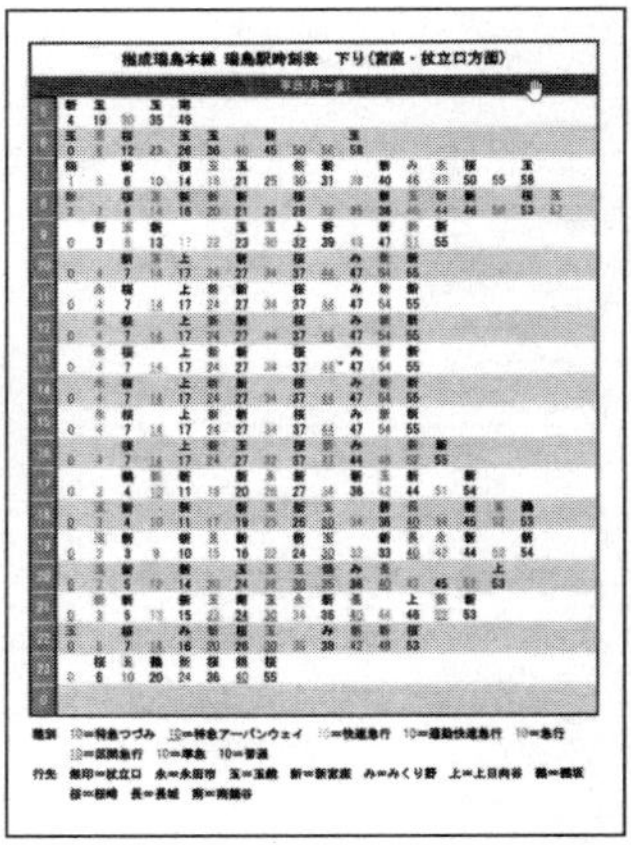
図7

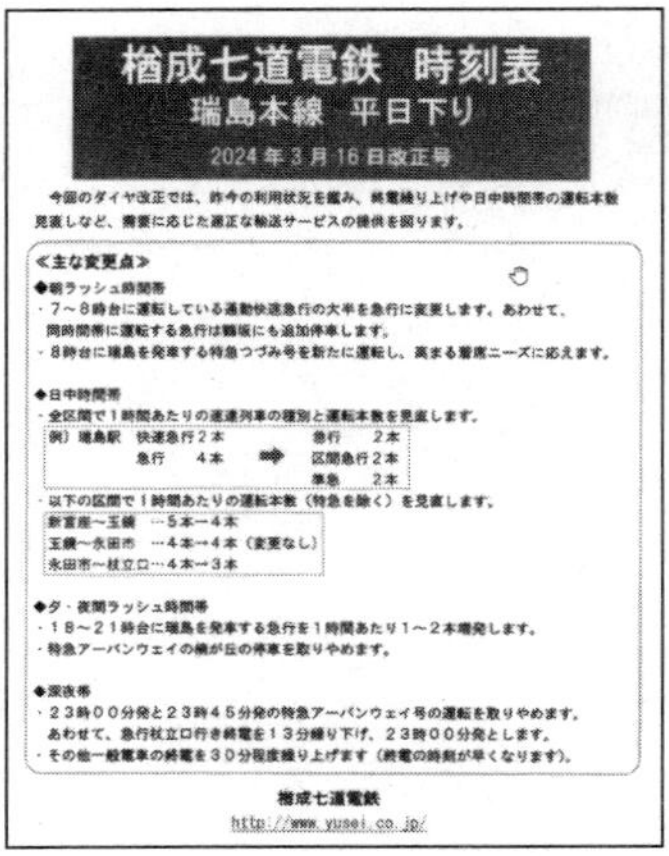
楢成七道電鉄　時刻表
瑞島本線　平日下り
2024年3月16日改正号

今回のダイヤ改正では、昨今の利用状況を鑑み、終電繰り上げや日中時間帯の運転本数見直しなど、需要に応じた適正な輸送サービスの提供を図ります。

《主な変更点》
◆朝ラッシュ時間帯
・7～8時台に運転している通勤快速急行の大半を急行に変更します。あわせて、同時間帯に運転する急行は鶴坂にも追加停車します。
・8時台に瑞島を発車する特急つづみ号を新たに運転し、高まる着席ニーズに応えます。

◆日中時間帯
・全区間で1時間あたりの速達列車の種別と運転本数を見直します。
例）瑞島駅　快速急行2本　急行4本　⇒　急行2本　区間急行2本　準急2本
・以下の区間で1時間あたりの運転本数（特急を除く）を見直します。
新宮座～玉鏡　…5本→4本
玉鏡～永田市　…4本→4本（変更なし）
永田市～杖立口…4本→3本

◆夕・夜間ラッシュ時間帯
・18～21時台に瑞島を発車する急行を1時間あたり1～2本増発します。
・特急アーバンウェイの柳が丘の停車を取りやめます。

◆深夜帯
・23時00分発と23時45分発の特急アーバンウェイ号の運転を取りやめます。あわせて、急行杖立口行き終電を13分繰り下げ、23時00分発とします。
・その他一般電車の終電を30分程度繰り上げます（終電の時刻が早くなります）。

楢成七道電鉄
http://www.yusei.co.jp/
図8

会社のロゴマークに時刻表、ダイヤ改正の案内など、実にきめ細かく会社運営に励む。

車で1時間10分から15分ですね。杖立口は観光メインの駅。こちらが瑞島駅から終電あたりの時刻表です（図9）。特急の最終は22時30分ですが「玉鏡《たまかがみ》」まででしか行かないので、杖立口まで行く急行の最終が23時。終点杖立口の到着が0時14分ですね。

——これを考えるのは相当大変ですね！

名倉　むちゃくちゃ大変です（笑）！　この時刻表でめっちゃ時間かかります。昼間はこんな感じです（図10、次のページ）。特急、急行、各停、区間急行、各停、準急、各停、急行……みたいな。これを毎時同じダイヤで組んでいます。全ての駅において毎日同じ時間に電車が来る。

——急行と区間急行の違いはどこなんですか。「沼瀬」とかの辺りは区間急行止まりますけど。

名倉　すべての各停が「新宮座《しんはやざ》」まで行って、その先は昼間にそこまで乗客数が少ないので無駄に長い距離走らせない。つまりコスト面（電気代など）を考えたうえでのダイヤです。4両で運転していて「新宮座」より先の各駅は急行の一部の列車を途中から各駅に止まらせて、各停の代わりに走らせています。

——その分、各停を手前の駅で終点にさせる。考えていますね。

名倉　全席座席指定、追加料金が必要なんですけど、遠くまで速く行きたい人は特急使ってねっていうもくろみもあります。

——ここまで考えて、すごいの一言です。

名倉　ありがとうござ

椎成　瑞島本線　平日ダイヤ　下り　その12

列車番号																	
列車種別			特急	急行		準急	準急		急行		準急		準急		準急		
列車名			アーバンウェイ 49号														
瑞島	発	2226	2230	[illegible]	2238	2242	2248	2253	2300	2306	2310	2320	2324	2336	2340	2355	・・
北瑞島	発	2228	レ	レ	2240	レ	レ	2255	レ	2308	レ	2322	レ	2338	レ	2357	・・
大浜	発	2230	レ	レ	2242	レ	レ	2257	レ	2310	レ	2324	レ	2340	レ	2359	・・
下富凪	発	2234	レ	レ	2246	レ	レ	2259	レ	2314	レ	2328	レ	2344	レ	001	・・
ひより台	発	2236	レ	レ	2248	レ	レ	2300	レ	2316	レ	2330	レ	2346	レ	002	・・
野朝	発	2238	レ	レ	2250	レ	レ	2302	レ	2318	レ	2332	レ	2348	レ	004	・・
外泉	発	2240	レ	レ	2252	レ	レ	2304	レ	2320	レ	2334	レ	2350	レ	006	・・
松原百花園	着	2243	レ	2244	2255	2250	2256	2307	2308	2323	2318	2336	2332	2352	2348	008	・・
	発	2245	レ	2244	2300	2250	2256	2309	2308	2325	2318	2337	2332	2353	2348	008	・・
中唐船	発	2247	レ	レ	2302	2252	2258	2312	レ	2327	2320	2339	2334	2355	2350	011	・・
息吹山	発	2249	レ	レ	2304	2254	2300	2314	レ	2329	2322	2341	2336	2357	2352	013	・・
上唐船	発	2251	レ	レ	2306	レ	レ	2316	レ	2331	レ	2343	レ	2359	レ	015	・・
美濃街道	発	2253	レ	レ	2308	レ	レ	2318	レ	2332	レ	2345	レ	001	レ	017	・・
桔梗公園	発	2254	レ	レ	2309	レ	レ	2319	レ	2333	レ	2346	レ	002	レ	018	・・
新綾津	発	2256	レ	2251	2311	2259	2305	2321	2315	2335	2327	2348	2341	004	2357	020	・・
桜崎	着	2259	レ	[illegible]	2314	2301	2308	2324	2317	2337	2329	2351	2343	007	2359	023	・・
	発	・・	レ	2254	2319	2302	2308	・・	2319	・・	2330	2353	2344	・・	000	・・	・・
高瀬川	発	・・	レ	レ	2322	2304	2311	・・	レ	・・	2332	2353	2346	・・	002	・・	・・
あかねが丘	着	・・	2248	2257	2324	2307	2313	・・	2321	・・	2334	2355	2348	・・	005	・・	・・
	発	・・	2248	2257	2324	2307	2313	・・	[illegible]	・・	2334	2356	2349	・・	005	・・	・・
鶴坂	着	・・	レ	レ	2327	2310	2316	・・	レ	・・	2337	2359	2351	・・	008	・・	・・
	発	・・	レ	レ	2327	2310	2316	・・	レ	・・	2337	・・	2352	・・	・・	・・	・・
堺住間	発	・・	レ	レ	2329	2312	2318	・・	レ	・・	2340	・・	2354	・・	・・	・・	・・
日向谷	発	・・	2254	2303	2332	2315	2321	・・	2327	・・	2342	・・	2357	・・	・・	・・	・・
上日向谷	発	・・	レ	レ	2334	2317	2323	・・	レ	・・	2344	・・	2359	・・	・・	・・	・・
沼瀬	発	・・	レ	レ	2337	2320	2326	・・	レ	・・	2347	・・	002	・・	・・	・・	・・
みくり野	着	・・	2258	[illegible]	2340	2322	2329	・・	[illegible]	・・	2349	・・	004	・・	・・	・・	・・
	発	・・	2258	[illegible]	・・	2322	2333	・・	2332	・・	2350	・・	004	・・	・・	・・	・・
楓が丘	発	・・	レ	レ	・・	2324	2336	・・	レ	・・	2352	・・	007	・・	・・	・・	・・
新花輪	発	・・	レ	レ	・・	2327	2338	・・	レ	・・	2355	・・	010	・・	・・	・・	・・
北佐野	発	・・	レ	レ	・・	2330	2341	・・	レ	・・	2358	・・	013	・・	・・	・・	・・
宮座	発	・・	2307	2316	・・	2333	2344	・・	2340	・・	001	・・	016	・・	・・	・・	・・
新宮座	着	・・	レ	2317	・・	2335	2346	・・	2341	・・	002	・・	018	・・	・・	・・	・・
	発	・・	レ	2318	・・	・・	・・	・・	2342	・・	003	・・	・・	・・	・・	・・	・・
森ノ関	発	・・	レ	2321	・・	・・	・・	・・	2345	・・	006	・・	・・	・・	・・	・・	・・
藤ヶ峰	発	・・	レ	[illegible]	・・	・・	・・	・・	2347	・・	008	・・	・・	・・	・・	・・	・・
桜凛学園前	発	・・	レ	2326	・・	・・	・・	・・	2350	・・	011	・・	・・	・・	・・	・・	・・
玉鏡	着	・・	2318	[illegible]	・・	・・	・・	・・	2353	・・	014	・・	・・	・・	・・	・・	・・
	発	・・	・・	[illegible]	・・	・・	・・	・・	2354	・・	・・	・・	・・	・・	・・	・・	・・
西玉鏡	発	・・	・・	2332	・・	・・	・・	・・	2358	・・	・・	・・	・・	・・	・・	・・	・・
春川	発	・・	・・	2335	・・	・・	・・	・・	2359	・・	・・	・・	・・	・・	・・	・・	・・
永田市	着	・・	・・	[illegible]	・・	・・	・・	・・	002	・・	・・	・・	・・	・・	・・	・・	・・
	発	・・	・・	2338	・・	・・	・・	・・	002	・・	・・	・・	・・	・・	・・	・・	・・
さくら野	発	・・	・・	2340	・・	・・	・・	・・	004	・・	・・	・・	・・	・・	・・	・・	・・
椎成舟沢	発	・・	・・	2343	・・	・・	・・	・・	007	・・	・・	・・	・・	・・	・・	・・	・・
杖立口	着	・・	・・	[illegible]	・・	・・	・・	・・	014	・・	・・	・・	・・	・・	・・	・・	・・
備考																	

図9

瑞島本線の時刻表の完成までに4年の年月を費やしました。

檜成 瑞島本線 平日ダイヤ 下り その5

駅		1	2	3	4	5	6	7	8	9	10	11	12	13	14	15	16	17	18	19	20	21	22	23
列車番号																								
列車種別			準急		急行		区急		準急		特急	急行		区急		準急		急行		区急		準急		特急
列車名											つづみ 13号													つづみ 15号
瑞島	発	1117	1124	1127	1134	1137	1144	1147	1154	1155	1200	1204	1207	1214	1217	1224	1227	1234	1237	1244	1247	1254	1255	1300
北瑞島	発	1119	レ	1129	レ	1139	レ	1149	レ	1157	レ	レ	1209	レ	1219	レ	1229	レ	1239	レ	1249	レ	1257	レ
大浜	発	1121	レ	1131	レ	1141	レ	1151	レ	1159	レ	レ	1211	レ	1221	レ	1231	レ	1241	レ	1251	レ	1259	レ
下富田	発	1123	レ	1133	レ	1143	レ	1153	レ	1208	レ	レ	1213	レ	1223	レ	1233	レ	1243	レ	1253	レ	1308	レ
ひより台	発	1124	レ	1134	レ	1144	レ	1154	レ	1209	レ	レ	1214	レ	1224	レ	1234	レ	1244	レ	1254	レ	1309	レ
野朝	発	1126	レ	1136	レ	1146	レ	1156	レ	1211	レ	レ	1216	レ	1226	レ	1236	レ	1246	レ	1256	レ	1311	レ
外泉	発	1128	レ	1138	レ	1148	レ	1158	レ	1213	レ	レ	1218	レ	1228	レ	1238	レ	1248	レ	1258	レ	1313	レ
松原百花園	着	1131	1132	1141	1142	1151	1152	1201	1202	1215	レ	1212	1221	1222	1231	1232	1241	1242	1251	1252	1301	1302	1315	レ
	発	1134	1132	1144	1142	1154	1152	1204	1202	1215	レ	1212	1223	1222	1234	1232	1244	1242	1254	1252	1304	1302	1315	レ
中唐船	発	1137	1134	1146	レ	1156	レ	1207	1204	1217	レ	レ	1226	レ	1237	1234	1246	レ	1256	レ	1307	1304	1317	レ
息吹山	発	1139	1136	1148	レ	1158	レ	1211	1206	1219	レ	レ	1228	レ	1239	1236	1248	レ	1258	レ	1311	1306	1319	レ
上唐船	発	1141	レ	1150	レ	1200	レ	1213	レ	1221	レ	レ	1230	レ	1241	レ	1250	レ	1300	レ	1313	レ	1321	レ
美濃街道	発	1143	レ	1152	レ	1202	レ	1215	レ	1223	レ	レ	1232	レ	1243	レ	1252	レ	1302	レ	1315	レ	1323	レ
桔梗公園	発	1144	レ	1153	レ	1203	レ	1216	レ	1224	レ	レ	1233	レ	1244	レ	1253	レ	1303	レ	1316	レ	1324	レ
新綾津	発	1146	1141	1155	1149	1205	1159	1218	1211	1226	レ	1220	1235	1229	1246	1241	1255	1249	1305	1259	1318	1311	1326	レ
桜崎	着	1149	1143	1158	1151	1208	1201	1221	1213	1229	レ	1222	1238	1231	1249	1243	1258	1251	1308	1301	1321	1313	1329	レ
	発	1153	1144	1203	1152	・・	1202	1224	1214	1234	レ	1223	・・	1232	1253	1244	1303	1252	・・	1302	1324	1314	1334	レ
高瀬川	発	1156	1146	1206	レ	・・	レ	1227	1216	1236	レ	レ	・・	レ	1256	1246	1306	レ	・・	レ	1327	[illegible]	1336	レ
あかねが丘	着	1158	1148	1208	1155	・・	1205	1229	1218	1238	レ	1226	・・	1235	1258	1248	1308	1255	・・	1305	1329	[illegible]	1338	レ
	発	1158	1148	1208	1155	・・	1205	1229	1220	1238	レ	1226	・・	1235	1258	1248	1308	1255	・・	1305	1329	1320	1338	レ
鶴坂	着	1200	1151	1210	レ	・・	レ	1231	1223	1241	レ	レ	・・	レ	1300	1251	1310	レ	・・	レ	1331	1323	1341	レ
	発	1200	1151	1210	レ	・・	レ	1232	1223	1241	レ	レ	・・	レ	1300	1251	1310	レ	・・	レ	1332	1323	1341	レ
塩住関	発	1203	1153	1213	レ	・・	レ	1235	1225	1243	レ	レ	・・	レ	1303	1253	1313	レ	・・	レ	1335	1325	1343	レ
日向谷	発	1206	1156	1216	1201	・・	1211	1238	1228	1246	1224	1232	・・	1241	1306	1256	1316	1301	・・	1311	1338	1328	1346	1324
上日向谷	発	1208	1158	1218	レ	・・	1213	1240	1230	1248	レ	レ	・・	1243	1308	1258	1318	レ	・・	1313	1340	1330	1348	レ
沼瀬	発	・・	1201	1221	レ	・・	1216	1243	1233	1251	レ	レ	・・	1246	・・	1301	1321	レ	・・	1316	1343	1333	1351	レ
みくり野	着	・・	1204	1224	1206	・・	1218	1246	1236	1254	レ	1237	・・	1248	・・	1304	1324	1306	・・	1318	1346	1336	1354	レ
	発	・・	1208	1229	1206	・・	1218	・・	1238	1254	レ	1237	・・	1248	・・	1308	1329	1306	・・	1318	・・	1338	1354	レ
楠が丘	発	・・	1210	1232	レ	・・	1220	・・	1240	1256	レ	レ	・・	1250	・・	1310	1332	レ	・・	1320	・・	1340	1356	レ
新花輪	発	・・	1213	1234	レ	・・	1223	・・	1243	1259	レ	レ	・・	1253	・・	1313	1334	レ	・・	1323	・・	1343	1359	レ
北佐野	発	・・	1216	1237	レ	・・	1226	・・	1246	1302	レ	レ	・・	1256	・・	1316	1337	レ	・・	1326	・・	1346	1402	レ
宮座	発	・・	1219	1240	1214	・・	1229	・・	1249	1305	1236	1245	・・	1259	・・	1319	1340	1314	・・	1329	・・	1349	1405	1336
新宮座	着	・・	1221	1242	1216	・・	1231	・・	1251	1307	レ	1247	・・	1301	・・	1321	1342	1316	・・	1331	・・	1351	1407	レ
	発	・・	・・	・・	1216	・・	1231	・・	・・	・・	レ	1247	・・	1301	・・	・・	・・	1316	・・	1331	・・	・・	・・	レ
森ノ関	発	・・	・・	・・	1219	・・	1234	・・	・・	・・	レ	1250	・・	1304	・・	・・	・・	1319	・・	1334	・・	・・	・・	レ
藤ヶ峰	発	・・	・・	・・	1221	・・	1236	・・	・・	・・	レ	1252	・・	1306	・・	・・	・・	1321	・・	1336	・・	・・	・・	レ
桜連学園前	発	・・	・・	・・	1224	・・	1239	・・	・・	・・	レ	1255	・・	1308	・・	・・	・・	1324	・・	1339	・・	・・	・・	レ
玉鍋	着	・・	・・	・・	1227	・・	1242	・・	・・	・・	1245	1258	・・	1311	・・	・・	・・	1327	・・	1342	・・	・・	・・	1345
	発	・・	・・	・・	1228	・・	1243	・・	・・	・・	1245	1258	・・	1312	・・	・・	・・	1328	・・	1343	・・	・・	・・	1345
西玉鍋	発	・・	・・	・・	1230	・・	1249	・・	・・	・・	レ	1300	・・	1315	・・	・・	・・	1330	・・	1346	・・	・・	・・	レ
春川	発	・・	・・	・・	1233	・・	1252	・・	・・	・・	レ	1303	・・	1318	・・	・・	・・	1333	・・	1352	・・	・・	・・	レ
永田市	着	・・	・・	・・	1236	・・	1255	・・	・・	・・	1250	1306	・・	1321	・・	・・	・・	1336	・・	1355	・・	・・	・・	1350
	発	・・	・・	・・	1236	・・	1255	・・	・・	・・	1250	・・	・・	1321	・・	・・	・・	1336	・・	1355	・・	・・	・・	1350
さくら野	発	・・	・・	・・	1238	・・	1257	・・	・・	・・	レ	・・	・・	1323	・・	・・	・・	1338	・・	1357	・・	・・	・・	レ
檜成舟沢	発	・・	・・	・・	1241	・・	1300	・・	・・	・・	レ	・・	・・	1326	・・	・・	・・	1341	・・	1400	・・	・・	・・	レ
杖立口	着	・・	・・	・・	1248	・・	1307	・・	・・	・・	1301	・・	・・	1333	・・	・・	・・	1348	・・	1407	・・	・・	・・	1401
備考																								

図 10

います。

――料金設定も考えていますか。

名倉　私鉄の料金表はありますよ（図11）。

――3キロ圏内「160円」。最大1480円は安いですね。

名倉　「楢島」から特急料金を含めると3000円いかないぐらいになりますよって感じの設定です。

――ありがとうございます。鉄道以外にもバスもあってもうお腹いっぱいです（編集部注：今回は割愛）。メディアに出演して周囲の反応はいかがでしたか。

名倉　昔は小学校の休み時間にも作っていたりしましたけど、クラスメイトが「なんか変なことやってんな」ぐらいに見られていて。身近にやっている人がいないので、中学以降はもうこの趣味を説明するのも面倒になっていました。

　それがテレビに出演したら、それに気づいた友人もTwitter（X）で「幼馴染が急にオードリーの番組に出てる！」みたいに書いていて。大学の同じクラスの人たちも、「こんなすごい人だとは思わなかった」みたいな感じのコメントがありましたね。親からは別に何も言われることなく、「好きなことやってんね」ぐらいの反応でした。

――「妄想鉄」の魅力はどこにありますか。

名倉　「究極の自己満足」だと思います（笑）。別に誰かに見せびらかすっていうものでもないんですけど。だから、今後もテレビ出たいとか、見てもらいたいわけでもないです。でも、こういう趣味もあるんですよって、周りの人に知ってもらえたらいいなぐらいですね。

――ちなみに「楢成」はいつぐらいに完成する予定ですか？

名倉　路線図自体はもうすでに完成してるので、あとは細部の詰めだけですね。ダイヤ改正や人事異動とか。今は「企業理念」を作っているんですよ。

普通旅客運賃表　子ども運賃は大人運賃の半額です。10円未満の端数は10円単位に切り上げます。

キロ程(km)	運賃(円)
1~3	160
4~6	190
7~10	230
11~14	270
19~22	320
23~26	350
27~30	390
31~35	440
36~40	480
41~45	530
46~50	590
51~55	650

キロ程(km)	運賃(円)
56~60	710
61~65	780
66~70	840
71~75	900
76~80	960
81~85	1030
86~90	1100
91~95	1160
96~100	1240
101~110	1350
111~120	1480

特急あすか・ふなこ　停車駅相互間特急料金及び営業キロ程表 / ( )内は子ども料金

安里原	22.1	23.7	36.7	50.2	56.1	59.9	70.1	82.6	102.2	116.7
520 (260)	船子永山	–	14.6	28.1	34.0	37.8	48.0	60.5	80.1	94.6
520 (260)	–	韓前長城	13.0	26.5	32.4	36.2	46.4	58.9	78.5	93.0
650 (330)	520 (260)	520 (260)	八景崎	13.5	19.4	23.2	33.4	45.9	65.5	80.0
650 (330)	520 (260)	520 (260)	520 (260)	韓前鶴見	5.9	9.7	19.9	32.4	52.0	66.5
650 (330)	650 (330)	650 (330)	520 (260)	520 (260)	玉錦	3.8	14.0	26.5	46.1	60.6
650 (330)	650 (330)	650 (330)	520 (260)	520 (260)	520 (260)	新玉錦	10.2	22.7	42.3	56.8
780 (390)	650 (330)	650 (330)	650 (330)	520 (260)	520 (260)	520 (260)	錦原	12.5	32.1	56.6
1020 (510)	650 (330)	650 (330)	650 (330)	650 (330)	520 (260)	520 (260)	520 (260)	名越	19.6	34.1
1250 (630)	780 (390)	780 (390)	780 (390)	650 (330)	650 (330)	650 (330)	650 (330)	520 (260)	小阪市	14.5
1250 (630)	1020 (510)	1020 (510)	780 (390)	780 (390)	650 (330)	650 (330)	650 (330)	650 (330)	400 (200)	楢成楢島

図 11

こういう趣味もあるんですよ、
周りの人に知ってもらえたらいいいな。

「ようこそ、弊社の鉄道へ」～妄想鉄道の誘い～

常武電鉄

jobu dentetsu

← https://www.jobu.tetsudori.com/ →

沿線ファンサイト **常武電鉄ダイヤ研究会** 編

基本情報			
会社名	常武電鉄	路線数	2 路線
車両数	8 形式 662 両	運行区間	新宿～電鉄龍ケ崎、電鉄秋葉原～つくば
運行種別	5 種類	その他事業	無し
特徴	東京都、埼玉県、千葉県、茨城県を営業エリアに持つ中小私鉄。1978 年に常武電鉄線として開業した現ちばらき線と、2005 年開業のつくば線の 2 路線を保有しています。八潮－電鉄平和台間で 2 路線が方向別複々線を構成しており、それを活かしたダイヤが組まれています。		

1000系（初代）

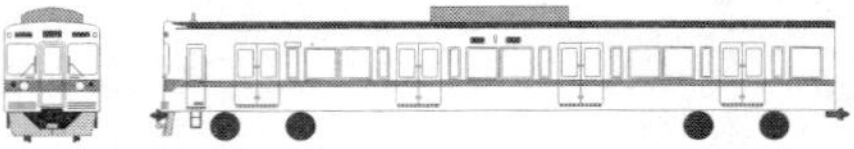

常武電鉄線（現ちばらき線）開業時に登場。「つり目」状のライト配置は常武電鉄車両のトレードマークです。ベースは京王6000系で外観や電装品類は概ね同一。計210両が製造され後継形式による置換えが進み、2024年11月現在は6両編成1本のみ残存します。

2000系（リニューアル車）

現ちばらき線8連化時に登場。1986年から1997年にかけ、計140両が製造されました。車体は京王7000系の初期製造車をベースにオールステンレス車体、制御方式は当時最新鋭のGTO-VVVFインバータ制御が採用されました。

3000系（リニューアル車）

現ちばらき線8連運用増加に伴い起こされた新形式。1994年から2000年にかけ、計34両が製造されました。車体は京王8000系をベースに、制御装置は海外製のGTO-VVVFインバータ制御が採用されました。

4000系・4060系

つくば線開業に伴い起こされた新形式で、4000系が直流専用車、4060系が交直流対応車です。4060系は黄土色のラインで外観の区別が可能。常武電鉄で初めてIGBT-VVVFが採用され、老朽化した1000系（初代）の置換えも兼ね、歴代最多の計386両が製造されました。

1000系（2代）・1040系

京王との直通運転開始に伴う運用増と、京王ライナーへの対応に伴い起こされた新形式です。正面の塗装がツートンに変化したのが大きな特徴で、2023年3月時点で計66両が製造されています。2025年度には交直流対応の1060系が登場予定です。

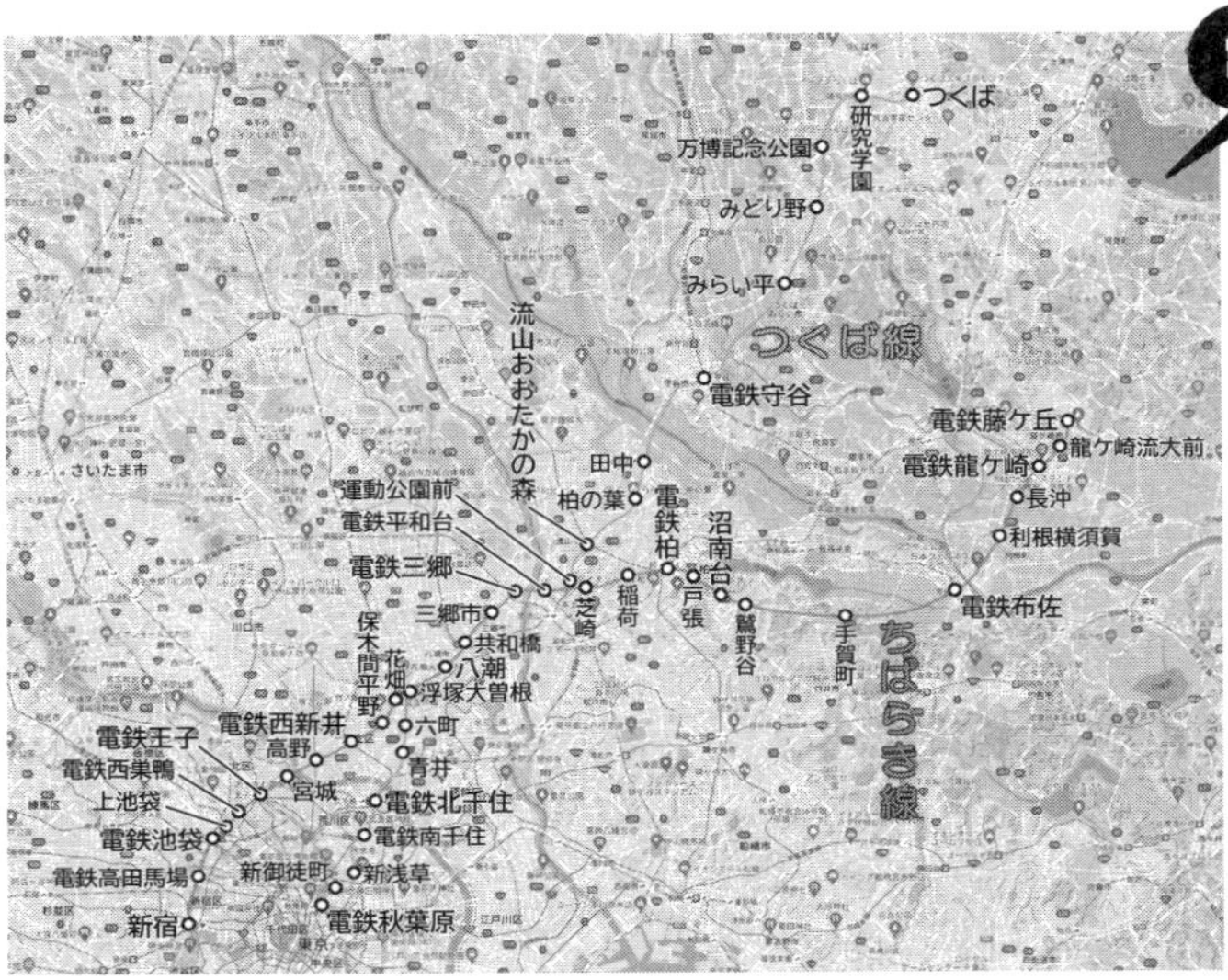

常武電鉄って何？

ちばらき線
(新宿ー電鉄龍ケ崎)

常武電鉄の主力路線で、最も歴史が長い路線。最高速度は110 km/h。一部の駅が8両対応で、急行系種別は8両または10両編成で運転される。2024年度末に、電鉄龍ケ崎ー電鉄藤ケ丘間が開業予定となっている。

つくば線
(電鉄秋葉原ーつくば)

2005年に開業した新路線で、最高速度は110 km/h。電鉄守谷駅北方を境に、都心側が直流、末端側が交流電化となっている。全駅が6両対応であるが、8両対応工事が進行しており、2025年度以後に8両編成の運行が開始される見込みである。

列車種別 ダイヤのポイント

POINT

ちばらき線

新宿を境に京王電気鉄道と相互直通し、終日に渡りパターンダイヤを構成し、運用や走行距離精算の都合、都営地下鉄の車両も乗り入れます。都心側は緩急比を1:2とし、急行系種別を2種類設定して遠近分離と有効列車本数の最大化が図られています。

つくば線

概ね終日パターンダイヤを構成しています。電鉄三郷でちばらき線との接続が重視されているため、時間帯によっては運行間隔が乱れます。

運行情報	
特急	最も停車駅が少ない無料の急行系種別で、種別色は赤色。通勤時間帯を除き概ね終日運転される各路線の主力種別。電鉄三郷では、ちばらき線とつくば線の列車同士が相互に接続している。
快速急行	特急に準ずる急行系種別で、種別色は緑色。常武電鉄線開業時は急行を名乗った。専らラッシュ時間帯や早朝深夜帯に運行される。
急行	都心側は快速急行、末端側は各駅停車の急行系種別で、種別色は水色。常武電鉄線開業時は準急行を名乗った。ちばらき線では中間種別として終日運行され、つくば線ではラッシュ時間帯に限定運行される。
普通	つくば線のみで運行される最下等種別で、種別色は青。案内放送では普通車と案内される。複々線区間に通過駅を持つことで、ちばらき線の各駅停車と区別される。
各駅停車	ちばらき線のみで運行される最下等種別で、種別色は黒。つくば線開業前は普通を名乗った。大半が電鉄池袋ー電鉄柏間の区間運行で、路線の両端に乗り入れるのは一部時間帯のみ。

常武電鉄ちばらき線・京王線・都営新宿線　停車駅一覧

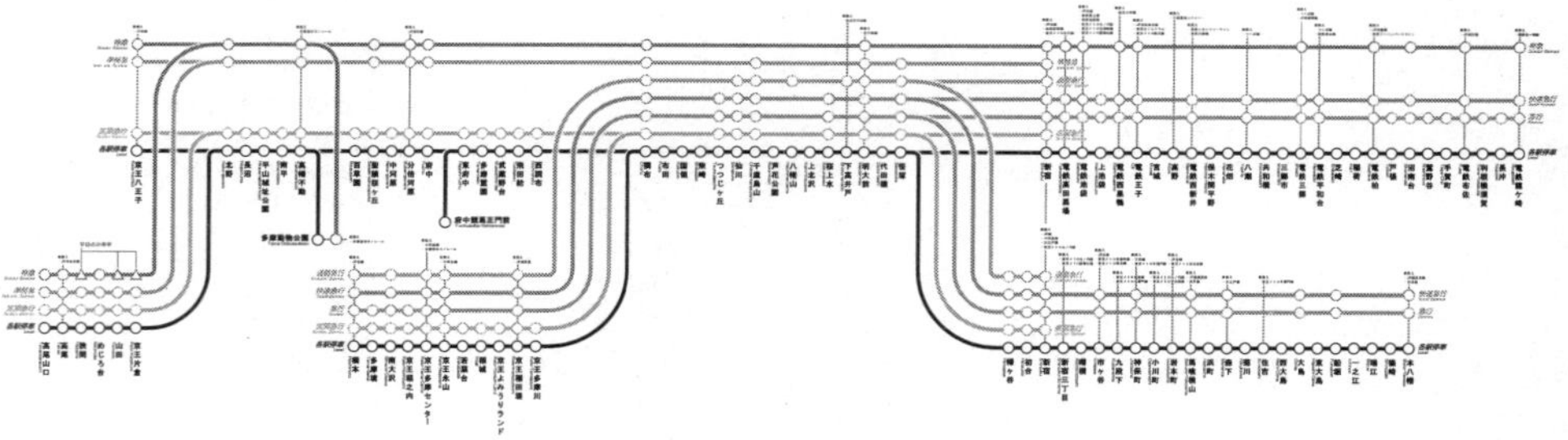

Q&A

直撃アンケート

妄想鉄道に興味がわいた理由を教えてください。

小学生の時、自由に鉄道に乗る機会が得られなかったので、通学路を線路に見立てて電車ごっこをやっていたのが始まりです。適当な駅名を考えて当てはめるというのも、当時からやっていました。また、教室では地図帳に線を引いて新しい路線を作ったり、停車駅を考えたりしていました。その後も様々な路線を作っては忘れてきたものの、本格的にダイヤを研究するようになってからは車両や線路配置などの設定を細かく決めるようになりました。

あえて妄想鉄に関わるに至った理由をお知らせください。

一般的な妄想鉄道サイトが事業者目線で作られているのに対し、「ファンが立ち上げたサイト」は殆ど存在しません。こうした現状に一石を投じようと思ったのがきっかけです。通常、鉄道会社のサイトにはマニアックな情報は殆ど書かれませんが、ファンサイトなら書きたいことが何でも書けます。他の妄想鉄道サイトも客観的な目線で楽しんでみたいと感じており、先陣を切ることで仲間を増やそうと思ってサイト運営に至りました。

現在の妄想路線図の状況や、ご自身のこだわりを教えてください。

常武電鉄線（現ちばらき線）開業時から46年分の時刻表を収集し、それを用いてダイヤの変遷を辿ったのがこだわりポイントです。自分が生まれる前の時刻表

常武電鉄つくば線　停車駅一覧

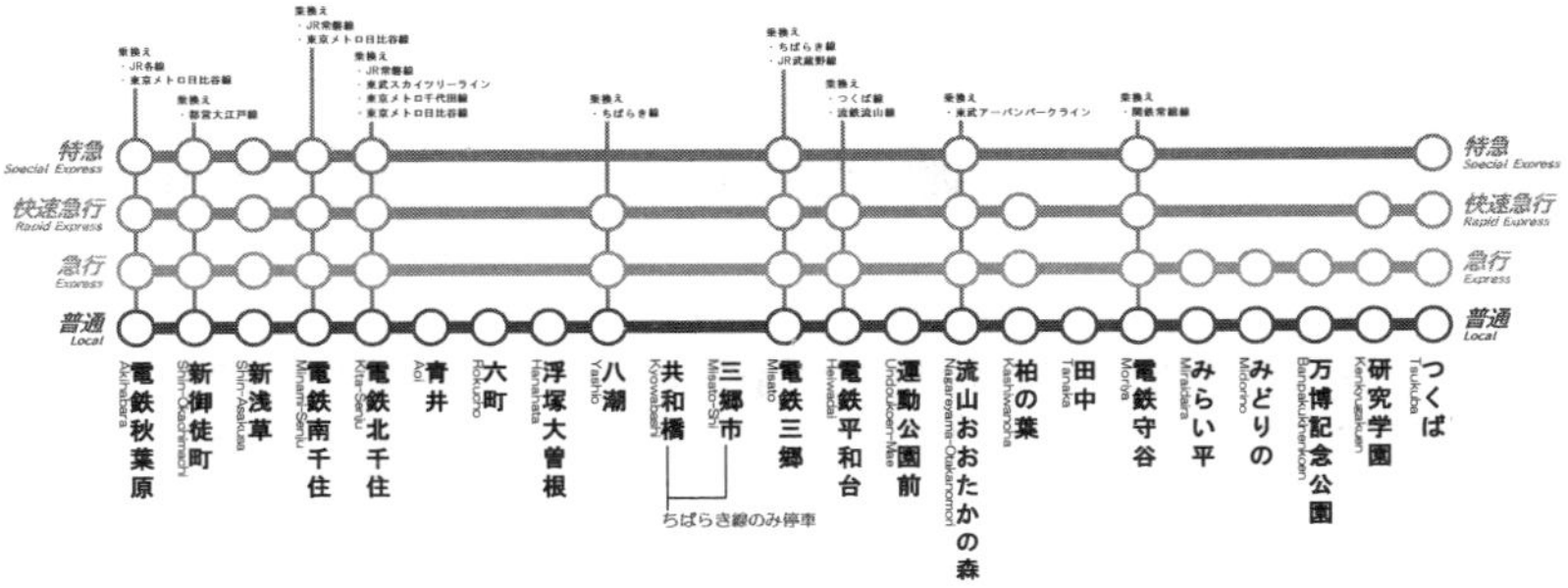

は、父親から引き継いでいるという設定です。現実の鉄道でも「ダイヤ史」を追ったサイトは少ないので、そういうものの起爆剤となることを狙いました。

現在運営している、妄想鉄道のダイヤ概要を教えてください。

ちばらき線の場合、日中の都心側は 10 分間に特急、急行、各駅停車が 1 本ずつ設定されています。つくば線の場合、日中の都心側は 10 分間に特急、普通車が 1 本ずつ設定されています。短周期のパターンダイヤが採用され、利用者の立場としては「時刻表を見なくても使いやすい」です。但し、ダイヤのゆとりが比較的少ないためか、1 ～ 2 分程度の遅延が慢性化している印象があります。

ご自身の作品で、快心だと思われた妄想路線図を教えてください。

現在の常武電鉄です。他社線乗り入れにより路線網が複雑になったため、京王電気鉄道への直通開始後は車内の路線図が、ちばらき線用とつくば線用で分かれています。

今後の御社の妄想路線はどのような展開をお考えですか？ダイヤ改正並びに種別増加、延伸予定、新計画などのビジョンをお聞かせください。

ちばらき線では、2025 年 3 月に路線延伸に伴うダイヤ改正が行われる見込みなので、詳細情報を待っています。例年、12 月の第 3 金曜日に概要が、翌 2 月末に新ダイヤが発表されます。つくば線は、8 両化対応工事の最中なので、工事進捗に伴う運用変更等にも注目したいです。

「ようこそ、弊社の鉄道へ」～妄想鉄道の誘い～

神奈急電鉄

kanakyu railway

← https://kanakyusubway.web.fc2.com/ →

神奈急電鉄
Kanakyu Railway

基本情報			
会社名	神奈急電鉄	路線数	11 路線
車両数	7 種	運行区間	麻生駅～横浜駅～麻生駅 他
運行種別	5 種類	その他事業	バス事業、小売業
特徴	神奈急電鉄の全ての路線で共通して、軌間は 1,067mm（狭軌）の 20M 級 4 ドアで統一されています。ホームドアを全駅に設置し、走行区間の大半が地下か高架で三浦線を除き踏切もありません。自社線起因のダイヤ乱れが起きにくく定時運行にも強くなっています。		

18000系 成羽線用車両 兼 特急車両

神奈急 18000 系は、2020 年にデビューした最新鋭の車両。空港アクセスに特化し、4 ドア転換クロスシートと 2 ドアクロスシートを併せ持つなど、快適な旅を提供します。車内に 4 ヶ国語対応の LCD ディスプレイ設置、外国人観光客にも優しい設計です。

20000系 三浦線用車両

2 両編成でローカル線向けとして座席はボックスシートで、ボックス以外の座席も全席ハイバックシートでヘッドレスト付きです。ボックスシートからも見やすい様に、車内 LCD はドアの上で無く天井吊りで設置されています。

20200系 神奈川環状線用車両

通勤型車両でありながら、ロングシートの座席にハイバックシートを採用し、快適な乗り心地を実現しています。また 20000 系列では、車両の内装にアクセントとして路線カラーを多様にすることで、各路線の車両の個性を際立たせています。

5700系 早渕線用車両

5000 系列は従来の普通鋼からオールステンレス構造へ変更することで、塗装の省略と大幅な軽量化を実現しました。登場時は LED 車内案内表示器が搭載されていましたが、現在では LCD ディスプレイに交換されています。

1500系 三浦線用車両

1000 系列は現役最古の古い車両。ただし車内は 20000 系に準じた内装にリニューアルされています。

神奈急電鉄

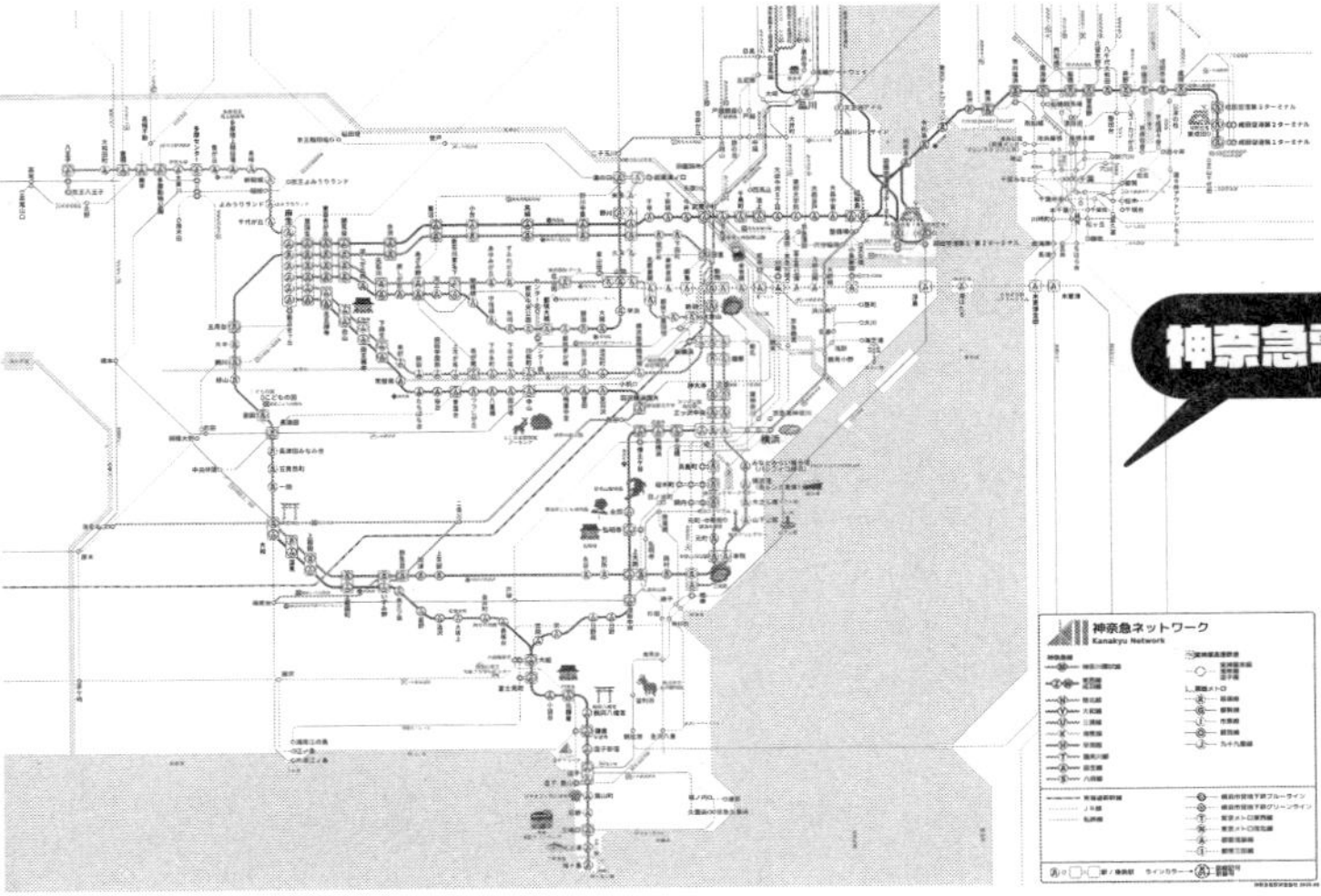

神奈急電鉄って何？

神奈急電鉄は神奈川県を中心に、各地に張り巡らせた路線網で便利な鉄道ネットワークです。多くの路線は神奈急の大ターミナル駅である麻生に向け合流することで、麻生駅付近は東京都心のJR線と並ぶレベルの多重複線の超過密ダイヤで運転されます。

路線別紹介	
神奈川環状線（麻生～横浜～麻生）	神奈川県内を環状に一周する路線。他の複数の路線と並行して走行することで複々線の役割を果たす。種別は各停と急行。
東西線（麻生～昭和島）	麻生から八麻線に直通運転、昭和島から成羽線に直通運転。種別は各停、快速、急行。
南北線（麻生～根岸）	麻生から八麻線に直通運転、種別の違いは無く全ての電車が各駅に停車。
大和線（本線）（逗子～大和）	逗子から三浦線に直通運転、種別は普通、各停、快速、急行。普通列車とは三浦線の 2 両編成の電車が大船まで乗り入れるため各駅停車と区別された種別として案内される。
大和線（支線）（大船～横浜）	大船で本線から分岐し、横浜から東神葉高速鉄道線に直通運転。種別は各停、快速、急行。
三浦線（城ケ島～逗子）	神奈急で唯一のローカル線の雰囲気を愉しめる。大船駅から大和線に直通運転。種別は普通、快速。
海蛍線（木更津～武蔵溝ノ口）	川崎から木更津はアクアラインと並走して東京湾を横断し両都市を鉄道で結ぶ。種別は各停、急行。
早渕線（麻生～溝の口）	麻生から八麻線に直通運転、大井町から東急大井町線に直通運転。種別は B 各停、G 各停、急行。
鶴見川線（麻生～新横浜）	麻生から八麻線に直通運転、新横浜から東急目黒線に直通運転。種別は各停、急行。
麻生線（麻生～羽沢横浜国大）	麻生から八麻線に直通運転、羽沢横浜国大から相鉄線に直通運転。種別は各停のみ。
八麻線（八王子～麻生）	神奈急各路線へのアクセス路線として重要な役割を果たす。麻生から東西線、南北線、早渕線、鶴見川線、麻生線に直通運転、全ての電車が各駅に停車するが案内上種別は麻生方面の直通先の種別を表示する。
成羽線（昭和島・品川～成田空港）	空港アクセス列車や、都心への直通列車が多数運行されている。昭和島から東西線に直通運転、品川から東京メトロ南北線、都営三田線に直通運転。種別は各停、快速、急行。

Q&A

直撃アンケート

妄想鉄道に興味がわいた理由を教えてください。

小学生のときに社会科で地図を勉強するようになってから、ずっと地図帳を眺める機会が増え、鉄道空白地帯を線で結んで妄想路線を考える様になりました。神奈急のイメージに固まってきた頃に、OpenBVEという鉄道運転シミュレーションゲームと出会い、路線データや車両データをインターネットで公開することで、自分の妄想鉄道を表現出来る様になりました。

あえて妄想鉄に関わるに至った理由をお知らせください。

現実の鉄道では実現が難しいような、大胆な路線設計や車両デザインを自由に表現できる点に魅力を感じています。また、自分の手で作り上げた鉄道の世界を、多くの人と共有したいという思いも強くありました。

現在の妄想路線図の状況や、ご自身のこだわりを教えてください。

路線図は、神奈川県を中心に、都市部と郊外を結ぶ大規模なネットワークを構築しています。各路線は、沿線の地理的特徴を考慮し、可能な限り現実的な路線配置を目指しました。また、現在各鉄道会社で導入が広がっているホームドアや駅ナンバリングについても、神奈急ではかなり早い段階で導入しています。

現在運営している、妄想鉄道のダイヤ概要を教えてください。

神奈急のダイヤは、ラッシュ時と閑散時で大きく異なります。ラッシュ時には、通勤通学客に対応するため、各路線で高頻度の運転が行われます。一方、閑散時には、空港利用客や観光客向けに、特急列車の運転本数を増やし、より快適な旅を提供しています。

ご自身の作品で、快心だと思われた妄想路線図を教えてください。

成羽線の羽田空港付近の接続部分です。あえて各停でなく速達性の求められるべき急行と特急だけ羽田空港へ寄り道をする点や、特急列車の種類によって多方向への運転が実現できます。

神奈急電鉄

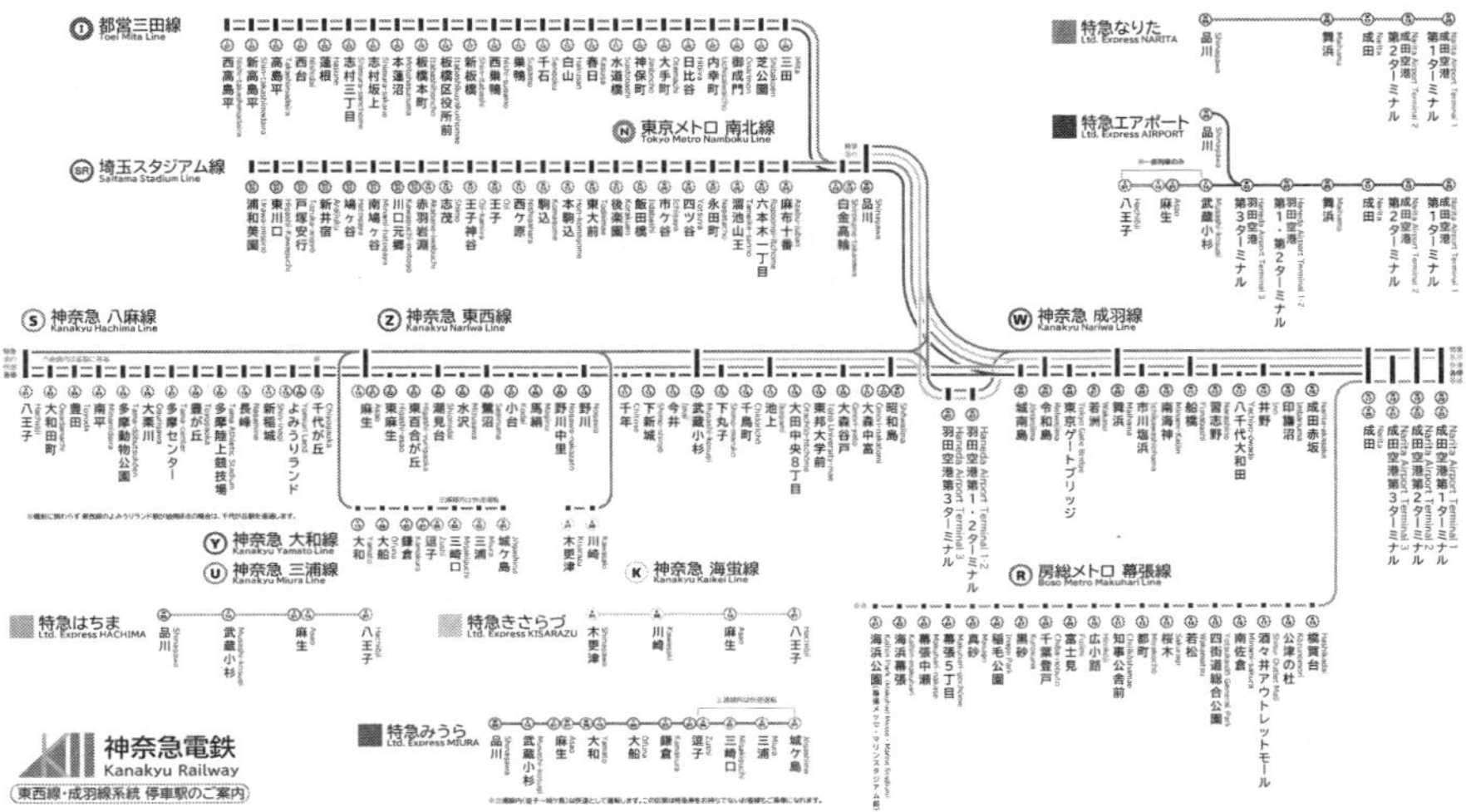

列車種別 ダイヤのポイント

POINT

運行種別は路線ごとに異なり主に直通先に依存します。有料特急は次の5種が運行しています。・特急なりた号（品川～成田空港）・特急エアポート号（品川／武蔵小杉／八王子～成田空港）・特急はちま号（品川～八王子）・特急みうら号（品川～城ケ島）・特急きさらづ号（木更津～八王子）。

運行／ダイヤでは、既存の急行は4ドア6両のロングシート、特急車両は2ドア6両のクロスシートから成羽線の新型車両18000系で、より柔軟なダイヤと車両の運用が可能となりました。転換クロスシートにより、急行ではロングシート、特急ではクロスシートに切り替えが可能です。

Q&A

Q 今後の御社の妄想路線はどのような展開をお考えですか？ ダイヤ改正並びに種別増加、延伸予定、新計画などのビジョンをお聞かせください。

今後の展開は自分でもわかりません。実際の鉄道と違い妄想鉄道は思いついたことを直ぐに反映することができるからです。それが妄想鉄道の良いところでもあります。

「ようこそ、弊社の鉄道へ」～妄想鉄道の誘い～

天神急行電鉄

tenjinkyukou dentetsu

ごう（@go_travelalone）

天神急行

基本情報			
会社名	天神急行電鉄	路線数	15 路線
車両数	約 400 両	運行区間	小倉砂津・西天神間（天神急行線）他
運行種別	普通、急行、特急	その他事業	不動産、乗合自動車等
特徴	天神急行電鉄は九州北部に路線網を広げる私鉄です。それぞれの路線・駅には、幾多の廃線をはじめ沿線産業がたどった歴史の残滓を詰め込んでいます。そうした路線を少々不便なダイヤで走る、懐かしい姿の列車たち。妄想は鉄道の枠を超え、沿線の暮らしを想起させます。		

左：ED15型電気機関車
右：3000系急行型電車（一次車）

天神急行線・宮田駅付近

左：3500系急行型電車
右：200系軌道線用電車

西九州線・白岳駅

1200系通勤型電車

[illegible]急行線・電鉄[illegible]駅

ED15 形電気機関車
1966 年に貨物専用機 ED10 を改造し登場。
現在は勾配線区の補助機関車等に使用。

3000 系急行型電車
1969 年登場。2 度のアコモ改造を経て、
現在でも西天神～小倉砂津の急行等で指定席車として活躍。

3500 系急行型電車
1980 年登場。3000 系を勾配線区向けに改良した車両。
西九州線の急行等で活躍。

1200 系通勤型電車
1975 年登場。
3 扉片開きのロング（一部はクロス）シート車。都市電車で活躍。

天神急行電鉄

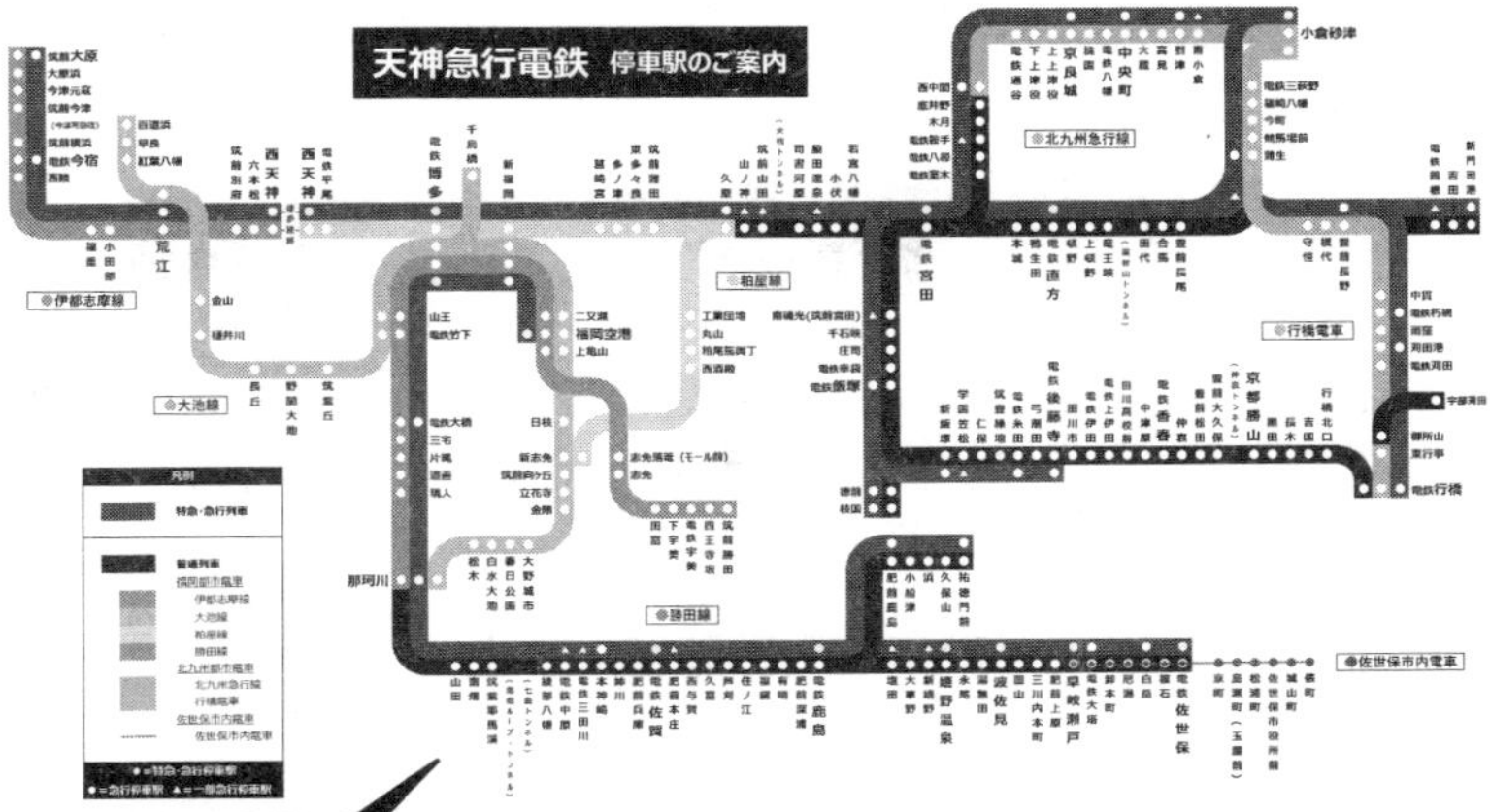

天神急行電鉄って何？

複数の私鉄が合併を繰り返して誕生した、広範な路線網が特徴です。大私鉄のように見えて、路線やダイヤを見ていくと実態はローカル私鉄の寄せ集めのような鉄道になっています。

列車種別 ダイヤのポイント

POINT

ポイントは3つ。まずは都市間の優等列車。日中は西天神～小倉砂津の特急、急行列車が2系統合わせて8本／時運転されます（京良城経由の「とうかい」4本、直方経由の特急「ひびき」2本、急行「ふくち」2本）。また、福岡空港～佐賀・佐世保方面は2～3本／時の運転です（特急「させぼ」1本、急行「さかえ」1～2本）。その他の優等列車は朝晩のみに走ります。

次に都市電車。北九州、福岡、佐世保各都市圏の周辺路線は、4本／時の普通列車が走り、通勤通学に活躍します。そして、最後にローカル列車。都市電車以外の、路線の大半を占める区間では1～2本／時の普通列車が地域内の輸送を担います。

運行種別	
普通	全線で運行されます。 ●都市電車（伊都志摩線、大池線、勝田線、粕屋線、筑豊急行線（砂津～京良城）、行橋電車、佐世保市内電車）：4本／時、 ●その他区間：1～2本／時
急行 （全席自由）	下記路線で運行されます。一部列車では普通への種別変更も行われます。 ●行橋電車（砂津～行橋）：4本／時（うち2本／時は蒲生～行橋間普通）、●筑豊急行線（砂津～京良城～枝国・後藤寺）：朝夕のみ（一部列車は砂津～京良城・宮田～枝国間普通）、●伊都志摩線（西天神～筑前大原）：2本／時
急行 （一部指定）	4幹線を中心に運行される都市間列車です。基本的には指定席車2両、自由席車4両の組成です。 「ふくち」（西天神～直方～小倉砂津）：2本／時、「とうかい」（西天神～京良城～小倉砂津）：4本／時、「ほなみ」（砂津～京良城～後藤寺）：朝夕のみ、「みやこ」（西天神～宮田～後藤寺）：朝夕のみ、「すおう」（西天神～直方～行橋）：朝夕のみ、「いずみ」（西天神～直方～新門司港）：朝夕のみ、「さかえ」（福岡空港～博多～祐徳門前・佐世保：2本／時（うち1本佐賀・祐徳門前まで）
特急 （一部指定）	天神急行線、西九州線で運行されます。基本的には指定席車2両、自由席車4両の組成です。「ひびき」（西天神～直方～砂津）：2本／時、「させぼ」（福岡空港～博多～佐世保）：1本／時
特急 （全席指定）	専用車両を用いた観光特急です。 「西回廊特急」（小倉砂津～博多～佐世保）：1往復／日

Q&A

直撃アンケート

妄想鉄道に興味がわいた理由を教えてください。

幼少期は地図帳を眺めるのが好きな子どもでした。やがて「こんな鉄道があったら楽しそう」と地図のうえに鉛筆で線を書き込んで遊ぶようになったのがきっかけです。小学校高学年くらいの頃、素敵な妄想鉄道を公開されているホームページに出会い、車両デザインや設定をどんどん詰めて考えるようになりました。

あえて妄想鉄に関わるに至った理由をお知らせください。

「未知の世界への憧れ」が現実を飛び出したのが理由だと思います。幼少期、世界は、自分の住む町などごく限られた範囲でした。ただ、いつも歩いた陸橋の下の線路を通り過ぎる列車の行先は知らない町の名前ばかり。知らない町は一体どんな姿をしているのだろうか?と妄想が膨らみ、やがてその町に住む人の暮らし、その町へと走る鉄道を、どんどん夢想するようになったのだと思い出します。

現在の妄想路線図の状況や、ご自身のこだわりを教えてください。

「地に足をつける」ことにこだわっています。路線を作る際には、まず古地図と見比べて過去の沿線の産業や人の流れを想像しながら歴史を考えます。そして、そこに自分のなかで納得のできる程度に大きなウソ・妄想を盛り込んでできたのが、今の路線図です。ダイヤは町と町、点と点の移動を最大化しながら、ローカル輸送をギリギリ維持できるよう、接続や種別変更を組み合わせながら苦心して考えています。

現在運営している、妄想鉄道のダイヤ概要を教えてください。

「優等列車による都市間輸送」「都市圏内の通勤通学輸送」「ローカル輸送」に大別されます。福岡を起点に北九州、佐賀・佐世保方面に向けて多数の特急や急行が運行されて、輸送の主軸に。また、北九州、福岡、佐世保近郊は普通列車も４本 / 時と比較的多く運行されます。一方で、路線網の大部分は閑散区間です。少ない需要のなかで最低限の利便性を確保すべく、多くの区間では１～２本 / 時の普通列車をどうにか維持している状況です。

ご自身の作品で、快心だと思われた妄想路線図を教えてください。

「天神急行電鉄」が今の一番です。「地に足をつける」という面において、少なくとも自分のなかでは一番納得のいく理由付けができたかと思います。そのうえで、まだまだ詰めの甘さはありますので、今後作成する妄想路線図が一番を更新していけるよう頑張りたいと思います。

天神急行電鉄

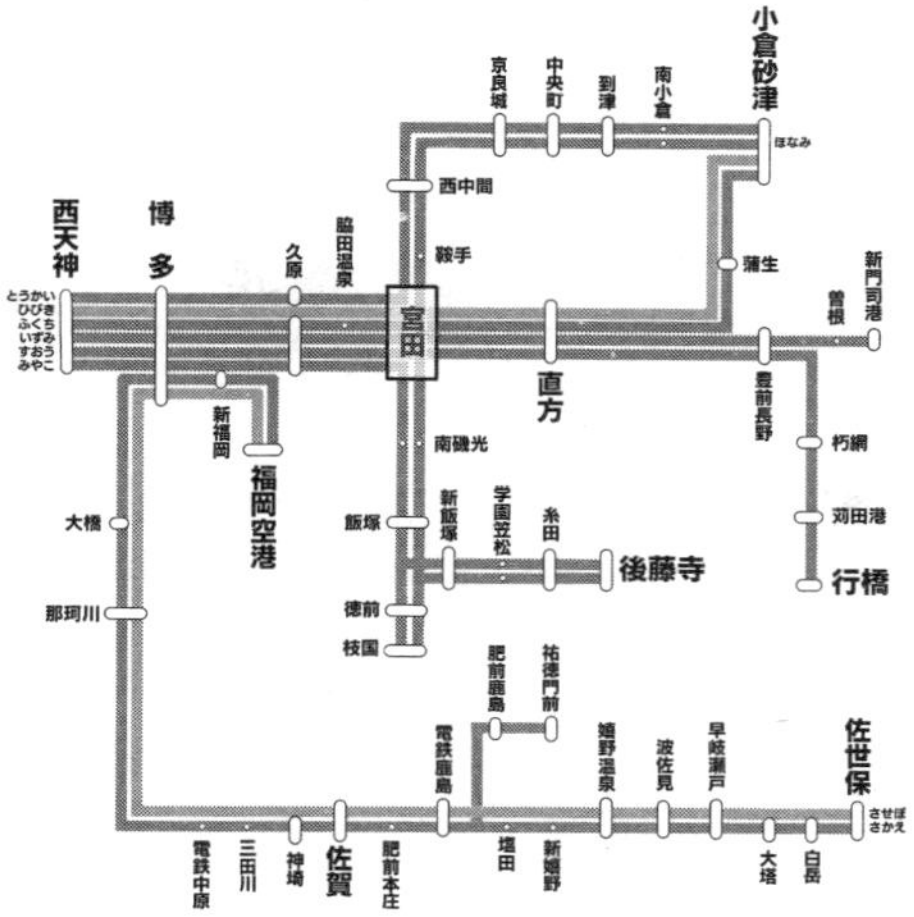

優等列車時刻表（日中パターン）

営業キロ															
	列車番号														
	種別		特急	普通	急行	普通	急行	急行	特急	普通	急行	普通	急行	急行	特急
	列車名		ひびき		とうかい		ふくち	とうかい	ひびき		とうかい		ふくち	とうかい	ひびき
	西天神	発	1100		1105		1115	1120	1130		1135		1145	1150	1200
	博多	〃	1104		1109		1119	1124	1134		1139		1149	1154	1204
	新福岡	〃	レ		レ	後藤寺	レ	レ	レ		レ	後藤寺	レ	レ	レ
	久原	〃	レ		1119	1104	1129	1134	レ		1149	1134	1159	1204	レ
	山ノ神	〃	レ		レ	飯塚	レ	レ	レ		レ	飯塚	レ	レ	レ
	筑前山田	〃	レ		レ	1124	レ	レ	レ		レ	1154	レ	レ	レ
	脇田温泉	〃	レ		レ	↓	1140	レ	レ		レ	↓	1210	レ	レ
	電鉄宮田	着	1127		1134	1144	1146	1149	1157		1204	1214	1216	1219	1227
		発	1127	1127	1134		1146	1149	1157	1157	1204		1216	1219	1227
	電鉄直方	〃	1132	↓	‖		1151	‖	1202	↓	‖		1221	‖	1232
	蒲生	〃	レ	飯塚	‖		1202	‖	レ	飯塚	‖		1232	‖	レ
	電鉄鞍手	〃	‖	1147	レ		‖	レ	‖	1217	レ		‖	レ	‖
	西中間	〃	‖	後藤寺	1146		‖	1201	‖	後藤寺	1216		‖	1231	‖
	京良城	〃	‖	1207	1152		‖	1208	‖	1237	1222		‖	1236	‖
	中央町	〃	‖		1159		‖	1214	‖		1229		‖	1244	‖
	到津	〃	‖		1202		‖	1218	‖		1232		‖	1248	‖
	南小倉	〃	‖		レ		‖	レ	‖		レ		‖	レ	‖
	小倉砂津	着	1150		1209		1213	1224	1220		1239		1243	1254	1250
備考	種別変更他														
	特別停車駅						脇田温						脇田温		

コラム

西九州線の七曲越え

水源開発の専用線を一部転用した区間。連続30‰越え・単線の同区間は現在でも輸送ボトルネックになっています。ループ線や大鉄橋、長大トンネルでの峠越えは圧巻。

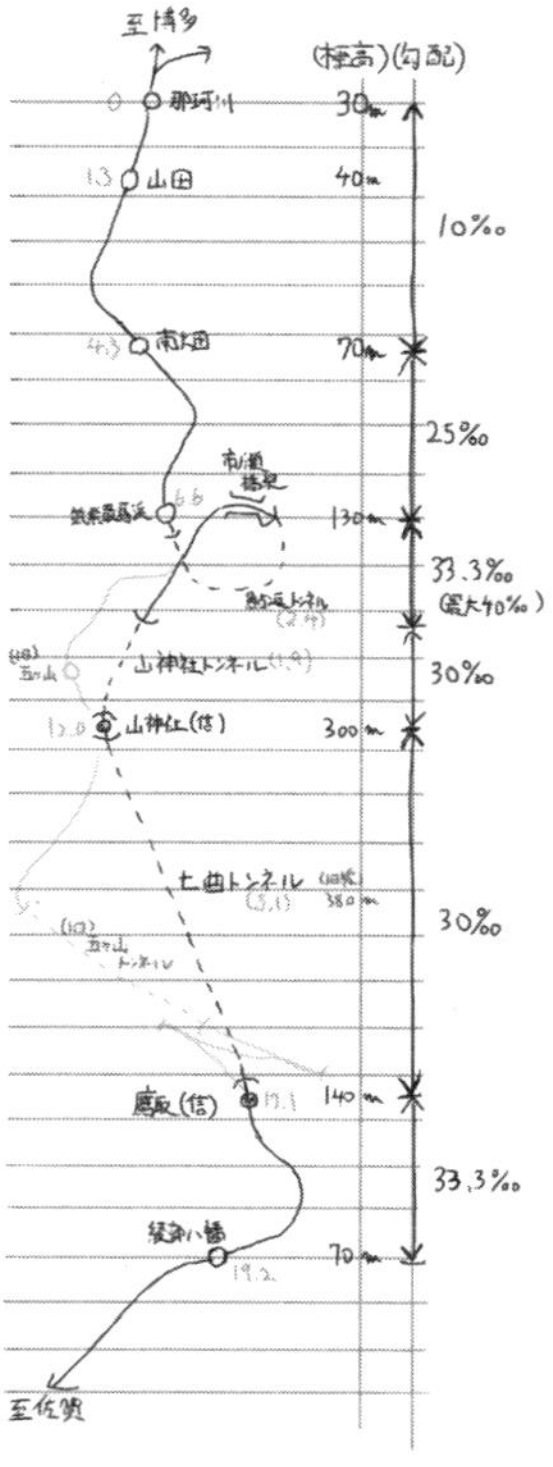

Q&A

Q 今後の御社の妄想路線はどのような展開をお考えですか？ ダイヤ改正並びに種別増加、延伸予定、新計画などのビジョンをお聞かせください。

「更なる輸送効率化」がキーワード。路線網の大部分が閑散区間であるうえに、北九州や佐世保といった都市部でも急激に沿線人口が減少しています。いまある路線を維持できるよう、効率の良い車両運用や駅の統廃合、一部路線の単線化などが進むと思われます。

「ようこそ、弊社の鉄道へ」～妄想鉄道の誘い～

安芸灘急行電鉄

akinadakyukou dentetsu

https://subway-sub.com/nadakyu/

たちまち、なだきゅう。

安芸灘急行電鉄

基本情報			
会社名	安芸灘急行電鉄（灘急）	路線数	6路線
車両数	8種（現役車両のみ）	運行区間	海土路～新糸崎（本線）他
運行種別	7種	その他事業	乗合自動車事業、不動産事業、医療業 他
特徴	沿線の両端にある空港を結ぶように走る本線をはじめ全6路線を展開。ブランドスローガンは「たちまち、なだきゅう。」慣れ親しんでいる方言と同じくらい生活に溶け込んだ鉄道でありたい。		

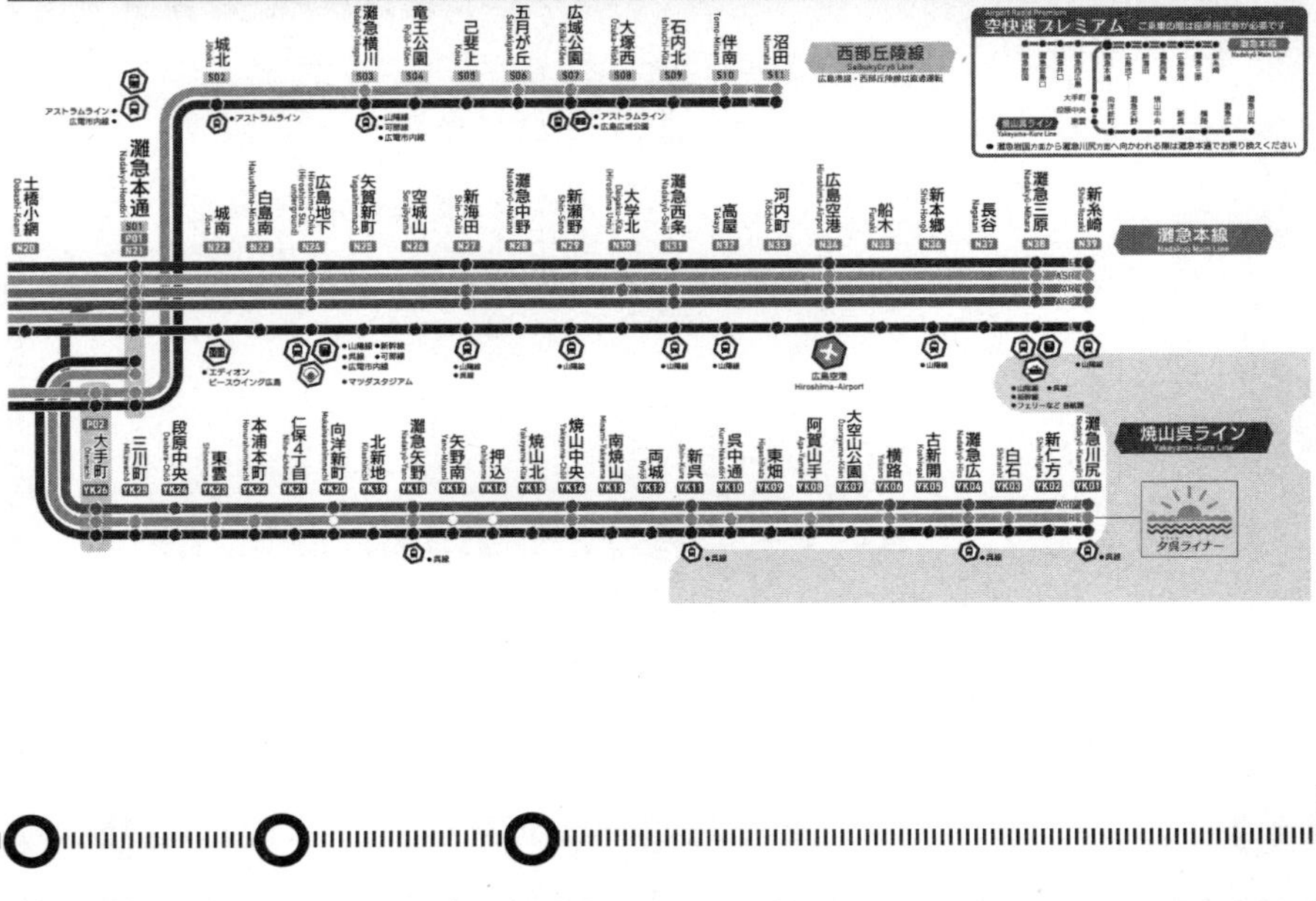

列車種別ダイヤのポイント

POINT

灘急本線のダイヤポイントは、２つの空港を結ぶ空快速の合間に各駅停車が走り、主要駅で緩急接続が取られている点です。日中の時間帯は空快速・各駅停車ともに２空港を結ぶ運用が多いため、所要時間は種別により変わりますが、どの列車に乗っても空港に行けるあるいは広島市中心部へ行けるようになっています。また、空快速プレミアム、空港特快、特急は３時間に１本ペースと本数が少ないものの、各駅の発車時間を揃えて概ねパターン化されており、わかりやすいダイヤとなっています。

路線別紹介	
本線	海土路（山口県岩国市）〜新糸崎（広島県三原市）
西部丘陵線	沼田〜大手町（広島市内で完結）
広島港線	大手町〜出島（広島市内で完結）
岩国空港アクセス線	灘急岩国（山口県岩国市）〜岩国空港（山口県岩国市）
焼山呉ライン	大手町（広島市）〜灘急川尻（呉市）
津和野街道鉄道線	北山（広島県廿日市市）〜津和野（島根県鹿足郡津和野町）

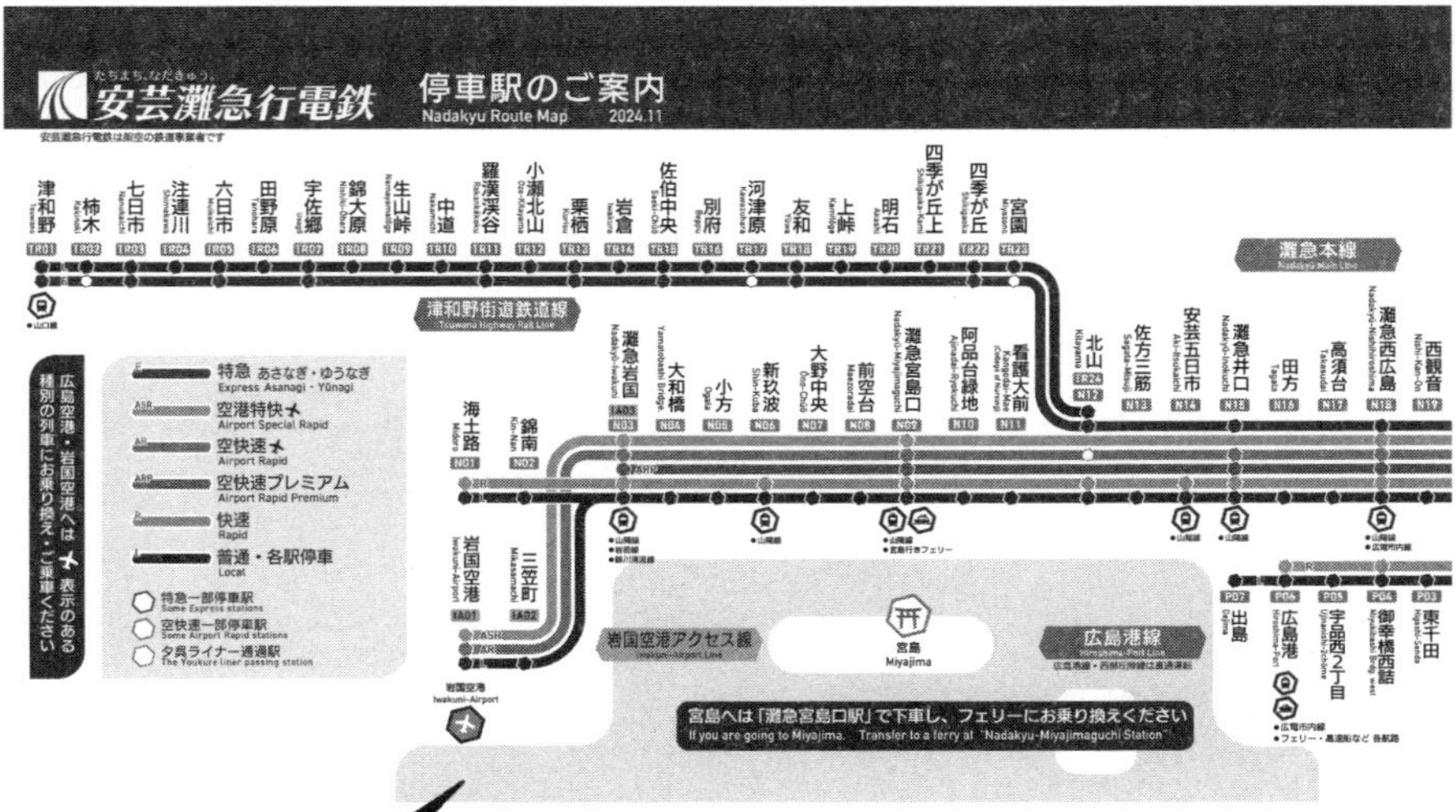

安芸灘急行って何？

西部丘陵線と広島港線は車両規格が本線系統と比較して小さなものになっています。当初計画されていた市内を走る路面電車との直通運転は実現に至らず、規格だけがそのまま残った形です。

2020系

2020系は2020年に登場しました。新糸崎～灘急本通間は８両で運転し、灘急本通で増解結が行われています。

1600系

津和野街道鉄道線と直通運転する特急の専用車両です。1号車と3号車(両端の車両)は側面窓が縦方向に大きく、地上区間を走る際は、他の車両よりも景色を楽しむことができます。

1100系

「クラシックブルー×シルバー」のシンプルな外観が特徴です。空港特快や空快速を中心に運用されています。地元各メーカーと共同開発した「揺れを感じにくいシート」が全車両に採用されています。

1000系

1000系以降の車両に取り入れられている前面の統一デザインは、この車両から始まりました。テーマカラーに緑豊かな沿線と国際平和都市「広島」をイメージした「青緑色」が選ばれています。

800系

2024年現在、営業運転を行う車両の中で最も古く、旅客サービス向上・車体の劣化等の理由から、近年の運用は急勾配区間を避けた灘急本通以西区間で快速の運用に就いています。

LT1000系

西部丘陵線・広島港線は、市内を走る路面電車との直通運転が計画された関係で車両規格が本線系統と異なります。

THR-100

津和鉄線初の観光列車として製造された車両です。津和鉄線で活躍中のT100系をベースに、外装・内装ともに通常車両に比べて大幅にグレードアップしました。

運行種別	
特急	灘急の特急は本線から津和野街道鉄道線へ乗り入れる「あさなぎ・ゆうなぎ」の１種類のみです。上り 広島空港方面行きはあさなぎ、下り 津和野方面行きはゆうなぎとなり、上り下りで愛称が異なるのが特徴です。早朝深夜以外の時間帯では沿線の車窓が楽しめるハイデッカー車両で運転されます。
空港特快	本線と並走する区間が多い国道２号のバイパスが全通し、広島市中心部と広島空港間の車移動やリムジンバスに対抗すべく作られた種別で、現ダイヤから運行が開始されました。
空快速《そらかいそく》	空港アクセスのメイン種別で沿線２空港の始発便～最終便に合わせて運行されます。空港特快運転開始により停車駅を増やした結果、利用者から好評のようです。
空快速プレミアム	広島空港と岩国空港方面・呉方面を結ぶ快速列車で、灘急本通で増解結が行われています。
快速	本線の灘急本通以西では通勤通学で鉄道利用者が多いため朝夕ラッシュ時のみ運行。その他、津和鉄線では「つわのいにしへの路」、焼山呉ラインでは「夕呉《ゆうくれ》ライナー」といった臨時快速も運行されています。
各駅停車と普通	各駅停車は灘急線の全路線で運行されていますが、津和野街道鉄道線内では各駅停車に当たる種別でも停まらない駅があるため、津和鉄線内で最も停車駅が多い種別は普通となります。

Q&A 直撃アンケート

妄想鉄道に興味がわいた理由を教えてください。

小学校くらいのときから街の地図や島の全体図のようなものを描きはじめ、その流れで路線図を描くようになったのがはじまりです。その頃は鉄道よりも道路を描くことのほうが多く、鉄道は沢山の要素のひとつに過ぎないのですが、だんだんと自分で描いた存在しない街や島を駆け抜ける鉄道網の設定を考えたりするようになりました。現在は、実在する土地を舞台としたもの、完全架空の土地を舞台にしたもの両方を創作しています。

あえて妄想鉄に関わるに至った理由をお知らせください。

存在しないものをつくる面白さから灘急の骨格と素材集めに励み、路線図やダイヤ、各駅、各車両の概要といった路線を存在させるために必要な情報をまずは公開してみようと公式風のウェブサイトを2018年頃に立ち上げました。以降はSNSなどでも公開していますが、現在もメインはウェブサイトの運営・公開になります。

現在の妄想路線図の状況や、ご自身のこだわりを教えてください。

妄想鉄道において、どんな列車がどこを走るかという設定は核となる要素ですが、私が灘急を創作する際は、列車に乗る上で必ず利用する「駅」の重要度が高くなっています。列車の運行や車両の技術的なことは詳しくありませんが、沿線を知っていればその土地に彩りを添える事ができます。全ては「架空なだけにかたちにしていきたい」という考えを基に、創作しています。

現在運営している、妄想鉄道のダイヤ概要を教えてください。

空港アクセスに力をいれているため、空港駅と沿線各地の主要駅を結ぶダイヤ構成になっています。定期的に航空機ダイヤが変わるため、始発便・最終便に合わせる為の変更は適宜行っています。現ダイヤからは、所要時間の短縮を図るため空港アクセスのメイン種別である空快速《そらかいそく》よりも停車駅がさらに少ない空港特快が走りはじめました。

ご自身の作品で、快心だと思われた妄想路線図を教えてください。

灘急の路線図は良いと思います。主要な名所をピクトグラム入りで表現し、海や島の位置関係はできるだけ崩さないように描いているので、空港から乗車された方も位置関係が把握しやすいのではないでしょうか。臨時列車まで反映させている妄想路線図は良いですよね～。運転区間や本数、様々な制約をクリアして設定された舞台裏を妄想するとワクワクします。

今後の御社の妄想路線はどのような展開をお考えですか？ ダイヤ改正並びに種別増加、延伸予定、新計画などのビジョンをお聞かせください。

社名に“安芸灘”が入っている以上、路線を遠くまで伸ばさないようにしているので本線の延伸計画はありませんが、現実世界で計画中の新交通システムは西部丘陵線と通過地点が似ているため、開業後、双方のダイヤが気になります。次期改定では野球観戦需要に応える臨時列車「鯉する電車」を本線以外の路線でも運転を検討しています。

「ようこそ、弊社の鉄道へ」～妄想鉄道の誘い～

東京中央鉄道

touoh railway

https://touohrailway.aomidomemo.com/

TOUOH RAILWAY
東京中央鉄道

基本情報			
会社名	東京中央鉄道	路線数	12 路線
車両数	19 種類以上	運行区間	池袋～沼田（関越本線）他
運行種別	7 種類	その他事業	バス・ホテル事業など
特徴	東京都区内の主要な街を結ぶ都心環状線を中心に、北は新潟県魚沼市、南は神奈川県横浜市までの広大な路線網を展開しています。路線距離が長く、主要都市や観光地も多いため、多くの特急列車が運行されている他、羽田空港と各都市を結ぶ空港アクセス列車も運行されています。		

33000系

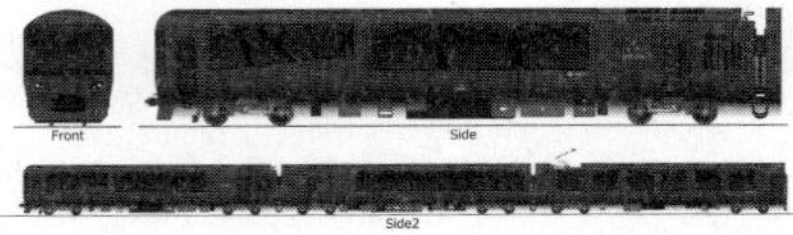

2021年に登場した特急形車両です。三国線の苗場や越後湯沢といった山岳リゾートを走行する観光特急で「FOREST TRAIN－フォレストレイン」の愛称がついています。シアター型の展望席やこもれびをイメージした側面窓が特徴的です。

31000系

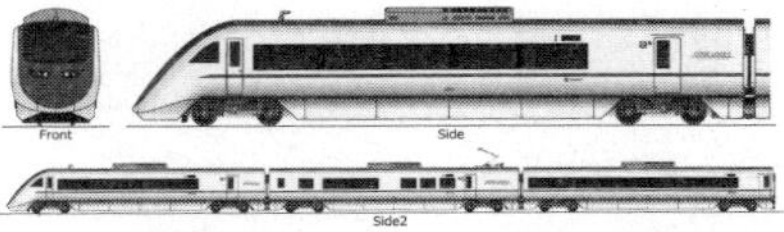

2005年に登場した特急形車両です。主に新宿～新潟間を結ぶ特急「みくに」に使用され、車体傾斜装置を搭載して曲線も高速で通過できるようになっています。スーパーシートや個室席、ビュッフェといったサービス面も充実しています。

13000系

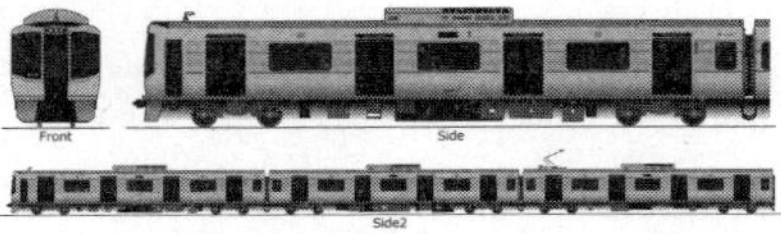

2018年に登場した都心環状線用の通勤形車両です。前面中央に配置された3灯の前照灯や黒基調のデザイン、ホームドア対策で窓回りに配されたラインカラーなど未来的なデザインが特徴の車両です。

32000系

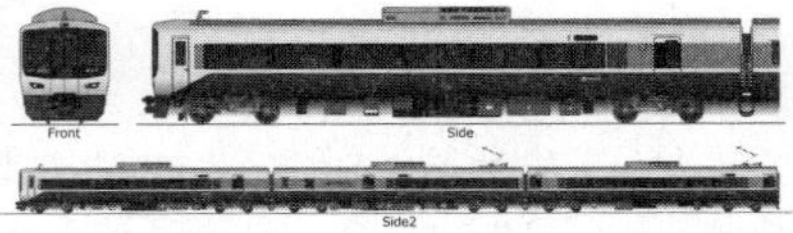

2010年に登場した特急形車両です。「HANEDA EXPRESS」の愛称が与えられ、羽田空港～新宿～池袋～大宮～高崎～前橋を結ぶ特急「はばたき」で運用されています。

21000系

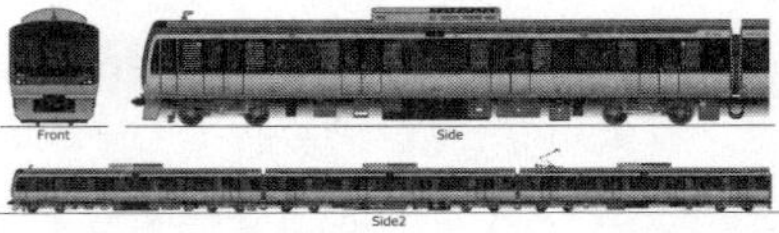

2012年に登場した近郊形車両です。主に関越本線⇔都心環状線⇔横浜線などの快速列車に使用。都心環状線内の混雑対策のため、4ドア、ロングシート設備で登場しましたが、ハイバック仕様座席や、2階建てのスーパーシート車連結などで長距離利用にも配慮しています。

2000系

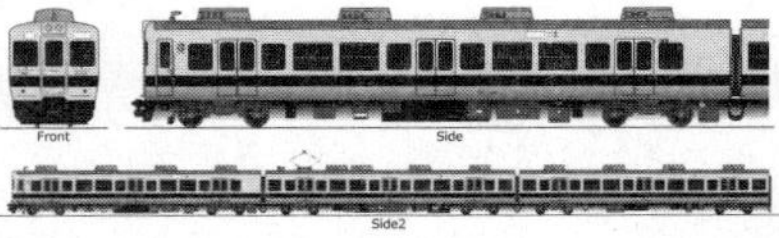

1965年に登場した近郊形車両です。3ドアのボックスシート車両で、過去には関越本線系統をメインに活躍していました。現在は池袋口のメイン運用は後継車に譲り、神流線や三国線などの閑散路線で運用されています。

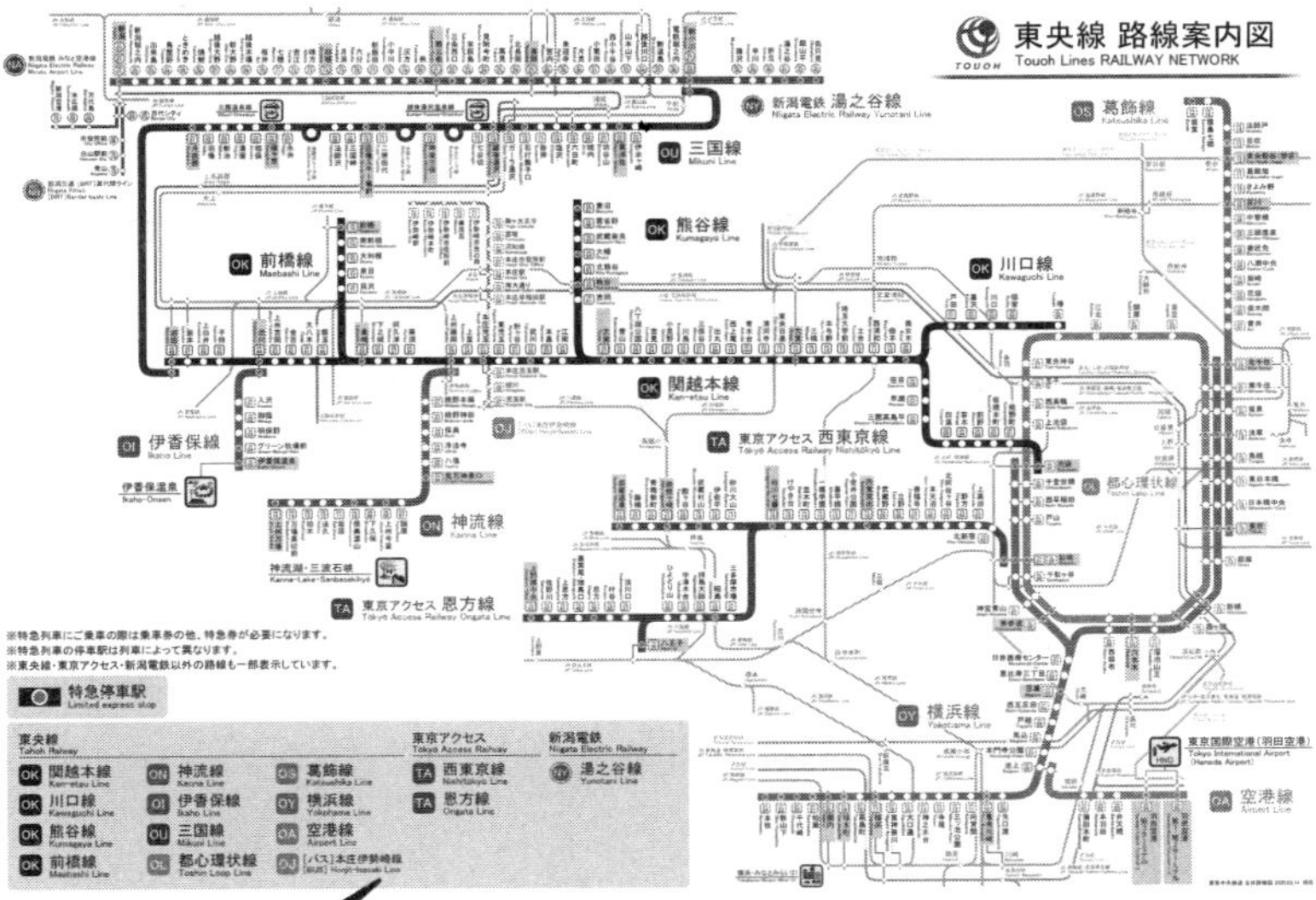

東京中央鉄道って何？

関東地方を中心に路線を展開する鉄道会社です。路線を跨いだ複雑な直通運転や空港、観光地、各都市を結ぶ広大な特急網が特徴です。ほとんどの路線が、他社線と競合状態にあり、特に東京（池袋）～新潟間では新幹線を相手に特急列車や寝台列車を運行して勝負を挑んでいます。冬季にはスキー客輸送も行っています。

列車種別 ダイヤのポイント

POINT

東央では東京都心部にある都心環状線を経由して各方面へ直通運転が可能となっています。特急列車は主要なオフィス街である東京駅や新宿駅を起終点として各方面に運転されています。ただし都心環状線の池袋～新宿～表参道間は複線となっており、特急や快速といった直通列車は５～６分間隔で運転される環状線普通の合間にねじ込む形。結果的に線路容量に余裕がなくなるため、速達化が難しく遅延が発生しやすいボトルネック区間となっています。

運行情報	
普通	全線で運行されており各駅に停車します。
区間快速	快速より各駅に停車する区間が多く設定されています。
快速	主要な優等種別です。列車本数が多い区間では通過運転を行い、本数の少ない末端区間では各駅に停車します。
エアポート快速	羽田空港を発着する快速です。停車駅は通常の快速とほとんど変わりません。
特別快速	乗車券のみで乗れる種別としては最速達です。快速より停車駅が少なめに設定されています。
通勤快速	通勤時間帯のみ運行するレア種別です。都心部側の停車駅は少なく、郊外側の停車駅が多めに設定されています。
特急	特急形車両が充当され快適に早く移動できる種別です。乗車券の他に特急券が必要になります。

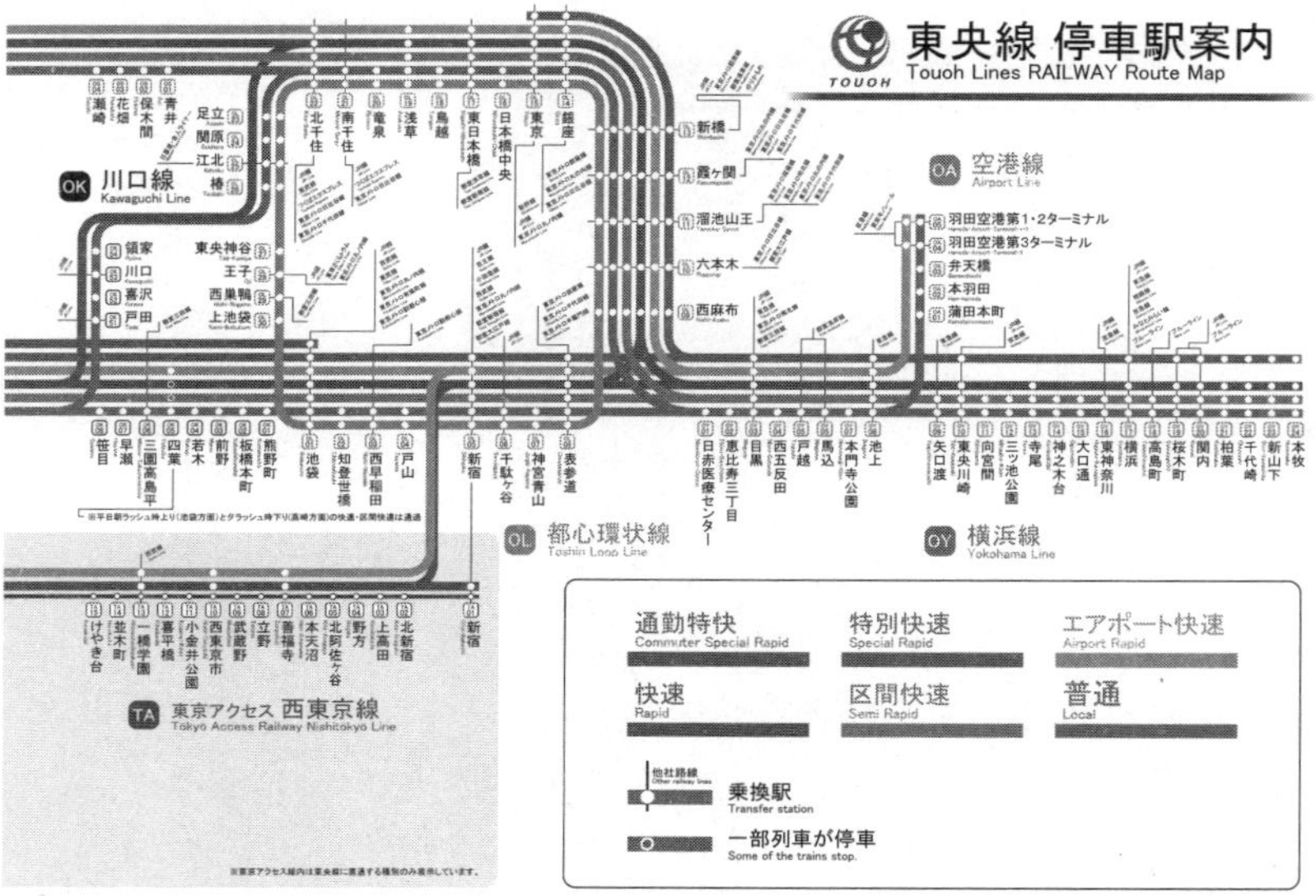

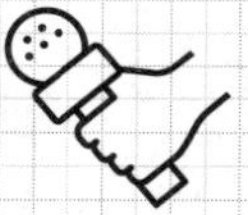

Q&A 直撃アンケート

Q 妄想鉄道に興味がわいた理由を教えてください。

子どもの頃、「電車で GO！」のゲームが好きで、特に JR 大阪環状線の「関空快速」を運転していました。東京育ちの私にとっては３ドアクロスシートの近郊型車両が山手線みたいな路線を走って空港へ向かうという形態がカッコよく見えました。関東にも関空快速のようなものを走らせようと自分で路線を敷き始めた……というのが始まりです。

Q あえて妄想鉄に関わるに至った理由をお知らせください。

最初は紙に路線や車両を描いていただけでしたが、インターネットで他社様の HP（太陽電鉄さん、京名電鉄さん、名四鉄道さんなど）の存在を知り、自分も始めてみようと思いました。こだわりのある自分の成果物を公開したくなったというのもあります。

Q 現在の妄想路線図の状況や、ご自身のこだわりを教えてください。

現実世界に組み込む場合、どの辺りを通っているかとのつながりを重視しています。全体路線図では他社線を記載したり、空港や実際の観光地をアイコンで表示したりすることで分かりやすくなるようにしています。

東京中央鉄道

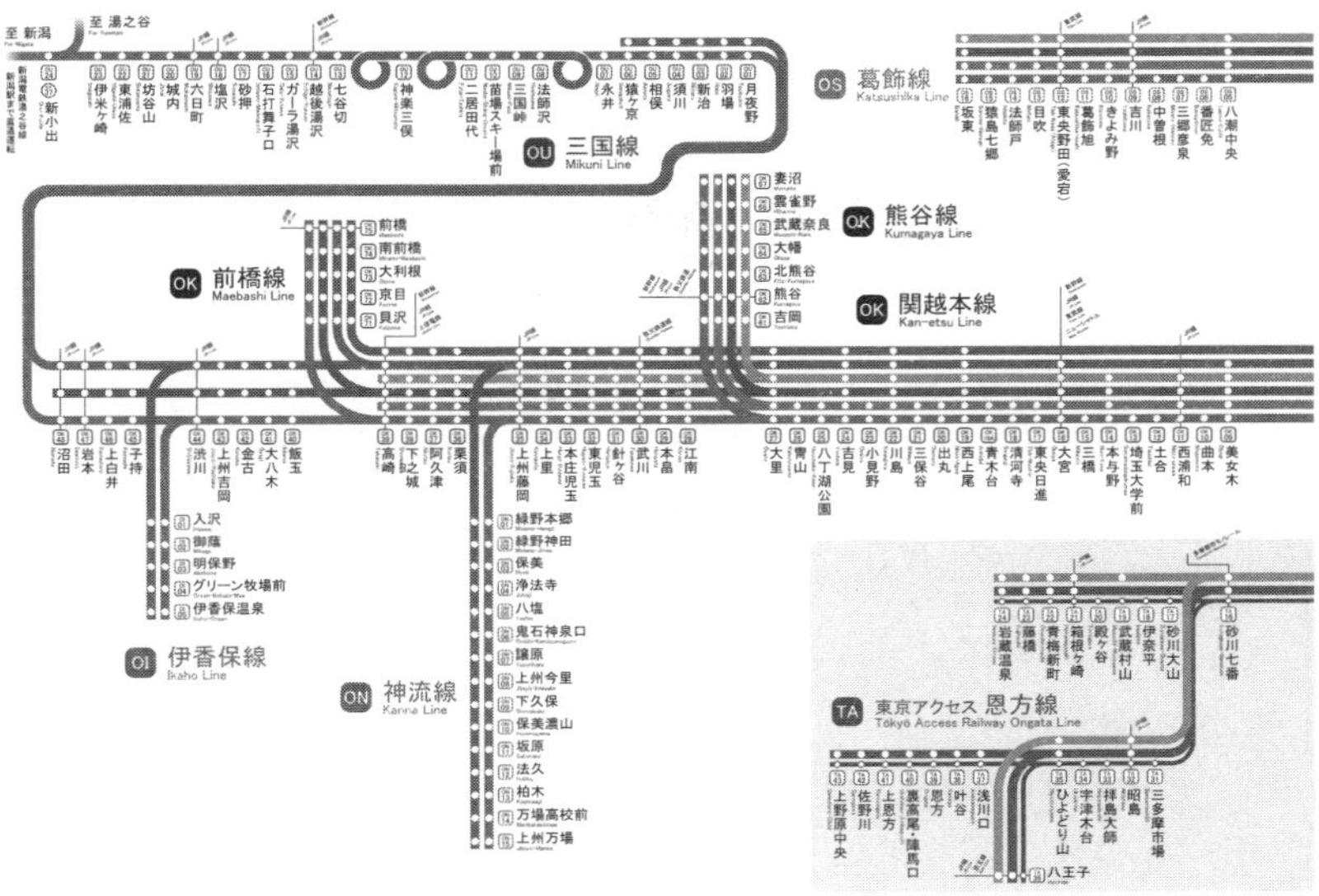

Q&A

Q 現在運営している、妄想鉄道のダイヤ概要を教えてください。

各線は基本的に 15 分サイクルのパターンダイヤを採用しており、都心に近い側は快速系統が 2 本、普通系統が 2 本設定されています。関越本線の大宮以北や葛飾線の吉川以北など、郊外エリアに入ると快速系統が 1 本、普通系統が 1 本というように本数が徐々に減ります。関越本線系統には毎時 3 ～ 4 本の特急列車を設定。また、羽田空港を起終点としたエアポート快速の運転が行われており、日中は 1 時間当たり羽田～新宿方面 4 本、羽田～東京方面 4 本の計 8 本が運転されています。

Q ご自身の作品で、快心だと思われた妄想路線図を教えてください。

東京中央鉄道の全体路線図と西伊豆鉄道の路線図です。東央線は前述の通り他社線や空港・観光地を記載、西伊豆鉄道は他社線表記に加えて、伊豆半島の陸と海を描いて表現しています。

Q 今後の御社の妄想路線はどのような展開をお考えですか？ ダイヤ改正並びに種別増加、延伸予定、新計画などのビジョンをお聞かせください。

JR 湘南新宿ラインに対抗する大宮～池袋～新宿～横浜間の快速列車で、より直通運転が分かりやすくなる別途種別を検討中です（直通快速など）。また上越新幹線と競合の関越本線系統特急は所要時間で圧倒的に不利。そこで三国線の山岳区間やループ線など風光明媚な車窓が楽しめる点や、低価格及び快適性といった点をアピール。今後も「フォレストレイン」のような移動自体が楽しみになるような新型車両を開発していく予定です。

「ようこそ、弊社の鉄道へ」～妄想鉄道の誘い～

奥武鉄道

obu railway

https://www.obu-railway.com/

基本情報			
会社名	奥武鉄道	路線数	11 路線
車両数	1833 両	運行区間	浦和～白河［奥武本線］など
運行種別	16 種類	その他事業	バス事業、観光開発　他
特徴	東京の副都心新宿を起点に埼玉県、茨城県、栃木県、福島県会津地方に路線を伸ばし一部は千葉県や群馬県、山形県にも跨る長大な路線網を抱える大手私鉄で、路線総延長も 802.7km と全国屈指。		

旅にやすらぎを、毎日にときめきを

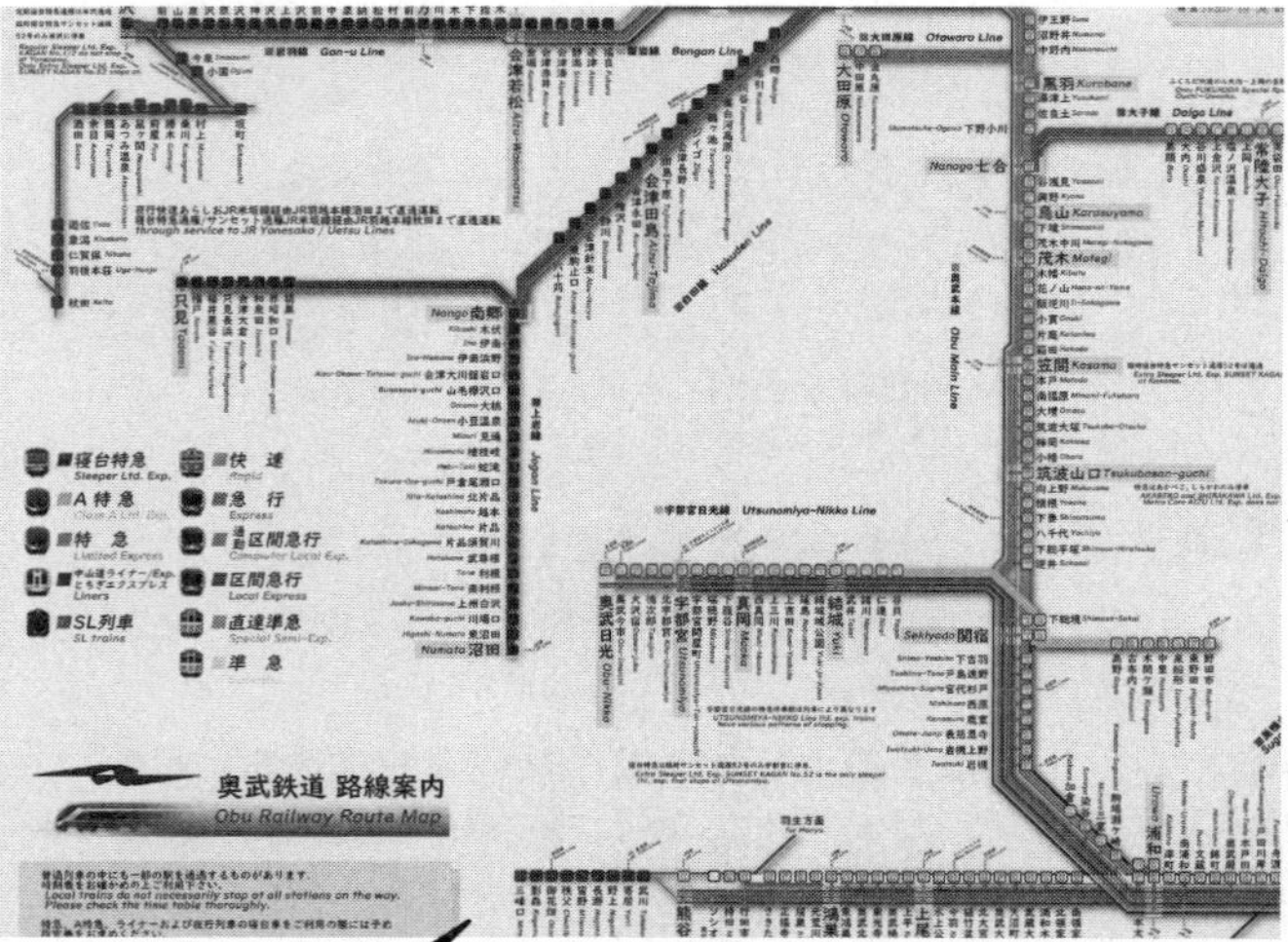

時代を感じさせる昭和初期のポスターには当時花形だったモハ 150 が描かれている

1050 系、中山道線を行く

奥武鉄道って何?

奥武鉄道の起源は、戊辰戦争で荒廃した会津の有志が旧奥羽越列藩に呼び掛けて興した奥羽越鉄道と日本鉄道に通過され危機感を持った旧宿場によって創業された中山道電気軌道が、昭和9(1934) 年に一つとなったこと。当時の東京市から埼玉県中心部を通って北に抜ける一大私鉄が形成されましたが、現在ではその長大な路線網、中でも路線長の大半を占める閑散線の数々を見るとさながら巨大なローカル私鉄と言った様相も呈しています。

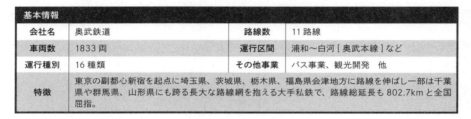

奥武鉄道

交直流特急形電車10000系

新宿～会津若松、奥武日光間で使用。

交直流特急形電車20000系

都営三田線日比谷～会津若松、奥武日光間で使用。

直流通勤形電車1050系

都営三田線直通用の通勤形電車。東急、相鉄線内にも顔を出す。

交直流一般形電車800系

直流急行形電車7000系を改造して造られた。奥武本線、宇都宮日光線のローカル区間で活躍。

交直流一般形電車新700系

昭和の末に登場し奥武本線や宇都宮日光線のローカル区間で活躍する一般形電車。

快速形気動車キハ400系

2024年新たに登場した長距離快速用気動車。新宿から奥袋田、大田原、会津若松、果ては米沢や只見にも乗り入れる万能長距離車両。

中山道電気軌道モハ150

戦前通勤区間の花形。真鍮色の車体色や当時としては珍しい張り上げ屋根が特徴。

一般形気動車キハ80

昭和期の宇都宮日光線や大子線で活躍した気動車。奥武鉄道では珍しい湘南スタイルも今となっては懐かしい。

快速形気動車キハ90系

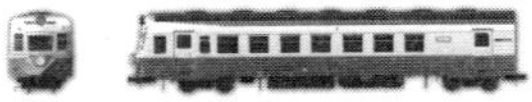

昭和30年代の対日光輸送を担ったキハ90系。宇都宮日光線がまだ非電化だった頃、奥武鉄道はこの小型かつ非力な気動車で東武、国鉄のスター列車たちと争うことを余儀なくされた。

列車種別ダイヤのポイント

POINT

通勤区間では、短距離電車や中距離急行電車を組みつつ、20分ヘッドで会津特急、長距離気動車快速、日光特急が挿入される構成となっています。宇都宮日光線は特急と20分ヘッドの新宿発着急行に30分ヘッドの野田市発着普通列車が、奥武本線関宿以北では30分ヘッドの普通列車と毎時1本の特急、長距離快速が一部単線の区間を走り抜けています。

特筆すべきは新宿から米沢を経由し米坂線、羽越本線に直通して秋田に至る豪華寝台特急過雁。米坂線の不通により運休が続いていますが現在磐越西線経由での臨時ダイヤの設定も検討中だとか？

運行種別
寝台特急
A特急
特急
中山道ライナー
中山道エクスプレス
とちぎエクスプレス
汽（旅客案内上の種別は「SL列車」）
快速
普通
急行
通勤区間急行
区間急行
直達準急
準急
各駅停車
貨（貨物列車）

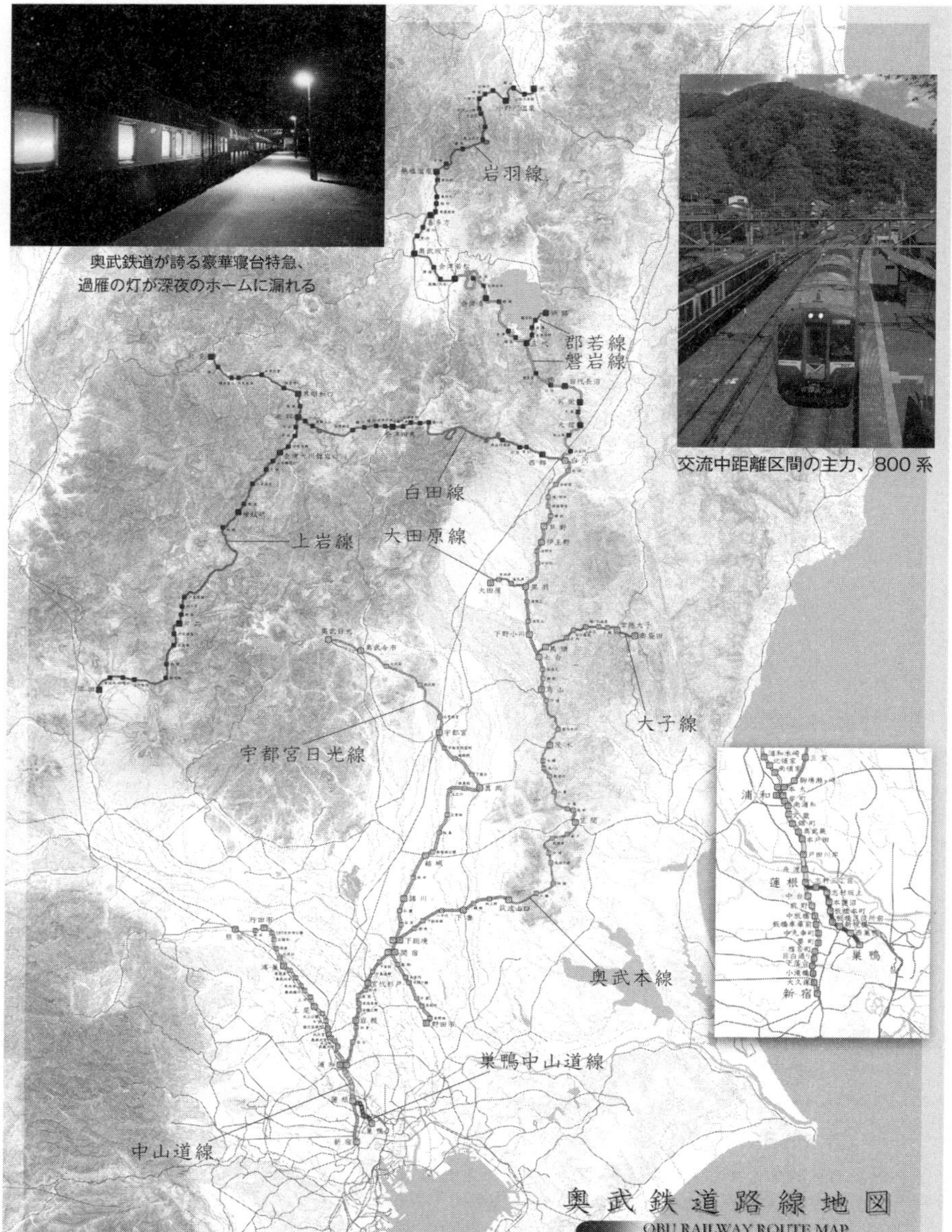

奥武鉄道が誇る豪華寝台特急、
過雁の灯が深夜のホームに漏れる

交流中距離区間の主力、800系

Q&A

直撃アンケート

妄想鉄道に興味がわいた理由を教えてください。

最初の妄想鉄はおそらく中学校に上がった時分に遡る頃、出先でたまたま目にした田圃の中を単線で走る東武東上線（当時）や非電化の八高線に憧れ、当時暮らしていた多摩地区から調布市深大寺、三鷹などを通って北上し埼玉県西部に向かう鉄道路線を妄想し始めたのが始まりです。見たい景色の中に憧れの鉄道を投影した路線を作り始めたというのが契機でした。

あえて妄想鉄に関わるに至った理由をお知らせください。

元々ダイヤの作成にのみ興味があったのですが、知人らによるコンテンツ化の勧めや「妄想鉄の写真も撮らないと！」という提案に、それならとダイヤを軸に画像や実写写真を交えた鉄道情景コンテンツとしてのサイト化を思い立ちました。

現在の妄想路線図の状況や、ご自身のこだわりを教えてください。

一つは恐らく本邦で初めて、ダイヤ作成支援機構がついたOuDiaSecondを使用したコンテンツが登場するより以前に800kmを超える路線網の全線全列車の車両運用（都市部の土休日ダイヤを含む）を、分割列車や貨物列車牽引機の複雑な運用も含めてすべて公開したこと。もう一つは妄想鉄の実写写真にもこだわっているところ。令和4(2022)年には本邦初の妄想鉄実写写真のみの写真集を発刊しました。

現在運営している、妄想鉄道のダイヤ概要を教えてください。

中山道線では新宿／都営三田線～上尾・鴻巣、新宿～関宿、都営三田線～宮代杉戸の短距離電車、新宿～鴻巣、行田市、宇都宮の中距離急行電車に加えて、20分ヘッドでの会津特急、長距離気動車快速、日光特急が挿入されます。奥武本線関宿以北は特急、快速、普通がパターン化されたダイヤで走りますが白河以北は本数が減り、磐岩線では特急、快速を合わせ毎時概ね1本を確保しつつ最優等列車、A特急白虎／メトロコア会津白虎の運転停車をなくすことを優先しています。白田線や上岩線では地元での通院、通学需要を押さえた設定がなされます。

ご自身の作品で、快心だと思われた妄想路線図を教えてください。

公開している奥武鉄道が自身の作品としては最高のものと考えています。

今後の御社の妄想路線はどのような展開をお考えですか？ ダイヤ改正並びに種別増加、延伸予定、新計画などのビジョンをお聞かせください。

10秒単位での新ダイヤを作成中です。生業の多忙により会津方面の閑散区間を残してもう少しで完成というところですが。あとは益々夜行列車ラインナップを臨時列車も含めて充実させていきたいです。

おわりに

本書の取材で幼少期に妄想鉄道に思いを馳せた街を歩きながら、僕はしばし感慨にひたりました。幼き日に弟と自転車で遊びながら描いた夢が一冊の本になるとは、驚きと感動を禁じ得ませんでした。

この本を作りにあたり、多くの方にお話をお聞きする機会に恵まれました。

鉄道のプロフェッショナル、交通経済学の専門家、また実際に鉄道会社さんにもご相談させていただきました。どなたも最初は笑いながらも、しかし最後は真剣にお話を聞いて積極的に素敵な提案をしてくれる様子を見て、僕が幼い頃に夢中になったように、妄想鉄道は人の心を動かす力があると改めて思ったんです。

近年では、不採算ゆえ惜しまれながらその役目を終える路線もあります。ただ、その土地に線路が敷かれ鉄道が走ったとき、それを見た人たちはどんなに期待を膨らませたことでしょう。鉄道というのは未来と人々の心を明るくする乗り物なんですよね。

ここからここに鉄道が走ったらどうなる。そんなワクワクを頭の中で楽しめる妄想鉄道というのはとても手軽な趣味と言えるでしょう。そして、お金もかかりません。これから先、超高齢化社会でも時間つぶしにもってこいです。僕は妄想鉄道の専門家として、これからも多くの皆さまに妄想鉄道の魅力を語り続けていこうと思っています。

そして、この本を手に取って少しでも妄想鉄道に興味を持ってくださった皆さま、ぜひあなたの街に妄想鉄道を走らせてください。皆さまの妄想鉄道がいつか吉川急行と相互乗り入れできたらこんなに幸せなことはありません。これからも先も吉川鉄道が皆さまの胸にワクワクをあたえることができたらそれは幸せなことです。

みんなに夢と笑顔を運ぶのが妄想鉄道、これからも楽しんでいきましょう!

吉川急行

装幀・本文デザイン	二ノ宮匡、ホリウチミホ(ニクスインク)
本文デザイン	松浦竜矢、貞末浩子、広谷紗野夏
車両デザイン	矢幅貴至
グッズデザイン	新村洋平(トトト)
路線図デザイン	手老善
構成・写真・取材	キンマサタカ(パンダ舎)、松岡健三郎、高畠正人、オフィス三銃士
取材協力	株式会社ホリプロ、株式会社ホリプロコム、 株式会社ノースプロダクション、株式会社スターダストプロモーション、 BLUE LABEL、東急株式会社、東急電鉄株式会社
企画協力	株式会社太田プロダクション
編集	滝川 昂(株式会社カンゼン)

妄想鉄道ガイドブック

発 行 日　2025年4月18日　初版

著　者　吉川 正洋
発 行 人　坪井 義哉
発 行 所　株式会社カンゼン
〒101-0041
東京都千代田区神田須田町2-2-3　ITC神田須田町ビル
TEL 03(5295)7723
FAX 03(5295)7725
https://www.kanzen.jp/
郵便為替 00150-7-130339
印刷・製本　株式会社シナノ

ISBN 978-4-86255-747-6
Printed in Japan
定価はカバーに表示してあります。

ご意見、ご感想に関しましては、kanso@kanzen.jpまでEメールにてお寄せ下さい。
お待ちしております。

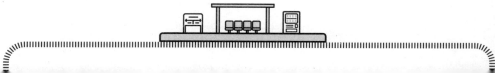